墨香财经学术文库

"十二五"辽宁省重点图书出版规划项目

Maturity Assessment and

Development of the Capacity of
Traditional E-Business Company

传统企业电子商务能力成熟度评价与培养

李洪磊 ◎ 著

东北财经大学出版社
Dongbei University of Finance & Economics Press

大连

图书在版编目（CIP）数据

传统企业电子商务能力成熟度评价与培养 / 李洪磊著. —大连：东北财经大学
出版社，2015.8

（墨香财经学术文库）

ISBN 978－7－5654－2054－2

Ⅰ．传… Ⅱ．李… Ⅲ．企业管理－电子商务－研究 Ⅳ．F274-39

中国版本图书馆CIP数据核字（2015）第174832号

东北财经大学出版社出版发行

大连市黑石礁尖山街217号 邮政编码 116025

教学支持：（0411）84710309

营 销 部：（0411）84710711

总 编 室：（0411）84710523

网 址：http：//www.dufep.cn

读者信箱：dufep @ dufe.edu.cn

大连图腾彩色印刷有限公司印刷

幅面尺寸：170mm×240mm 字数：233千字 印张：16 插页：1

2015年8月第1版 2015年8月第1次印刷

责任编辑：王 斌 责任校对：刘 洋

封面设计：冀贵收 版式设计：钟福建

定价：38.00元

作者简介

李洪磊，1974 年 3 月出生于山东省淄博市。2003 年毕业于北京理工大学管理科学与工程专业，获管理学博士学位。现就职于辽宁师范大学管理学院，任管理科学与工程专业硕士生导师、信息管理与信息系统教研室主任、管理工程教学团队负责人、管理工程开放实验室主任，副教授（第六批三级特聘教授）。中国计算机学会、美国计算机学会（ACM）、IEEE CS、中国系统工程学会、中国信息经济学会会员。

主要社会兼职包括大连市社会科学界联合会特约研究员，大连市网络产业发展研究基地主任，大连市高新技术项目，国家级、省部级科技计划项目，科技类基地（中心）评审专家，大连市高新技术产业园区网络产业办公室科技顾问。英国里丁大学应用信息学研究中心客座研究员。International Journal of Production Research、Journal of the Operational Research Society 国际期刊同行评阅人。曾在 2005—2006 年担任北京 37 度医学网 CEO。

自 2000 年起致力于企业信息化、互联网信息服务及电子商务领域的热点问题研究，在该领域承担或参与国家自然科学基金、国家社会科学基金、省部级以上科技基金项目 10 余项，发表学术论文 30 余篇，数篇论文被 SCI、EI、ISTP 等国际知名机构索引，部分成果获得辽宁省自然科学学术成果一等奖，大连市自然科学学术成果二等奖、三等奖，大连市经济社会发展成果奖，辽宁省社科联科技活动月特等奖。曾荣获辽宁省优秀青年骨干教师称号（2006 年）、大连市优秀 IT 教师称号（2008）。

序言

　　随着信息技术的迅猛发展，全球化竞争的网络经济时代已经到来，电子商务逐渐成为企业新的发展平台与重要的生存方式。中国互联网的普及与发展已20余年，电子商务作为一种全新的商务形式越来越得到政府、企业、教育科研机构的广泛关注。尤其是，以BAT（百度系、阿里系、腾讯系）为代表的互联网与电子商务的蓬勃发展，为中国的经济转型和产业升级注入全新的力量。尽管互联网服务及电子商务的风光一直为欧美国家所拥有，但是中国作为新兴市场的重要组成部分，势必将在新经济舞台绽放耀眼的光芒。

　　2015年两会期间，国务院总理李克强提出了"互联网+"的概念，一时间引发了社会的广泛关注。互联网与电子商务落地开花的时机已经成熟。互联网与电子商务企业纷纷试水实体经济，意图在O2O模式下打通线上线下关节，实现虚拟经济与实体经济的完美融合，创造更高的市场价值。与新兴的互联网及电子商务企业相比，传统企业则显得相对谨慎、保守，这种反应也属情理之中。

　　自2000年以来，实体经济的绝对主角——传统企业就开始尝试电子商务，除了少数行业的极少数企业尝到甜头外，大多数企业折戟沙场：投入了巨大人力、物力、财力，但几乎颗粒无收，损失惨重。以服装行业为例，尽管服装鞋帽类产品在线销售额位居电子商务市场三甲，但与京东、阿里红火的行情形成鲜明反差的是国内几大服装企业惨淡的电子商务经历。再如，红火的团购和O2O为传统企业创造了宝贵的市场机会，同时也打乱了它们的价格体系与渠道联盟。爱恨交加是传统企业对电子商务的共同态度。面对红火的电子商务，传统企业迷惑了，它们应该如何获得命运的救赎？

几乎所有研究成果和教科书都将传统企业视为电子商务的主体和中坚力量，可是现实并没有"看上去很美"。是我们的做法出了问题，还是电子商务本来就与传统企业、实体经济无缘？

其实，学术界很早就开始关注传统企业电子商务建设过程中的诸多问题，其中一个重要的方向就是电子商务成熟度的研究。成熟度理论的基本假设是，传统企业开办电子商务需要从行业特点、自身实际出发，认真评估发展电子商务的可行性和切入点，不能盲目照搬他人的成功经验；另外，电子商务建设也是分阶段、分层次的过程，如同诺兰模型所描述的企业信息化和软件服务的成熟度水平一样。

2012年，大连市社科院依据市委书记唐军同志的指示，确定开展"大连市网络产业发展对策研究"重大专项课题研究。本书的作者有幸承担了该项课题的研究任务。通过近1年来对大连市发展与改革委员会、大连市经济与信息化委员会、大连市统计局、大连市工商行政管理局、大连市通信管理局、大连市高新技术产业园区、大连市服务业委员会等10余家委、办、局以及大连市100余家传统企业的走访、调研、统计，结合前期的相关研究成果，最终完成了研究任务，市委领导对调研报告作出重要批示。本书即是在该项课题基础上总结、整理、提升的结果。

本书的研究目标是试图建立能够评估企业电子商务成熟度的指标体系和模型，为处于不同成熟度层级的企业提供电子商务发展策略。本书对电子商务成熟度的相关概念、特征、分类等进行了综述，对国外现有主要的电子商务成熟度模型研究进行了对比评述，识别出现有电子商务成熟度模型的特点与不足。在此基础上，本书定义了构建成熟度模型五个共同的流程，进而设计出传统企业电子商务成熟度评价模型

（E-business Maturity Model for Traditional Enterprises, TE-EMM），针对每个流程阐释了模型构建的策略，详细阐述了 TE-EMM 的成熟度层级、维度、重点域以及依赖性，创造性地为每个成熟度层级提出了电子商务成熟度的提升策略，并为 TE-EMM 设计了基于 Excel 电子表格的评估实施工具。最后，本书介绍了相关研究成果在大连市某知名服装企业电子商务建设方面的应用。

在研究和写作过程中，我们借鉴和参考了部分国内外的相关资料，在此，谨向所有相关作者表示诚挚的感谢。由于作者水平有限，书中不足之处在所难免，敬请读者不吝赐教。

作　者

2015年6月

▎目录

第 1 章　绪　论

随着互联网的普及与发展，电子商务作为一种新兴的经济形式与企业生产经营模式，受到企业的重视与追捧。"无电商不商务、无商务不电商"正在成为传统企业的共识。越来越多的传统企业纷纷试水电子商务，部分企业成绩斐然。但遗憾的是，总体来讲，实施电子商务的大多数传统企业并没有实现预定的目标，其中很多企业为电商所累，导致经营亏损，甚至对企业的生产经营产生了不良影响。少数企业开始"谈电商色变"，一些原本想要体验电子商务的企业态度出现了改变，由积极兴奋、跃跃欲试变成谨小慎微、举棋不定，更有甚者视电商为洪水猛兽，对电子商务避之唯恐不及。

理论研究和企业成功实践已证明，电子商务在转变企业经营方式、提高企业管理水平、实现绩效飞跃等方面发挥了重要的支持作用，是一种正能量。传统企业试水电子商务不利有诸多方面的原因。为了帮助传统企业树立正确的电子商务理念，制定合理的建设规划，实现电子商务的成功运营，学者们从电子商务战略规划、电子商务模式设计、电子商务系统开发、电子商务运营与管理、网络营销与策划、电子商务绩效评价等多个方面开展广泛而深入的研究。其中在电子商务战略规划领域，成熟度模型及评价方法的研究成为近年来的研究热点。

电子商务成熟度研究在国外已经是一个热点问题，国内相关研究起步较晚，研究成果相对较少。电子商务成熟度评估是衡量一个企业电子商务建设基础及确定建设规划的重要手段。与发达国家相比，我国传统行业电子商务建设相对滞后，而且差距呈现加大的趋势，加快电子商务成熟度模型及其评价的研究，为企业电子商务建设提供正确的评估意见开始变得十分迫切与必要。

1.1 研究问题与意义

电子商务在经济发展中的作用与日俱增。在我国服务贸易规模不断扩大、在国际服务贸易中所占的份额及世界排名稳步上升的大背景下，电子商务作为一种新的商业模式，通过提供新的服务、新的市场和新的经济组织方式，推动传统经济的转型升级，成为我国战略性新兴产业的重要组成部分。

持续快速增长的势头，不仅体现在数额体量方面，还体现在整个行业的蓬勃与活跃方面。资本市场上，聚美优品、京东和阿里巴巴等已经或准备赴美上市的企业轮番演绎造富传奇，在行业模式上也时有新的创意。对于 2012 年以来 O2O（线上到线下）模式的火热，清华大学教授柴跃进认为，O2O 真正的意义在于电子商务正在向传统的工业、农业、服务业渗透和融合，带动农业、传统服务业转型升级，并据此判断"电子商务产业和电子商务经济正在成为现代产业体系中的纽带和核心，甚至已经存在被称作第四产业的可能"。此外，展望未来的 2~7 年，甚至 10 年，整个电子商务发展将主要体现在网络定制、大宗商品交易、开放的网络集市平台以及网络贸易方面。不同类型的企业将利用线上线下融合的发展模式，积极调整原有的经营方式和利用体系，妥善解决电子商务对传统产业带来的利益冲击，推动实体企业向电子商务转型升级。

然而，许多组织尤其是传统企业在涉足电子商务之后并没有获得预期的成功，有的传统企业的电子商务战略的失败甚至影响到其线下的运营，导致企业从此一蹶不振甚至走向破产。虽然电子商务能为传统企业提供新的发展机遇、开辟新的利润空间、增强企业的竞争优势,但是企业尤其是传统企业由根深蒂固的传统商业模式向电子商务模式转型将面临许多问题与挑战:

(1)思维意识方面

传统企业管理者对电子商务认识不足,要么对电子商务过度复杂化与神秘化,瞻前顾后、谨小慎微,在电子商务发展中贻误了发展的大好时机;要么对电子商务过度简化,没有将电子商务建设当作循序渐进的革命,揠苗助长、急功近利、浅尝辄止。管理者对电子商务的认识误区导致其难以制定正确的电子商务战略,即使制定好了企业的电子商务战略,却难以把握当前电子商务战略与企业战略是否一致,使企业的电子商务建设从一开始就误入歧途。

(2)组织管理方面

传统企业的组织形式采用科层制,也就是平时所说的"金字塔"结构。这种组织结构重控制、重计划,轻协作、轻权变;企业之间的协作环节众多,链条冗长。这种组织结构与全球化网络经济的高效协作与快速反应模式有着显著的差异和冲突。电子商务对企业来说是一种管理变革,它注重团队协作、授权自治、快速反应,而且压缩供应链渠道,提高市场运作效率。如果企业不采取组织结构调整和业务流程再造,而在原有业务模式上进行电子化和网络化,是不可能获得绩效的飞跃的。

(3)IT 设施建设方面

由于传统企业的高层管理者大多不是信息系统管理出身,又难以真正将权力下放给拥有更好的电子商务意识的新招入的管理者,导致传统企业在电子商务基础建设方面犹豫不决、无从下手,面临更大的困境:企业难以建立与电子商务战略协同一致的 IT 战略,导致企业难以把握当前基础建设的重点以构建适合企业当前电子商务发展的基础设施,基础设施过于超前建设会增加企业成本,基础设施投入不足难以形成企业内部及外部信息系统之间的有效应用集成,无法支持企业电子商务的发展;企业对业务与 IT 匹配的理解不足,难以制定适合的 IT 指标与业务指标,难以对业务与 IT 匹配制定持续性的改进措施。

（4）人与文化方面

传统企业的管理者由于对电子商务认识不足，难以把握电子商务在企业中的价值定位，造成企业员工对电子商务认同不一；管理者难以把握当前电子商务发展中企业应该对员工的商务、IT 及电子商务的知识和技能的要求，造成电子商务员工的配置不当；传统企业金字塔式的管理组织形式割裂了部门间的联系、交流与学习，造成企业内部信息沟通缺乏效率，不重视员工创造性的发挥、员工电子商务知识的分享与交流，难以形成强大的电子商务团队和良好的电子商务创新文化。

综上所述，传统企业电子商务化进程中在管理组织、基础建设、人与文化及业务流程方面难以根据企业自身情况制定正确的电子商务化策略，进而选择科学、合理的电子商务化路线。要摆脱传统企业面临的困境，就需要对电子商务成熟度模型、电子商务成熟度评价进行研究。国内学者关于电子商务成熟度的研究主要集中在电子商务成熟度评价指标体系的研究上，单纯地求解与确定电子商务的能力成熟度，对电子商务成熟度模型以及电子商务成熟度提高策略却鲜有涉及（陈畴镛、胡保亮，2004；卢冷，2005；梁方方、江金波，2011；倪红耀，2012；裴一蕾等，2012）。

针对目前我国学术界对电子商务领域中成熟度模型的研究现状，以及企业对电子商务发展的疑惑，本书提出以下问题来展开对电子商务领域中成熟度模型的研究和探讨：

Q1：什么是成熟度模型？现在有没有评估企业电子商务成熟度水平的模型？

Q2：若是有，国内外评价企业电子商务成熟度水平的模型发展得怎么样？有不足吗？

Q3：若是有不足，有构建成熟度模型的方法吗？若是有构建方法，构建时需要进行哪些决策？

Q4：若是有构建方法，如何构建评估企业电子商务成熟度水平的模型？如何设计其成熟度评价方法？

Q5：用构建好的企业电子商务成熟度模型，如何评价企业的成熟度水平？

Q6：构建好的成熟度模型能为企业提供明确的电子商务成熟度提升策略吗？

1.2 研究方法与思路

1.2.1 研究方法

本书以传统企业的电子商务成熟度模型及其成熟度评价为研究对象，在综合国内外学者研究成果的基础上，主要采用基于调查问卷的实证研究方法。本书采用的研究方法有：

（1）文献研究：本书通过参阅信息系统（IS）领域中国内外大量的成熟度模型以及电子商务相关的理论研究与实证研究，运用归纳、推理、比较等方法，在第 2 章中对国内外电子商务成熟度、电子商务成熟度模型以及 IS 领域中成熟度模型构建方法的研究进行综述；在第 3 章中对国外主要的电子商务成熟度模型进行对比评述。

（2）实证研究：本书在第 6 章通过实证研究验证本书所构建的传统企业电子商务成熟度模型（E-business Maturity Model for Traditional Enterprises，TE-EMM）及其成熟度评价方法的可行性。

1.2.2 研究思路

通过对企业发展电子商务的观察与思考，以及研读国内外大量文献，根据传统企业电子商务发展的实际特点，构建传统企业电子商务成熟度模型，并给出成熟度模型中提升成熟度的关键策略；用构建好的成熟度模型进行企业电子商务成熟度的实证评估。全书按照管理学科中常用的研究、分析思路，解决本书研究的问题：

（1）剖析已有的文献成果，明确界定本书研究所涉及的概念及其范围，对比评述国外电子商务成熟度模型研究的现状与存在的不足之处，为本书研究提供借鉴与支持。

（2）对现有成熟度模型的构建方法进行对比学习和总结，并设计本书的 TE-EMM 构建方法。

（3）基于构建方法，通过定义范围、决定模型构建策略等流程，借鉴已有的电子商务成长阶段模型以及电子商务成熟度模型，构建 TE-EMM，并探讨模型成熟度提升的策略。

（4）设计模型实施工具和评估方法，将构建好的成熟度模型用于实证评估并结合实证结果评价模型有效性。

1.3 研究架构

第 1 章：绪论。

本章首先简要分析了国内学术界电子商务成熟度评价的研究现状，根据我国传统企业电子商务运作的现状及需求，提出了构建电子商务成熟度模型进行企业电子商务成熟度评估的紧迫性。在明确研究意义的基础上，设计了本书的研究方法、研究思路与研究架构。

第 2 章：主要概念界定、相关理论及研究综述。

本章首先阐释了传统企业、信息系统领域中电子商务、电子商务成熟度以及成熟度模型等相关术语和研究理论；其次介绍了 Jones 的电子商务成熟度模型对比框架和 Mettler 的成熟度模型分类系统；最后对近十年国内外学者对企业范畴的电子商务成熟度、电子商务成熟度模型以及信息系统领域中现有的成熟度模型设计方法进行了研究综述。

第 3 章：传统企业及其经营模式分析。

本章阐述了传统企业的定义及行业分布，分析了传统企业的特性及存在的问题，研究了传统企业的存在价值及市场优势，并对传统企业现阶段所面临的挑战进行了深入研究。

第 4 章：电子商务的技术基础。

本章介绍了电子商务赖以运行的关键技术，包括互联网及核心应用、计算机数据管理技术、计算机网络通信技术、云计算技术、大数据技术、物联网技术和智慧化技术等，特别对近年来备受关注的云计算、物联网、智慧化技术及其应用进行了重点论述。

第 5 章：电子商务及其关键模式研究。

本章介绍了电子商务的概念、内涵和应用层次及类型体系，重点论述了电子商务领域中出现的新模式、新方法和新观点，特别对"互联网+"的概念和内涵进行了详细阐述。

第6章：企业电子商务成熟度模型设计方法。

通过对信息系统领域中6种成熟度模型构建过程的对比，识别出5个共同的设计过程，结合本书的性质和特点以及所研究的主体对象，综合以上成熟度模型的设计流程，设计了本书的企业电子商务成熟度模型构建流程。

第7章：传统企业电子商务成熟度模型详解。

本章首先以 Mettler（2011）设计的决策参数对所要构建的 TE-EMM 进行范围定义；其次确定了 TE-EMM 的构建策略；再次重点阐述 TE-EMM 的核心内容，包括框架、层级、维度以及依赖性；最后根据 TE-EMM 的框架，尝试性地为每一个成熟度层级提出电子商务成熟度的提升策略。

第8章：传统企业电子商务成熟度模型实施方法。

本章在构建好的 TE-EMM 的基础上，重点探讨设计 TE-EMM 的实施方法。首先根据 TE-EMM 的实际特点选择调查问卷作为根据 TE-EMM 进行企业电子商务成熟度评估的工具，在此基础上设计采用木桶原理进行成熟度水平确定的评估方法。最后对评估问卷中的部分问题进行了阐释。

第9章：TE-EMM 案例应用与有效性验证。

本章以大连某知名服装企业作为案例的研究对象。将构建好的 TE-EMM 用于此企业电子商务成熟度的评估，并在此基础上对 TE-EMM 进行有效性验证，识别出 TE-EMM 的不足之处。

第10章：总结与展望。

本章对研究结论进行了总结，阐释了本研究的主要创新点与贡献，以及不足之处，并提出了未来的研究方向。

第2章　主要概念界定、相关理论及研究综述

Zelewski（2007）认为构建新的成熟度模型必须首先对已有的模型进行对比，所要构建的新模型也可以是在一个现存模型基础上加以改进而产生的。因此，在构建本书企业电子商务成熟度模型之前，有必要先对主要研究对象进行概念界定，并对当前国内外流行的电子商务成熟度模型及成熟度模型构建方法的研究进行综述。

2.1　主要概念界定

2.1.1　传统企业

传统企业一般是指在工业经济时代成长起来的从事生产制造和流通服务的各类经济组织。传统企业是相对于一些网络企业而言的，主要是以生产有形产品为主，如石油、冶金、机械、煤炭、电器设备、食品饮料、烟草、纺织服装、木材、造纸及印刷等企业。对于传统企业的理解，可以从三个方面来进行：（1）从组织结构上看，传统企业一般实行层级制的结构，即所谓金字塔形；（2）从运营方式上看，传统企业一般应用传统的经营手段和技术进行内部的管理和交易活动；（3）从经营的

产品和服务上看，传统企业通过实体产品的生产和经营活动来获取利润。

2.1.2　电子商务

电子商务是 E-commerce（EC）或 E-business，两者的含义是不同的。E-commerce（EC）被广泛采用的定义由 Kalakota & Whinston（1996）给出，从流通、业务流程、服务以及在线交易四个方面对 EC 进行阐述，Turban，King & Lee 等（2002）在其基础上对 EC 的定义又增加了合作和团体两个方面作为补充。

一些学者认为 Commerce 这个单词仅仅是描述业务伙伴之间的交易，如果按 Commerce 的这个意思，那么电子商务（EC）的含义就相当狭窄，因此又提出 E-business 这个词。E-business 由 IBM 公司提出，比 EC 有更广阔的含义。Sewell & McCarthey（2001）把 E-business 界定为利用信息、通信技术所进行的业务。McKay & Marshall（2004）认为，电子商务（E-business）是使用互联网以及其他信息技术来支持商业活动以及改进和提高业务的绩效。在本书中，采用 McKay & Marshall（2004）对电子商务的定义。

2.1.3　电子商务成熟度

成熟度，按照字面意思是成熟的程度，它描述了从一个初始的状态，经过若干个中间状态达到一个更高级的状态的转变。Paulk，Weber & Chrissis 等（1993）将过程成熟度（Process Maturity）定义为"一种将过程清晰定义的，可以操纵、测量以及持续改进的程度"；de Bruin 等（2005）认为成熟度是"作为评价一个组织关于某个方面能力的一种度量"。

在关于成熟度模型的构成文献中，大多数文献用一维的形式来描述成熟度，并将成熟度的定义集中在三种属性：①流程成熟度，即一个特定的业务流程被明确和有效地定义、管理、计量和控制在何种程度；②对象成熟度，即一个如软件产品、公司报告之类的特定的"物体"达到预先定义等级的何种程度；③人的能力，即组织或企业中的人能够并愿意用知识创造和提高价值达到怎样的熟练程度。

在信息系统领域，评估成熟度通常的基础是流程、对象以及人（Mettler，2009）。Weinberg（1992）是第一个给出这三者之间强烈的依赖性以及对成熟度的影响的学者。然而，这三者并不总是相互影响的，如图 2-1 所示，它们的相互影响通常有三种情况：①三种成熟度因素一起随着成熟度水平的提高而更加精益；②只有两种因素随着成熟度水平的提高得到增强，特别是对象和过程成熟度；③成熟度水平只在一种因素的层面上提高。成熟度水平演变的不同方式对设计成熟度模型以及检验成熟度模型的有效性十分重要。

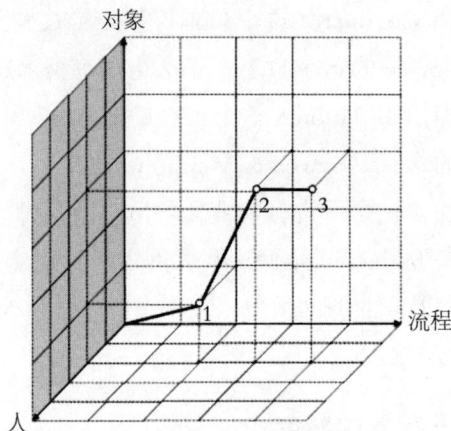

图 2-1　成熟度水平演变的不同方式

对于电子商务成熟度，陈畴镛、胡保亮（2004）认为电子商务成熟度是用来反映电子商务发展成熟程度的量化指数；裴一蕾、薛万欣等（2012）认为企业电子商务成熟度是指企业在电子商务方面的基础设施建设状况、交易流程应用状况、运营管理手段应用状况、交易安全状况，这些能够提升企业经营绩效、管理绩效和竞争力。

从以上国内外学者对成熟度的定义，本书认为电子商务成熟度是可操纵并准确测量的、用以量化电子商务发展程度或所处成熟阶段的尺度。

2.1.4　成熟度模型

在互联网和电子商务出现之前，国外学者，如 Nolan（1973）、

Gibson 等 （1974）、 Hirschheim 等 （1988）、 Earl （1983， 1989）、
Galliers & Sutherland （1994） 等， 就已经开始成熟度模型的研究。IS 领域的成熟度模型是帮助评估组织能力 （de Bruin， 2009）、流程（Paulk， Weber & Chrissis 等， 1993）或资源（Nolan， 1973）发展水平的一种工具。以可预测的假设为基础，成熟度模型描述了组织的能力如何沿着一条预期的、想要的、符合逻辑的成熟路径，一个阶段、一个阶段地发展的方式。这就是成熟度模型也被称为成长阶段模型、阶段模型或阶段理论的原因。

成熟度模型的概念最早由 Nolan 的成长阶段模型发展起来，随着软件能力成熟度模型（CMM）的提出，成熟度模型的研究开始在学术界活跃起来。Becker， Knackstedt & Pöppelbuß （2009）认为成熟度模型是一种描述典型的、符合逻辑的以及预期的趋向成熟的发展路径的概念性模型；Iversen 等 （1999）认为成熟度模型是用来评估一个企业、组织的形势，以得到优先改进的措施，并最终控制措施的履行过程，具有标准的、规范的性质；Gottschalk （2009），Kazanjian & Drazin （1989）认为成熟度模型是发展阶段概念上的模型。Metha， Oswald & Mehta （2007）以及 Subba Rao， Metts & Monge （2003）认为这些不同的阶段为企业、组织提供了从前一个阶段向较好的、更高级阶段改进和提高的路线图。

对于成熟度模型的结构，Fraser 等 （2002）认为，成熟度模型在定义好的若干成熟度层级下共同拥有若干个维度，并且对每个维度在每个成熟度层级中有特色的表现、特征进行描述。其成熟度模型由 6 个基本部分构成：①若干数量的成熟度水平/层级；②每一成熟度层级的描述符（如 CMM 用初始级、可重复级、已定义级、已管理级以及优化级来区分每个成熟度层级）；③从总体上对每一成熟度层级的特征的描述或摘要；④若干数量的成熟度维度（例如，CMM 中的过程域）；⑤为每一维度定义的若干元素或活动（如本书构建的 TE-EMM 的 "重点域"）；⑥对每个元素或活动在每一成熟度层级表现的描述（如本书构建的 TE-EMM 的 "依赖性"）。除此之外，有的成熟度模型还可能包括为达到这些步骤的改进建议。

关于成熟度模型的种类，根据现有文献，已经定义了 3 种不同类型的成熟度模型（de Bruin，2009；van Steenbergen，2011）：阶段型成熟度模型（Staged Maturity Models）、连续型成熟度模型（Continuous Maturity Models）以及上下文型成熟度模型（Contextual Maturity Models）。

（1）阶段型成熟度模型

阶段型成熟度模型是线性的。在这种类型的成熟度模型中，每一个成熟度阶段建立在前一个成熟度阶段的基础上，并且每一个成熟度阶段都有一组标准（或称为重点域（Focus Area，FA）），只有履行这些标准后才可以达到该成熟度阶段。诺兰（1973）的成长阶段模型以及Paulk，Weber & Chrissis 等（1993）的能力成熟度模型（CMM）都是阶段型成熟度模型。

（2）连续型成熟度模型

连续型成熟度模型与阶段型成熟度模型类似，连续型成熟度模型同样是线性的，其与阶段型成熟度模型的区别是：连续型成熟度模型中的重点域不是属于某一个成熟度水平的，而是属于所有的成熟度水平，即这些重点域需要在每一成熟度水平内进行成熟度评估。连续型成熟度模型比阶段型成熟度模型更灵活，可以提供多种方式达到成熟度水平。CMM 的升级版本——能力成熟度模型集成（CMMI）就是连续型成熟度模型。

（3）上下文型成熟度模型

这种类型的成熟度模型也被称作面向重点域的（Focus Areas Oriented）成熟度模型。上下文型成熟度模型与连续型成熟度模型类似，只是这种类型的成熟度模型是非线性的，这种模型允许以非线性的形式达到成熟度水平，与连续型成熟度模型不同的是，在上下文型成熟度模型内，重点域不是属于每一个成熟度水平（等级），而属于某些特定的成熟度水平，这需要根据具体模型的内容来确定，组织总的成熟度是这些重点域成熟度水平的组合。这种非线性的模型比连续型成熟度更具有灵活性，并且更适合组织的实际情况，但是这类模型的构建也更复杂。

图 2-2 描述了上述三种类型的成熟度模型之间的不同：a. 在阶段型成熟度模型中，若干重点域对应各自的成熟度水平；b. 在连续型成熟度模型中，每个重点域对应所有的成熟度水平；c. 在上下文型成熟度模型中，每个重点域对应若干成熟度水平。

	1	2	3	4	5
FA1	X				
FA2	X				
FA3		X			
FA4		X			
...					

a

	1	2	3	4	5
FA1	X	X	X	X	X
FA2	X	X	X	X	X
FA3	X	X	X	X	X
FA4	X	X	X	X	X
...					

b

	1	2	3	4	5	6	7	...
FA1	X				X			
FA2		X		X				
FA3	X		X			X		
FA4				X			X	
...								

c

图 2-2 三种架构的成熟度模型

基于上述成熟度模型的内涵，给出本书企业电子商务成熟度模型的概念，即在电子商务领域，根据电子商务发展的实际特点和趋势，提出的一种合理的符合电子商务预期发展路径的概念性模型，以期确定企业的电子商务处在什么发展阶段，并由此得到提升电子商务成熟度的关键措施，最终实现企业电子商务发展的预期目标。

2.2 相关理论

2.2.1 Jones 等的电子商务成熟度模型对比框架

Jones 等（2006）为电子商务（E-business 以及 E-commerce）的成熟度模型提出了一个对比框架，这个对比框架包含 8 个对比因子（见表 2-1）。在 8 个对比因子中，主要关注以下 5 个：

（1）视角（Perspective）指模型的出发点，如技术上的（Technological）、产业的（Industry）、企业为基础的（Business-based）

以及革新（Evolutionary Development）。

（2）演化（Development）指模型的框架是具有线性的还是非线性的结构。线性演化的模型是在其框架下呈现成长阶段或成长水平，而非线性的结构指企业的演化不是分阶段发展的。

（3）重点（Emphasis）指模型针对的企业类型，包括中小企业、大型企业以及未界定的类型。

（4）范围（Focus）指模型中涉及的电子商务的范围是 E-business、E-commerce 还是未界定。

（5）来源（Source）指模型出处是来自国有部门、私营组织还是学术机构。

表 2-1　　　　　　Jones 等的电子商务成熟度模型对比框架

对比因子	视角				演化		重点			验证		障碍		范围			来源			层级
准则说明	企业	技术	产业	革新	非线性	线性	中小企业	大企业	未界定	是	否	是	否	E-commerce	E-business	未界定	国有部门	私营组织	学术机构	层级数

2.2.2　Mettler 等的成熟度模型分类系统

Mettler，Rohner & Winter 等（2010）对 IS 领域中的成熟度模型提出了一个分类系统。这个分类系统是在对 117 篇成熟度模型、成长阶段模型以及评价模型文献研究的基础上，将分类指标划分为 3 个维度（成熟度模型一般属性、成熟度模型设计、成熟度模型应用），每个维度又包含若干属性因子。将 Mettler 等（2010）的成熟度模型分类系统中的 3 个维度以其属性因子总结在表 2-2 中。

成熟度模型一般属性维度由若干属性因子组成，例如名称、名称缩写、来源、目标读者、出版年份等。这些属性因子描述了成熟度模型的基本特征。

成熟度模型设计维度由成熟度的概念、构成、可靠性以及可变性组成。这些属性因子详细说明了成熟度模型的结构和形式。成熟度的概念指成熟度模型中专注要研究的问题，有流程成熟度（即一个特定的业务流程被明确和有效地定义、管理、计量和控制在何种程度）、对象成熟度（即一个如软件产品、公司报告之类的特定的"物体"达到预先定义等级的何种程度）、人的能力（即组织或企业中的人能够并愿意用知识创造和提高价值达到怎样的熟练程度）或者它们之间的任意组合。成熟度模型的构成指的是模型的设计是基于 CMM 样式的（指模型的结构与 CMM 的结构相同，即每一个层级都包含为达到层级目标而需要组织关键实践类的关键过程域）或成熟度自查方格的形式（即用简单的文字形式来说明成熟度的层级）还是基于 Likert 量表式问卷（Likert 量表式问卷与成熟度自查方格相比较，Likert 量表式问卷更注重对已定义的"良好实践"的打分，并且不会从整体上描述成熟度的不同水平）。可靠性验证指确定成熟度模型与其开发者阐述的概念和规格准确一致的过程。可变性指由于技术的发展或当此模型用于新的实践中时成熟度模型的变化。可变性有两个不同的方面：形式和功能。形式指成熟度模型的样式、成熟度水平或模型维度的描述；功能则如成熟度评估方法等。

表 2-2　　　　**Mettler 等（2010）的成熟度模型分类系统**

维度	属性因子								
成熟度模型一般属性	名称	名称缩写	主要出处	次要出处	解决主题	来源	目标读者	出版年份	取得途径
成熟度模型设计	成熟度的概念			构成			可靠性		可变性	
	流程成熟度	对象成熟度	人的能力	成熟度自查方格	Likert量表式问卷	CMM样式	验证	有效	形式	功能
成熟度模型应用	实施的方法			实施的支持			实用的策略	
	自我评估	第三方辅助评估	认证的机构评估	无支持材料	文字说明书/手册	软件评估工具	含蓄的建议	明确的建议

成熟度模型应用维度由实施的方法、实施的支持以及实用的策略组成。实施的方法指为了评估的目的而对模型的使用，使用可分为组织或企业自己开发模型并对自己进行的自我评估、由第三方使用模型对组织或企业进行评估以及由认证的从业机构对组织或企业进行评估（例如CMMI）。实施的支持指模型开发方提供的关于模型实施方面的材料，对实施的支持有三种情况：无支持材料、提供文字说明书以及提供专门的软件评估工具。实用的策略指提供成熟度改善策略的方式。

2.3 研究综述

2.3.1 国内电子商务成熟度研究综述

国内学者对电子商务成熟度模型以及电子商务成熟度提高策略鲜有涉及，而涉及企业层次上的电子商务成熟度的研究主要集中在建立电子商务成熟度评价指标体系的基础上，应用层次分析等模糊的办法求解与确定电子商务的能力成熟度上。

陈畴镛、胡保亮（2004）分析了处于成熟阶段的企业电子商务运作机理，在此基础上从电子商务基础设施、电子商务外部环境、电子商务内部管理环境、电子商务流程、电子商务安全以及电子商务效益等角度建立了企业电子商务评价指标体系，该指标体系共分 3 层 6 大类 26 个具体指标，并提出了相应的组合评价方法对企业电子商务成熟度进行评价。

卢冷（2005）根据问卷调查、专家访问的结果进行指标筛选，设计了企业电子商务成熟度评价指标体系；在此基础上根据企业电子商务成熟度评价指标体系的特点，采用以多指标综合评价方法为体系的评价方法，对选取的指标进行无量纲处理，使用层次分析法计算指标的权重，最后采取线性加权法合成指标体系的评价结果进而得到企业电子商务成熟度指数。

梁方方、江金波（2011）针对旅游企业首先参考 OECD 及 2001 年中国互联网研究与发展中心（CII）设立的"CII 电子商务指标体系研究与指数测算"的研究课题中的指标设计，结合旅游企业的特殊性，从基础设施建设、电子商务行为、业务改进、电子商务安全、电子商务效益5个要素设计旅游企业电子商务成熟度的指标体系，该指标体系共分5个要素，18个指标；然后采用 Delphi 算法来确定各指标的权重。

倪红耀（2012）提出了测评南通地区家纺企业电子商务成熟度的指标体系，该指标体系覆盖企业对电子商务的重视程度、电子商务运营、电子商务安全、电子商务效益4个维度的16个指标；然后基于 AHP 和模糊理论的综合评价算法，对各个层次的指标计算权重，采用模糊法确定各个指标评价的数学模型，测评可得南通地区家纺企业电子商务成熟度为良好；最后根据测评结果给出了南通地区家纺企业提升电子商务成熟度的对策。

裴一蕾、薛万欣等（2012）提出了中小型农业企业电子商务成熟度的概念，建立了评估中小型农业电子商务成熟度的指标体系，该指标体系包括设施、交易流程、运营管理、交易安全4个一级指标，下设硬件设备、计算机网络、电子采购、物流配送、供应链管理、客户关系管理、支付安全等11个二级指标；采用层次分析法确定了各级指标的权重，构建了中小型农业企业电子商务成熟度模糊综合评价的数学模型；最后通过实例验证了层次分析法与模糊综合评价相结合的中小型农业企业电子商务成熟度评价方法的合理性与可靠性。

以上关于企业层次上的电子商务成熟度的研究没有涉及电子商务成熟度模型自身，只是单纯建立指标体系评价成熟度，而涉及成熟度模型构建以及电子商务成熟度模型的研究在国外已经展开。

2.3.2　国外电子商务成熟度模型研究综述

Mckay，Marshall & Prananto（2 000）根据诺兰的成长阶段模型提出了电子商务的成熟度模型（SOG-e），将 SOG-e 模型定义为6个层级：不存在、表态式、互动式、互联网电商、内部整合、自问整合，并从6个维度定义 SOG-e 模型，分别是系统、员工与技能、战略、结构、类型以及上级目标，最后将 SOG-e 模型用于评价 Magic Cars 公司的电子商务成熟度。

Eral（2 000）构建了一个能够评估企业电子商务成熟度的模型，认为所有企业的电子商务都应该经历 6 个阶段：外部沟通、内部沟通、E-commerce、E-business、电子企业、改造，并从战略、理念、思维定式、效果、成功关键因素 5 个维度上对这 6 个阶段进行特征定义。

Rao & Metts（2003）认为使用成熟度模型来描述电子商务的发展过程，能为企业电子商务向更高级的成熟度层级的成长提供指导。Rao & Metts（2003）定义了有 4 个成熟度层级的电子商务成熟度模型，4 个层级为：电子商务存在、门户网站、交易整合以及企业整合。Rao & Metts（2003）认为企业没有必要一定按照以上层级顺序连续地发展，而是允许企业的电子商务从 4 个层级的任何一个层级开始，并可以跳跃地成长。此外，Rao & Metts（2003）还为每个成熟度层级提出了决定成熟度提升的关键驱动因素和阻碍因素。

Chan & Swatman（2004）根据诺兰成长阶段模型构建了 B2B 电子商务成熟度成长阶段模型，将模型定义为 4 个成熟度层级：初始的电子商务、集中的电子商务、内部寻找利益、全球的电子商务，并从电子商务技术、涉及的员工、战略、关注以及结构 5 个维度对 B2B 电子商务成熟度进行特征定义。Caroline Chan（2004）用所构建的 B2B 电子商务成熟度模型分行业对澳大利亚的企业和组织进行评价，并进行了模型的可行性验证。

Chung-Yang Chen 等（2006）根据能力成熟度模型（CMM）构建了 CMM 样式的基于流程的电子商务能力成熟度模型（EB-CMM），将 EB-CMM 定义为 6 个成熟度层级（初始级、内部级、已集成级、已定义级、定量管理级、优化级）和 7 个能力层级，并根据 CMM 模型的结构为每个成熟度层级定义了关键过程域、目标等；通过将构建好的 EB-CMM 用于化妆品和医药行业的电子商务成熟度评估验证了模型的有效性。

赛门铁克公司（2009）将使用互联网技术的业务流程定义为电子商务，在卡内基·梅隆大学创造的业务发展成熟度模型的基础上构建了电子商务成熟度模型，这个模型有 5 个成熟度层级：初始级、可重复级、已定义级、已管理级、优化级。但与一般的 CMM 样式的模型不同，赛门铁克公司（2009）的成熟度模型不仅将流程作为成熟度的维度，还将管理与组织、基础建设、人与文化作为电子商务成熟度模型的维度，每一维度下又包括 3 个子维度，共 12 个子维度。赛门铁克公司（2009）将构建的电子商务成熟度模型用于荷兰整体电子商务以及荷兰国内不同行业电子商务的成熟度评估，并进行对比。

Vincent Hoffs（2011）受荷兰著名企业拉赫兰顿公司（De Lage Landen，DLL）资助，根据 DLL 的战略、部门设置以及电子商务运作的实际情况构建了电子商务成熟度模型，其电子商务模型被设置为 4 个成熟度层级：新人、生手、高级、专家，将电子商务成熟度的维度定义为企业内部方面、企业之间方面、技术方面 3 个大维度。"企业内部方面"维度下又定义了意识、合作、教育 3 个子维度，"企业之间方面"维度下又定义了战略、教育、流程、竞争优势、性能绩效 5 个子维度；"技术方面"维度下设置了支持的功能、界面、定制、IT 基础设施 4 个子维度。在每个子维度下又定义若干三级维度，共 27 个。

Nikolay Petrachkov（2012）对信息系统领域的主要成熟度模型进行了对比，并对电子商务的定义、结构进行了系统的阐述；在 Saleh & Alshawi（2005）所提出的 GPIS 模型的基础上构建了基于情境的电子商务成熟度模型（SMME），SMME 被设置为 5 个成熟度层级，定义了 IT 基础设施、流程、人、工作环境 4 个维度，在"IT 基础设施"下又定义了 CRM、ERP、Web2.0 3 个子维度，"流程"下定义了 SCM 1 个子维度，"工作环境"下定义了战略 1 个子维度。Nikolay Petrachkov（2012）将 SMME 实施于一家软件公司的电子商务成熟度评估，并通过专家反馈验证了模型的有效性。

2.3.3　成熟度模型设计方法研究综述

信息系统领域已经有大量的成熟度模型，然而模型构建者很少揭示模型构建的动机以及模型构建的方法。

（1）de Bruin 等（2005）提出了构建成熟度评估模型的主要阶段与步骤。他们将构建成熟度模型的过程识别为 6 个主要的阶段：①界定：决定模型涉及的重点和其利益相关者；②设计：决定模型的结构、模型的使用者和受访者的类型，以及模型实施的方法和驱动力；③填充：确定评估对象与评估方法；④检验：检验模型结构和方法的相关性和严谨性；⑤实施：验证模型的普遍性以及模型可否被使用；⑥维护：保持某种信息库以支持模型的演化、发展和持续使用。

（2）Becker 等（2009）提出了构建成熟度模型需要注意的若干方面，并且与已有成熟度模型作对比后，演绎了一种成熟度模型的构建及实施过程。Becker 等（2009）在 Hevner 等（2004）提出的信息系统领域设计科学的理论基础上，识别和总结出了在成熟度模型构建过程中所必要进行的工作（见表 2-3），并提出了 IT 管理领域成熟度模型的构建及实施步骤，包括：①定义问题；②对比现有模型；③确定构建模型策略；④成熟度模型的反复构建；⑤转移和评估的概念；⑥实施数据转移；⑦评估。

表 2-3　Becker 等（2009）识别的构建成熟度模型中所必要进行的工作

必要工作 (Requirements)	说明 （Descriptions）
R1-对已有成熟度模型的对比	构建一个新的成熟度模型的必要性必须用现在的成熟度模型加以对比来证实
R2-反复的过程	成熟度模型必须反复构建
R3-评价	成熟度模型的构建前提，成熟度模型的有用性、质量以及有效性必须经过反复评价
R4-多种方法的过程	成熟度模型的构建需要使用不同的研究方法，这些方法应该是完备建立的，并且方法间也应该是良好协调的
R5-问题相关性的识别	规划的成熟度模型必须为研究者和（或）实践者阐述问题解决方法的相关性
R6-问题定义	成熟度模型预期的应用领域，成熟度模型实施与应用的条件，以及其对组织的好处，应该在模型设计前优先确定
R7-有针对性地对结果加以说明	成熟度模型对其实施应用的条件以及模型用户需要的准备工作等应该有针对性地进行说明
R8-科学文件	鉴于设计流程的每一步骤、涉及的角色、模型应用的方法以及其成果，成熟度模型的设计过程应该用文档详细地记录

（3）Maier 等（2009）提出了一种"实践者指导"的方法以构建与应用成熟度自查方格来评估组织能力。Maier 等（2009）提出了 4 个阶段：①计划：确定成熟度模型的目标、需求、范围以及模型的目标使用者；②开发：确定成熟度模型的过程域、成熟度层级、方格描述以及管理机制；③评估：验证模型的有效性，如果有必要，对模型反复调整；④维护：过程域和自查方格的描述必须正确地评估和记录。

（4）van Steenbergen 等（2010）提出了针对面向重点域的成熟度模型的设计过程。这个设计过程分 4 个阶段，共 10 个步骤：①识别和界定功能域；②确定重点域；③确定成熟度水平的能力；④确定能力之间的相关性；⑤确定成熟度矩阵的能力；⑥制定评估工具；⑦定义改进措施；⑧实施成熟度模型；⑨反复改进成熟度矩阵；⑩沟通结果。

（5）Mettler（2011）在对比了不同的成熟度设计方法的基础上改进了 Mettler & Rohner（2009）提出的成熟度模型设计方法。Mettler（2011）设计了构建和实施成熟度模型的决策参数（见附录 1），并将成熟度模型设计主要分为 7 个步骤：①识别需要以及问题涉及的领域；②定义模型实施及应用的范围；③识别可操作性的措施；④实施部署和评估方法；⑤应用模型；⑥评估模型的结构和部署方法；⑦设计合成与不断学习。

（6）Elmaallam & Kriouile（2013）在 Hevner 等（2004）提出的信息系统领域设计科学的理论基础上，提出了在信息系统领域构建成熟度模型的过程。这个过程被分成 3 个阶段：①设计：在设计阶段有 6 个步骤，分别是建立图表、列出需求、选择结构、填充内容、定义评估方法、检验模型；②实施：这个阶段包括准备成熟度评估、精心地改进行动方案、交流改进的行动方案；③改进过程：这个阶段包括 2 个步骤，分别是产生应用评述和定义改进模型的方案。

将上述 6 种成熟度模型构建方法归纳在一张表上进行对比（见附录 2），在 6 种成熟度模型构建方法中识别出 5 个共同的设计过程：①识别需要或新机会；②界定范围；③模型设计；④评估设计；⑤模型实施。除了 Maier 等（2009）采用以成熟度自查方格的方法构建成熟度模型，其他 5 种方法并无很大区别。

第3章 传统企业及其经营模式分析

自人类社会形成以来，以产品生产加工为主要劳动形式的作坊门店就成为人们生活必不可少的角色。随着社会的发展，资本主义兴起之后，人们开始将自给自足式的小规模生产逐步升级、整合，形成了以营利为目的的、运用各类生产要素向民众市场提供商品服务的经济组织，也就是我们常说的公司或者企业。

企业是从事生产、流通、服务等经济活动，以生产或服务满足社会需要，实行自主经营、独立核算、依法设立、具有经济法人资格的一种营利性经济组织。在信息化社会出现之前，我们通常是根据生产产品或提供服务的不同种类来划分企业所属产业，即行业划分，例如农、林、牧、副、渔、钢铁、化工、汽车、服装行业等，或是根据企业规模的大小分为特大型、大型、中型、小型、微型企业。20世纪末，随着计算机科学技术的不断普及发展，以及可再生资源的不断开发，出现了在生产经营、商务运作、价值实现等方面与之前企业显著不同的新兴产业，我们通常称其中的企业为现代企业，而与之相对应的，遵循常规经营模式的企业就变成了传统企业。

3.1 传统企业的定义及行业分布

传统企业是相对现代（新兴）企业而言的。虽然这个概念已经被熟识，而且大家对哪些企业是传统企业也有着较为准确的判断，但是国内学术界确实没有对传统企业给出明确的定义。

一般来讲，传统企业通常分布于传统产业之中。所谓传统产业，是指食品加工工业、纺织服装工业、农林畜牧业、建筑建材工业、机械设备工业、汽车工业、冶金工业等人们生活所依赖的行业。在这些行业中，应用传统工艺进行产品生产或服务供给的企业就称其为传统企业。从产业革命一直到现今，这些传统企业都是在工业化过程中起支柱和基础作用的企业。其中传统企业主要存在于第二产业（工业），历史悠久的第一产业（农业）和第三产业（服务业）的一部分，如纺织、轻工、机械、钢铁、煤炭、农林牧业、食品加工、交通运输等都是传统工业。概括地说，传统企业主要指劳动力密集型的、以加工制造业为主的企业。例如，大连叉车制造厂、大连机车厂、沈阳红药集团以及工厂遍布全国的富士康都是传统企业。

同时，我们需要明确的一点是，在传统产业中并不是只存在着传统企业，还有一部分现代企业。对于现代企业的定义，目前学术界也没有公认而严格的界定，一般来说，现代企业是指，在具备一定规模和影响力的基础上，企业承担新的社会生产分工职能，同时意味着企业结构发生新的变革，代表市场对这个经济系统整体产出的新要求，也代表新科学技术企业化的新水平，正处于企业自身生命周期过程的形成期阶段的企业。

而与传统产业相对应的就是我们所说的新兴产业。所谓新兴产业，现在一般是指以高新技术产业、生命生物工程等为代表的科技含量较高、出现历史较晚的产业。新兴产业来源于传统产业，一些传统产业中的企业吸收了新技术而变成了新兴企业（如图 3-1 所示）。目前，普遍得到认可的新兴企业有 6 类：新材料企业、电子和信息技术企业、制造及工程技术企业、现代交通运输及航天技术企业、以遗传工程为核心的生物技术企业、能源和环境技术企业，这 6 类企业都有明显的技术特点与准入门槛。由于中国是个后起的发展中大国，市场、技术、资金等条件不同于西方国家，其新兴企业都经历了一个技术引进、消化、吸收、创新的过程，如风电、光伏、IT、生物工程企业等。但是，企业链中的核心、前沿技术是不易引进的，多靠自主摸索，对资金、人才有着高要求。

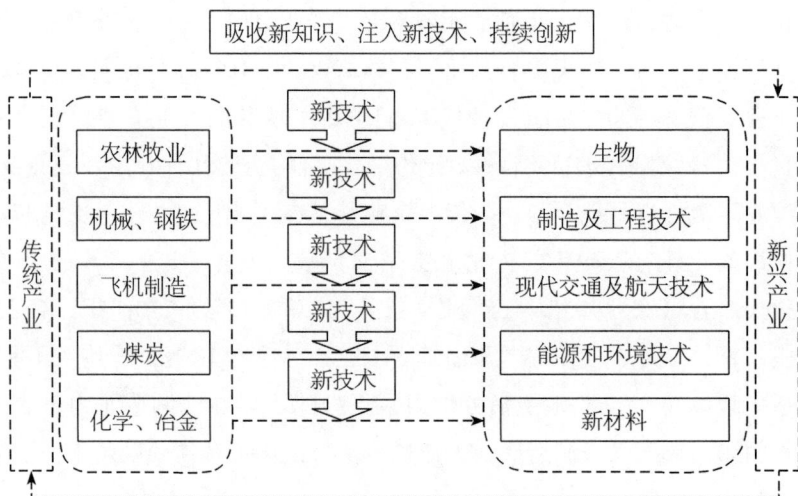

图 3-1 传统产业向新兴产业的演化

3.2 传统企业的特征及存在的问题

就国内行业分布来看，到目前为止，我国仍是一个传统企业占主导地位的国家。关于传统企业的特征主要表现在以下几方面：产品需求收入弹性低、投资少、见效快、生产技术成熟、综合竞争力减弱。传统企业的兴起时间决定了其企业的结构、文化、生产和经营方式，加之我国大多数的大型传统企业都是国有企业，从而导致了其对市场的关注不够，过于注重自身生产。同时，国有企业的存在又使其在市场经济的环境下受到了过度保护，因此其综合竞争力是远不如在市场中自行发展起来的现代企业的。为了从根本上了解、认识传统企业，下面我们将针对传统企业本身的组织结构、经济活动、营销方式、生产方式、经营核心、信息化水平以及产权结构等方面对传统企业进行分析。

3.2.1 传统企业是层级式组织结构

所谓组织结构（Organizational Structure），是指对工作任务如何进行分工、分组和协调合作，也是表明组织各部分排列顺序、空间位置、聚散状态、联系方式以及各要素之间相互关系的一种模式，是整个管理系统的"框架"。组织结构的制度类型大致分为以下几种：

（1）直线制。直线制是一种最早也是最简单的组织形式。它的特点是企业各级行政单位从上到下实行垂直领导，下属部门只接受一个上级的指令，各级主管负责人对所属单位的一切问题负责。厂部不另设职能机构（可设职能人员协助主管人工作），一切管理职能基本上都由行政主管自己执行。直线制组织结构的优点是：结构比较简单，责任分明，命令统一。缺点是：它要求行政负责人通晓多种知识和技能，亲自处理各种业务。这在业务比较复杂、企业规模比较大的情况下，把所有管理职能都集中到最高主管一人身上，显然是难以胜任的。因此，直线制只适用于规模较小、生产技术比较简单的企业，对生产技术和经营管理比较复杂的企业并不适宜。

（2）职能制。职能制组织结构，是在各级行政单位除主管负责人外，还相应地设立一些职能机构。如在厂长下面设立职能机构和人员，协助厂长从事职能管理工作。这种结构要求行政主管把相应的管理职责和权力交给相关的职能机构，各职能机构就有权在自己业务范围内向下级行政单位发号施令。因此，下级行政负责人除了接受上级行政主管人指挥外，还必须接受上级各职能机构的领导。

职能制的优点是能适应现代化工业企业生产技术比较复杂、管理工作比较精细的特点；能充分发挥职能机构的专业管理作用，减轻直线领导人员的工作负担。职能制的缺点也很明显：它妨碍了必要的集中领导和统一指挥，形成了多头领导；不利于建立和健全各级行政负责人和职能科室的责任制，在中间管理层往往会出现有功大家抢、有过大家推的现象；另外，在上级行政领导和职能机构的指导和命令发生矛盾时，下级就无所适从，影响工作的正常进行，容易造成纪律松弛，生产管理秩序混乱。由于这种组织结构形式的明显缺陷,现代企业一般都不采用职能制。

(3)直线−职能制。直线−职能制也叫生产区域制,或直线参谋制。它是在直线制和职能制的基础上,取长补短,吸取这两种形式的优点而建立起来的。绝大多数企业都采用这种组织结构形式。这种组织结构形式是把企业管理机构和人员分为两类:一类是直线领导机构和人员,按命令统一原则对各级组织行使指挥权;另一类是职能机构和人员,按专业化原则,从事组织的各项职能管理工作。

直线−职能制的优点是:既保证了企业管理体系的集中统一,又可以在各级行政负责人的领导下,充分发挥各专业管理机构的作用。其缺点是:职能部门之间的协作和配合性较差,职能部门的许多工作要直接向上层领导报告请示才能处理,这一方面加重了上层领导的工作负担,另一方面也造成办事效率低。为了克服这些缺点,可以设立各种综合委员会,或建立各种会议制度,以协调各方面的工作,起到沟通作用,帮助高层领导出谋划策。

(4)事业部制。事业部制最早是由美国通用汽车公司总裁斯隆于1924年提出的,故有"斯隆模型"之称,也叫"联邦分权化",是一种高度(层)集权下的分权管理体制。它适用于规模庞大、品种繁多、技术复杂的大型企业,是国外较大的联合公司所采用的一种组织形式,近年来我国一些大型企业集团或公司也引进了这种组织结构形式。

事业部制是分级管理、分级核算、自负盈亏的一种形式,即一个公司按地区或按产品类别分成若干个事业部,从产品设计、原料采购、成本核算、产品制造,一直到产品销售,均由事业部及所属工厂负责,实行单独核算、独立经营,公司总部只保留人事决策、预算控制和监督大权,并通过利润等指标对事业部进行控制。也有的事业部只负责指挥和组织生产,不负责采购和销售,实行生产和供销分立,但这种事业部正在被产品事业部所取代。还有的事业部则按区域来划分。

(5)模拟分权制。这是一种介于直线职能制和事业部制之间的结构形式。

模拟分权制的优点是除了调动各生产单位的积极性外,还可解决企业规模过大不易管理的问题。高层管理人员将部分权力分给生产单位，减少了自己的行政事务，从而把精力集中到战略问题上来。其缺点是：不易为模拟的生产单位明确任务，造成考核上的困难；各生产单位领导人不易了解企业的全貌，在信息沟通和决策权力方面也存在着明显的缺陷。

（6）矩阵制。在组织结构上，把既有按职能划分的垂直领导系统，又有按产品（项目）划分的横向领导关系的结构称为矩阵制组织结构。

矩阵制组织结构的优点是：机动、灵活，可随项目的开发与结束进行组织或解散；由于这种结构是根据项目组织的，任务清楚，目的明确，各方面有专长的人都是有备而来，因此在新的工作小组里，能沟通、融合，能把自己的工作同整体工作联系在一起，为攻克难关、解决问题而献计献策，由于从各方面抽调来的人员有信任感、荣誉感，增加了他们的责任感，激发了工作热情，促进了项目的实现；它还加强了不同部门之间的配合和信息交流，克服了直线–职能制结构中各部门互相脱节的缺陷。

层级式组织结构一般属于直线–职能制的组织结构，其含义是：企业的组织机构由一系列层次化的组织单元构成，每一组织单元属于某一层次，对其下一层次的组织单元具有管理职责与权限，并对上一层次的组织单元负责，从而形成企业的组织树，如图3–2所示。

正如图3–2所表现的管理结构，传统企业组织多数是按照职能分类的、垂直的、金字塔式的层级结构。企业按职能分派责任，如采购职能、产品职能、销售职能等，强调监督与控制。总经理高高在上，下面是各个事业部、业务部，最下面的是和客户直接打交道的普通员工。高级主管履行"垂直"职能，享有相当的权力，并竭力保护其领域不被其他职能部门领导以不正当的方式侵入。传统组织的垂直职能还反映在预算系统中。每个职能都由预算驱使，以控制职能消耗，公司好似运行于消耗之上。它们最基本的目标是控制、增加利润、减少输出，把输出作为组织、计划、控制的基础。

董事会　战略委员会

监事会　财务和审计委员会

薪酬委员会

总经理

总工程师　总经理助理

副总经理　副总经理　副总经理　财务总监

商务部　物流管理部　生产管理部　采购管理部　研发中心

仓库　A车间　B车间　C车间　D车间　E车间　中试车间

公斤级实验室　研发实验室　质量控制及监督部　办公室　人力资源部　EHS部　计划财务部

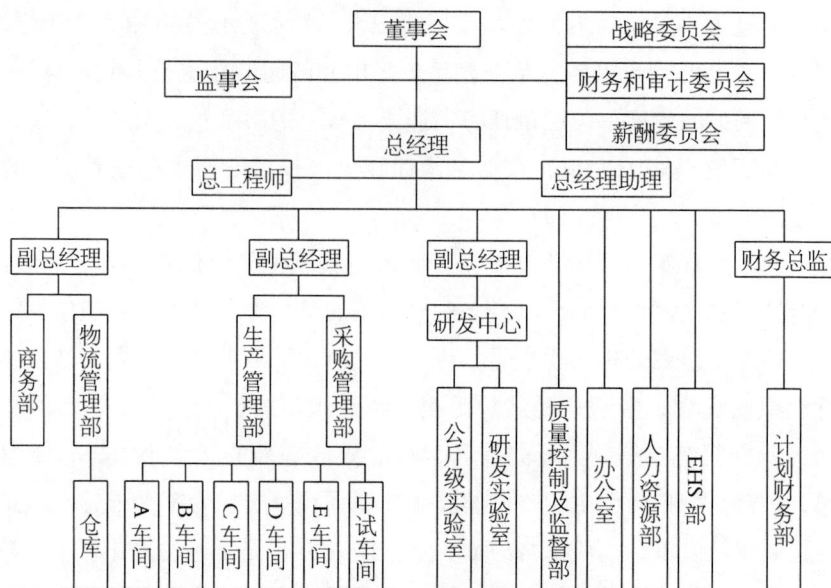

图 3-2　企业组织结构图

3.2.2　传统企业经济活动受时间与空间的制约

微观经济活动是社会经济运行的基础，而企业经济活动则是微观经济活动的主要内容之一。企业的全部经济活动都是建立在成本和收益的测度与比较的基础上的。因此可以说，企业的经济活动的成功与否关系着整个企业的命脉。传统企业是通过一定物理空间为载体进行经济活动的，即通过一定的地方/区域/国家进行生产与交易活动，其经济活动的深度与广度受制于时间与空间。譬如，国内的大部分企业所面对的主要还是国内市场，并且对市场依赖性很强，市场上稍有风吹草动，企业的经营就要受到很大影响。在对外贸易方面，传统企业尤其是重工业等行业的企业由于其所出口的产品特性，更容易受到国际环境、国家对外贸易政策、汇率等方面的影响。比如 2014 年伊拉克、叙利亚等地区的战争持续升温，对国内工业企业的中东地区市场经营情况普遍产生了强大的冲击，部分企业长期维护的市场客户关系甚至一朝损失殆尽。另外，传统企业产品一般物流成本较高，比如对于工程机械整车等大件商品，一般要求有专门的物流渠道，在远距离运输上成本很高，不容忽视。

随着信息化的发展，全球性互联网技术的应用，现在的产品市场早已打破了原来的地理、时间上的贸易壁垒。不同国家、地区的消费者都可以在任意的时间内通过互联网搜索到自己想要的产品，通过网上留言或者社交软件，消费者与生产商可以实现无阻碍的交流沟通，从这个角度来看，还受制于时间和空间的传统企业就失去了许多商机与客源。

3.2.3 传统企业仍是推销式的营销方式

营销方式即指营销过程中所使用的方法。现代的营销方式通常包括服务营销、体验营销、知识营销、情感营销、教育营销、差异化营销、直销、网络营销等。下面介绍几类较为典型的营销方式：

（1）网络营销（On-line Marketing 或 E-marketing）就是以国际互联网为基础，利用数字化的信息和网络媒体的交互性来辅助营销目标实现的一种新型的市场营销方式。简单地说，网络营销就是以互联网为主要手段、为达到一定营销目的而进行的营销活动。目前国内网络营销主要以广告式的网络宣传和社交平台营销为主。

（2）"饥饿营销"是指商品提供者有意调低产量，以期达到调控供求关系、制造供不应求"假象"、维持商品较高售价和利润率的目的，同时也达到维护品牌形象、提高产品附加值的目的的营销方式。苹果公司的"可控泄漏"战略为其赢得了全球市场。小米手机通过饥饿营销的方式，控制手机产能，按期批量发售，始终引领消费者期望，利用消费者的狂热，用这种方式达到品牌传播的效果。"饥饿营销"也是把双刃剑，过度的饥饿营销会使消费者失去耐心，不再关注或购买产品，转投其他商品的怀抱。

（3）个性化营销的主要内容包括：用户定制自己感兴趣的信息内容、选择自己喜欢的网页设计形式、根据自己的需要设置信息的接收方式和接收时间等等。据研究，为了获得某些个性化服务，在个人信息可以得到保护的情况下，用户才愿意提供有限的个人信息，这正是开展个性化营销的前提保证。个性化营销经常为客户提供可自主选择的增值定制业务，多样化的产品搭配、便捷的个性化服务都是吸引现代消费者的重要因素。

　　传统企业是在生产出来产品之后才会去寻找市场销售，其经营思路仍然是一种推销的观念，企业很少真正考虑顾客的实际需要，更多考虑如何达到最大的产出。企业的营销理念仍然是传统的 4P（产品、价格、渠道、促销），即以推销自己的产品为中心的模式，对客户提供的服务则要等到销售完成以后。在传统企业营销和生产模式下，市场信息取得后，通常要经过逐级汇总，最后传递给管理者，由管理者做出决策，再将决策结果自上而下传给员工。这种营销模式的形成源自于计划经济中传统经济条件下企业处于强势营销地位，企业的出发点是其获利的需要，而消费者只能被动接受。另外，传统企业对于售后服务、客户反馈等属于服务类的因素很少重视，一般交易周期的结束点在完成商品的买卖时，客户很难享受到很好的售后服务，代理销售的形式使客户的反馈通常没有顺畅的渠道返回到生产厂商，生产厂商很难通过客户反馈调整产品设计。

3.2.4　传统企业主要采用的是大规模批量化的生产方式

　　生产方式（Mode of Production）是指社会生活所必需的物质资料的谋得方式，以及在生产过程中形成的人与自然界之间和人与人之间的相互关系的体系。生产方式的物质内容是生产力，其社会形式是生产关系，生产方式是两者在物质资料生产过程中的统一。

　　传统企业用规模化来降低生产成本，以此来获得竞争优势。最著名的例子就是福特的 T 型车，福特通过大规模批量化的单一品种生产流水线，将这种黑色敞篷汽车的单价由几千美元降到不足 300 美元，在美国成为几乎家家都能买得起的汽车，开创了汽车时代，使美国成为汽车轮子上的国家。但是这种生产组织方式的一个最大弱点就是灵活性太差，无法适应客户的不同要求，譬如福特的流水线只能生产 T 型车，但市场上客户的需求发生变化，客户需要的是多种色彩、款式和功能的汽车，福特没能满足客户，反而盲目迷信曾经给他带来无数财富的 T 型车，不肯适应市场的变化，终于在竞争中败给了更能适应市场变化的通用汽车，将市场老大的位置拱手相让。

在消费需求旺盛、商品相对供应不足的时代，企业生产的产品品种单一，通过大批量生产就可达到降低成本的目的。一旦成本得到降低，企业就可以进一步扩大生产规模，形成"大批量-低成本"的循环模式。因此，传统生产管理方式实际上是一种"以量取胜"的生产管理方式。在商品紧缺的年代，传统的生产管理方式获得了巨大的成功。但是，随着商品经济的发展，顾客不再满足于使用单一的商品，开始追求与众不同的多样化产品。由于少品种、大批量的传统生产管理方式忽视了顾客的个性化需求，因而越来越不能适应市场的需求。此外，当前的工业产品具有一个显著特征：价格越来越便宜。在这种情况下，传统生产管理方式本来具备的优点变成了缺陷：在传统生产管理方式下，企业制造出的产品形成大量的库存。由于产品价格不断降低，这些库存处于持续贬值的过程中，给企业带来了巨大的损失。因此，商品经济的发展呼唤小批量、多品种的生产管理方式。

3.2.5 传统企业以提高生产效率为经营核心

生产效率是指固定投入量下，实际产出与最大产出两者间的比率。该指标可反映出达成最大产出、预定目标或是最佳营运服务的程度，亦可衡量经济个体在产出量、成本、收入或是利润等目标下的绩效。传统企业以生产效率的最优为主要指标，强调规模经济，以大规模生产来降低单位产品的固定成本，以低价格来扩大目标市场，尽量用单一产品来满足更多的客户的需求。在传统企业内部，每个人都习惯于关注系统中单一组件的效率，而没有人去考虑整体效益。例如，运输部门追求低运输费用，采购部门愿意增加订购量以降低单价，销售部门希望高库存以减少缺货损失。这些部门自身的利益追求与企业的整体利益常发生冲突。在企业之间，各成员不愿意与他人共享信息，也不愿意牺牲自己的利益去争取企业的最大利益。

其实制造业的经营核心应该是产品，而任何一项产品经历研发、制造，乃至销售、改良，甚至最后的淘汰这个完整的生命周期过程，都会随之产生难以想象的庞杂信息。有效掌控信息，就等于有效掌控产品；有效掌控产品，才能成功经营企业。被 Aberdeen Group 评价为全球十大最佳 CPC（Collaborative Product Commerce）企业之一的宏基计算机，即是以 PDM（Product Data Management）为起步，确实达成掌控产品所有相关信息，进而达到提升企业经营效益的目标。

3.2.6　传统企业现代化信息技术应用程度低

传统企业的组织结构决定了传统企业中信息的传递共享是以部门为单位的，而同部门之间的信息通常也是以文书的形式由底层向顶层逐层提交的，这样的信息传递模式不仅低效，而且对于信息的沟通也会产生一定的障碍，从而导致企业综合竞争力的下降。现代技术作为第四个生产要素，在企业中起着愈来愈重要的作用，传统企业中生产要素的集合方式和现代企业中的集合方式的不同可以用下面两个关系式来概括：

$$M1 = A + B + C + D$$

$$M2 = (A + B + C) \times D$$

式中：M1——传统企业生产要素集合；

　　　　M2——现代企业生产要素集合；

　　　　A——劳动力；

　　　　B——资本；

　　　　C——土地；

　　　　D——技术。

由上式我们可以清楚地看出传统企业在技术应用方面的弊端。现阶段我国传统企业信息化程度的总体水平较低，甚至一些国家重点企业的信息化建设依然很不完善。据相关部门统计数据，我国传统企业普遍存在着信息化程度低、信息化相关部门不完整、信息建设成本过高、投入不足、经营协作不充分的情况。虽然现在 70%～80% 的传统企业会引进一些如 MIS、CAD、OA 这样的系统，但全部引进实现成功互联的企业并不占多数。在生产企业信息化最关键的 ERP 系统上，虽然企业逐渐重视起来，但据统计目前已经发挥作用的不足半数。甚至有些企业的领导还会为了自己职权的稳固而刻意避开 IT 技术的应用，这都使得传统企业在现代市场经济潮流中逐步失去其支配地位，走向被淘汰的境地。同时，企业信息化投入不足和信息化专业人员缺乏对传统企业信息化进程影响很大。

随着科技的进步，移动互联网、大数据、物联网、云计算等一系列新科技的广泛应用，信息技术对企业的经营模式将产生更强的影响，传统企业如果不能尽快适应、应用信息技术将会受到更大的冲击，与新兴企业差距越来越明显。

3.2.7　传统企业所有者即为经营者

在企业发展进程中，所有者与经营者分离是现代企业的一大特征，也是现代企业产生的基础和条件。在传统企业中，由于企业规模不大，或是家族企业，或者大型企业上层不愿放权，使得企业所有者与企业经营者相互重合。随着企业制度的逐渐发展，公司资本所有权的多元化和分散化，公司规模的大型化和管理的复杂化，企业的高层管理逐渐转移到经理人手中，所有权与经营权分离成为必然。而传统企业中领导者对于管理权的思维还停留在旧观念中，对两权分离的模式也十分排斥，这就导致其在管理企业的过程中很难得到新的知识方法，企业也难以得到更好的发展。尤其是一些企业的家族式经营，使得新的管理思想与管理手段很难通过新的管理者带入企业，权力的愈加集中导致管理手段的愈加极端。

3.3　传统企业的存在价值及优势

3.3.1　传统企业的存在价值

既然传统企业有这么多的弊端，为什么还要这样不遗余力地去研究拯救？这就涉及传统企业的存在价值问题。2008 年美国的金融危机席卷全球，无数的金融机构倒闭破产，同时也导致许多人下岗，没有了生活来源。我国在 2008 年的金融危机中所受影响并不是最严重的，其中的主要原因之一就是我国实体经济，也就是传统企业还是占据经济发展的主导地位，抗市场波动的能力要远优于虚拟经济。下面我们来看一组案例：

案例 1

太原钢铁集团，是以生产不锈钢、冷轧硅钢片（卷）、碳钢热轧卷板、火车轮轴钢、合金模具钢、军工钢等产品为核心的典型的传统企业。它的前身——西北炼钢厂，1932 年由西北实业公司筹建，于 1934 年 8 月 8 日破土动工。1996 年 1 月，其被改制为国有独资公司，即太原钢铁（集团）有限公司。2006 年，经山西省国资委同意，太钢集团对钢铁主业进行重组，将其 100% 的股权出售给山西太钢不锈钢股份有限公司，成为太钢不锈的全资子公司，2008 年 8 月经山西省国资委、太钢集团、太钢不锈及本公司董事会同意先将太原钢铁（集团）原料贸易有限公司除货币资产以外的其他资产进行剥离，然后由太钢集团收购太钢不锈持有的本公司 100% 的股权，本公司的控股股东变更为太钢集团，公司名称变更为"山西太钢投资有限公司"，注册资本由 1 500 万元增资至 10 亿元人民币，营业范围变更为"对实业（法律法规允许）的投资及咨询管理"。

除了制度上的改革，太钢还在技术上、生产工艺上紧随时代脚步。1996 年 9 月，引进 2 台 20 辊森吉米尔轧机分别生产冷轧不锈钢和冷轧硅钢；2002 年年底，50 万吨不锈钢炼钢、热轧改造工程投产；2007 年，生产的两类四种新型材料用于"嫦娥一号"探月工程。在不断创新的同时，太钢还引进国外技术人才对技术进行指导，对大学生的录用也是十分重视。

随着时间的推移，太钢不断进行着企业制度的改造，都获得了较为可喜的成绩。尤其在 2008 年金融危机的情况下，太钢仍然保持了连续两年实现钢产量 920 万吨以上，销售收入 1 000 亿元以上，新不锈钢工程已见到明显的经济效益。同时，太钢紧随市场与政策变化，注重履行企业的社会责任，坚持走新型工业化道路，提出了绿色太钢、科技太钢、人文太钢、和谐太钢等理念，全面推行 ISO14001 环境管理体系，采用高新和适用技术，推进全流程清洁生产，努力建设资源节约型和环境友好型企业，实现了企业与社会的和谐发展。目前太钢已成为全球最大、技术装备最先进、品种最全、竞争力最强的不锈钢生产企业。

案例 2

沈阳红梅企业集团有限责任公司（简称"红梅集团"）的前身沈阳味精厂始建于 1939 年，是国内最早的味精生产企业，也是东北地区最大的调味品生产企业。其主导产品为红梅味精及系列调味品。红梅味精于 1979 年、1983 年、1988 年连续三届获国家质量金奖，1997 年红梅牌味精被认定为"中国驰名商标"，2001 年和 2004 年红梅牌味精又两次被认定为"中国名牌"产品。然而，在诸多因素的影响下，沈阳红梅集团近十几年来不堪重负，于 2012 年 4 月 27 日向法院申请破产，2014 年 5 月 28 日被法院裁定破产。这样的老牌味精企业最终仍是被市场淘汰，我们能从中看到些什么？

红梅味精曾多次荣获国家金质奖，畅销于亚、非、欧、美 20 多个国家和地区，是国家免检产品，在国际市场上素负盛名。但是味精这一食用调料在经历了需求较快增长后，2010 年至今味精行业国内年需求量稳定在 160 万~170 万吨，出口量约为 30 万吨，总需求量稳定在 200 万吨，其中约 50%用于食品加工业，30%用于餐饮业，20%用于居民消费。前期需求的快速增长导致了产能的快速扩张，虽然 2003 年以来行业先后经历了 3 次产能整合，但截至 2013 年年底产能仍然过剩约 30%。在供需矛盾下，2010 年以来味精市场价格不断下降。同时，由于味精行业高污染、高耗能，行业环保压力长期存在。

而与此同时，鸡精这一替代品的出现获得了许多年轻人的喜爱，鸡精的价格比味精贵一倍以上。如某品牌的味精 250 克售价 6.5 元，而同规格的鸡精要卖 10.9 元。然而，鸡精从口味到包装、宣传、推广策略，相对于传统味精都有明显的进步，更加贴近市场和消费者的需求。所以，尽管经济实惠，味精还是被大多数消费者抛弃了。通过超市售货员的观察可知，味精的销售量很低，不及鸡精的 10%，"买味精的多是 40 岁以上的中老年人，少有年轻人买味精"。尽管还有忠实"粉丝"，味精仍难挡落寞的命运。在电视广告的轰炸下，鸡精被包装成味精的升级产品，宣称从鸡肉中提取精华，短短几年时间就抢夺了味精的市场。

一组公开数据能说明味精昔日的辉煌，一项目标则显示出行业危机。据公开数据显示，中国味精生产自 20 世纪 80 年代开始进入高速发展阶段，并于 1992 年成为世界味精生产的第一大国，2002—2010 年年均复合增长率达 11.1%，中国味精产量稳居世界第一。但据工信部发布的 2013 年 19 个工业行业淘汰落后产能目标中，味精行业的目标任务同比增幅最大，与 2012 年相比淘汰落后产能目标增加了 14.2 万吨，增幅高达 99.3%。

红梅味精破产的很大一部分原因是不肯接受新产品，尽管在体制上进行改革，但是消费者的消费习惯已经改变，老一代的产品无法满足消费者的需求。同时味精是一个高能耗、高粮耗又高污染的行业，同时还是食品工业中的废水排放大户，也是中国发酵工业的最大污染源。就像过气的明星，味精从万人迷到无人问津，连业内人士也对它的未来无法看好。中投顾问食品研究员简爱华称："味精行业逐渐萎缩了，这个东西也被其他东西取代了，而且也比它好得多。味精企业在我国已经没有前途了，它属于第一代调味品。"

由上述案例可知，传统企业在新的形势下，可以"活得很好"，更可能"活不下去"，这其中存在着许多因素，如产品的更新换代、消费者的消费趋向的改变、国家对行业是否认同与扶持等等。传统企业对我国经济发展及社会稳定极为重要，也是社会经济发展的主体。传统企业若能很好地融入新的市场环境中，做出相应的改变，就能焕发出勃勃生机。传统并不代表着落后，也不代表不规范。在任何历史时期，传统企业都是经济发展的中流砥柱和可靠保障。

3.3.2　传统企业的优势

那么传统企业的优势具体都有哪些呢？以波特的竞争战略理论为代表的传统管理理论认为企业的竞争优势来自于行业结构和市场机会，这就是竞争优势外生论。随后资源学派对传统理论进行了修正，其核心观点是企业的竞争优势来源于其所拥有或支配的资源，不同的企业占有不同规模、不同组合的资源，会产生不同的经营规模和效益. 这在一定程度上弥补了传统竞争战略理论的不足。透过资源这个表面现象，我们可以发现实际上是企业配置和利用资源的能力给企业带来了竞争优势，这就是企业能力理论。下面我们来具体介绍一下传统企业所具备的优势：

（1）劳动力密集型，解决国民就业问题

劳动力密集是一个相对范畴，在不同的社会经济发展阶段有不同的标准。一般来说，劳动密集型产业主要指农业、林业及纺织、服装、玩具、皮革、家具等制造业。随着技术的进步和新工艺设备的应用，发达国家劳动密集型产业的技术、资本密集度也在提高，并逐步出现分化。普遍认为，一般劳动力密集型企业都是传统企业。

以我国较为典型的劳动力密集型企业——富士康为例。富士康科技集团是专业从事计算机、通讯、消费电子等3C产品研发制造的高新科技企业，广泛涉足数字内容、汽车零部件、通信、云运算服务及新能源、新材料开发应用。凭借前瞻决策、扎根科技和专业制造，自1988年投资中国大陆以来，富士康迅速发展壮大，拥有百余万员工及全球顶尖客户群，是全球最大的电子产业科技制造服务商。2013年富士康进出口总额占中国大陆进出口总额的5%，旗下14家公司入榜中国出口200强，综合排名第一；2014年位居《财富》全球500强第32位。现在富士康在中国大陆从珠三角到长三角到环渤海、从西南到中南到东北建立了30余个科技工业园区，在亚洲、美洲、欧洲等地拥有200余家子公司和派驻机构。郑州富士康2012年年底员工人数达到25万人，在河南这个中国的人口大省，直接解决了25万人口的就业问题，而在全国解决了120余万人口的就业问题，这是任何一个现代企业所无法企及的。

（2）资本投入量大，拉动和推动相关行业经济发展

生产工业的资本投入量与现代高新技术产业相比是极大的。上文中提到的太原钢铁集团在2013年就达到产钢998万吨，实现销售收入1 460亿元，利润5亿元，位居行业前列。人钢的主要产品有不锈钢、冷轧硅钢片（卷）、碳钢热轧卷板、火车轮轴钢、合金模具钢、军工钢等。那么生产钢铁都需要什么呢？

钢的源头是铁矿砂，即铁元素（Fe）在自然界中的存在形式，纯粹的铁在自然界中是不存在的，铁矿砂主要分为磁铁矿、赤铁矿、褐铁矿三种，这些都是铁的氧化物，不同之处在于它们的氧化方式。在冶炼钢铁的过程中，含铁的矿石先在鼓风炉（高炉）中被冶炼成熔融生铁，

而后熔融生铁再放到炼钢炉中精炼成钢。我们将生产钢铁所需要的原料分成四大类来分别讨论：第一类是各种含有铁质的矿石原料；第二类是煤和焦炭；第三类是在冶炼的过程中用来制造熔碴的熔剂（或称助熔剂），如石灰石等；第四类是各种辅助原料，如废钢料、氧气等。据估计，生产 1 吨钢约需要 1.6 吨的铁矿石、150 千克的废钢、30～100 千克的高钙石、500 千克的焦炭、30 千克的焦煤，以及 100 千克的重油。虽然铁矿石、高钙石等矿石的品位越高，对矿石的需要量会下降，但是对于整体矿石的硬性需求并不会减少太多。另外，钢铁制造的工艺水平提高，成本会相应降低，这样能够促进钢铁生产企业下游的行业，如建筑业、铁路建造等相关行业的发展。

由此可见，在拉动和推动相关行业发展上，传统企业拥有绝对的优势。

（3）物质实体生产，是人们衣食住行的载体

根据前文我们对传统企业的总结概括，我们可以大致了解到传统企业普遍分布于食品加工工业、纺织服装工业、农林畜牧业、建筑建材工业、机械设备工业、汽车工业、冶金工业等行业，也就是说传统企业主要指劳动力密集型的、以加工制造业为主的企业。通常的生产企业是将原材料进行整理、挑选，并通过一定的技术设备，将生产资料整合成具有使用价值的产品然后出售给消费者，消费者获得产品的使用价值，企业从中赚取利润。之所以有一些经典的传统企业能够存在百年而经久不衰，除了企业本身的自我不断提高，还有就是其与消费者的生活是密不可分的。

老字号企业如山西的"双合成"，始创于 1838 年，是山西食品业的著名品牌企业，也是著名的"中华老字号"。清道光十八年（公元 1838 年），李善勤、张德仁在河北省井陉县横口镇西街创建食品店，取"和气生财，二人合作，必能成功"之意，商号叫"双合成"。如今，它将有 100 多年发展历史的"中国味道、山西特色、'双合成'特质"的食品文化，演化为一个庞大的产品体系，即中式系列、西式系列、娘家系列、感恩月饼系列、喜庆系列、文化主题系列 6 大产品类别。同时，"双合成"的晋式蛋皮月饼在全国月饼行业中独具个性与特色，广受消

费者欢迎。"双合成""郭杜林"晋式月饼起源于清崇德年间，距今有300多年的历史，以"酥、绵、利口、甜香、醇和"的口感特征著称于世。经清、民国数代艺人传承，制作技艺日臻完善，以选料本土化、发酵、烫面、揉捏等特殊手法及窑圈熟藏形成了晋式月饼的技艺经验特色。"双合成"在全国范围内建立了自己的营销网络，成为中国北方消费者信赖的、在中国很有影响力的食品生产企业。作为一家食品加工生产企业，"双合成"始终最重视的是消费者的意向。虽然现在国内糕点市场已被好利来等西式糕点占据了大半，但是作为中国传统食品，老字号仍然具有其自身独特的魅力，在山西，即便好利来等糕点店的样式再多，过节回家还是要拎一盒"双合成"的。

（4）生存能力强，企业基础雄厚

不论是在过去还是现在，传统企业的核心都是生产产品，产品卖得好，企业就能够有足够的资金来吸引人才，壮大自身。企业在生产产品时，设备是不可或缺的，是企业的固定资产，甚至可以说适当的设备对于产品的质量、成本都起着十分重要的作用。现代有许多传统企业在拥有传统的加工生产技能之外，都会引入许多高科技生产线、加工设备、质量检测标准等，但是因为忽略了市场需求而导致产品质量好却仍难寻市场，产品的滞销导致企业的资金流转不畅，进而加速企业走入困境。海尔将这一类企业称为"休克鱼"。这一类企业拥有一定的物质资源基础，只需注入合理的管理机制和有效的管理办法，就能够很快地激活起来。另外，国家对传统企业的关注与扶持力度一直较大，传统企业在运营中大都有国家在背后的政策、资金支持，这使得一些传统企业对市场形势变化的抵抗能力和生存能力比较强。下面我们再来看一个案例。

案例3

1995年的青岛红星电器厂，拥有员工3 240人，到1995年6月，资产负债率高达143.65%，资不抵债1.33亿元。红星有30余年的历史，原来是一家手工作坊式的集体小企业，1985年叫煤气用具厂。20世纪80年代，该厂抓住机遇，从白手起家发展到第一代大容量洗衣机的定点生产厂，是国内最早最大的双桶洗衣机生产企业。该企业在20世纪80年代曾走在行业前列，但是，由于经营不善，到1995年时，机构膨胀，人员臃肿，产品质量大幅度下降，市场销量从全国第二位跌至第七位，许多工人对公司的管理有意见。在技术方面，不重视新产品开发，生产的产品品种单一，十几年不变，经营风险较大，连换四任经理，但均无起色，而且企业每况愈下，至 1995 年 6 月当月亏损已达 750 万元。

海尔集团在青岛红星处于这种状况时对其进行了并购重组，并提出了有名的"激活休克鱼"理论。什么叫"休克鱼"？张瑞敏的解释是：鱼的肌体没有腐烂，比喻企业的硬件很好，而鱼处于休克状态，比喻企业的思想、观念有问题，导致企业停滞不前。这种企业一旦注入新的管理思想，有一套行之有效的管理办法，很快就能够被激活起来。1995 年 7 月 4 日，在青岛市政府的支持下，红星厂整体划归海尔，连同所有的债务。海尔对红星厂的改造分两步走：第一步，在海尔企业文化中心的指导下，教育新员工接受海尔的企业文化，从原咨询认证中心派出质量控制人员。第二步，提高工作效率，海尔派出质量保证体系审核小组检查工厂的所有环节。海尔集团认为盘活资产的关键在于盘活人，要"以无形资产盘活有形资产"。在这一次并购过程中，海尔并没有投入一分钱，首次用自己的品牌、管理和企业文化等无形资产，使红星厂扭亏为盈，并且成为海尔洗衣机本部的重要组成部分。

从上述案例我们可以看出，传统企业是具有雄厚的企业基础实力的，而且通常这一类企业会有一些忠于企业的员工，只要对其加以合适的管理方法，企业的生存能力就会被激发出来，从而重新焕发生机。

3.4 传统企业现阶段所面临的挑战

现在的各项研究和学者所说的传统企业的各类弊端通常都是通过和现代企业的对比得来，现代企业大多数充满活力，对新事物、新规则、新格局等变化接受较快。传统企业若想健康快速地发展起来，首先需要清楚地认识到自己与现代企业之间的差别，从而对症下药，不盲目信服，也不固步自封，选择最适合自己的方式。下面我们来看一下传统企业与现代企业之间的差别。

3.4.1　二者所依赖的基础不同

历史久远的传统企业主要生产有形商品，主要依靠规模经济、标准化生产、标准化产品以降低成本，提高经营效率，依靠稳定的质量和低廉的价格增强企业的竞争力。在旧时市场，产品稀缺，这样的生产形式无疑是企业增加利润、扩大市场的有效途径。例如早期的福特汽车，在美国甚至全世界占据汽车行业老大的位置几十年，它称霸所依托的就是它的 T 型车流水线生产装配的应用，在当时的市场情况下，大大降低了成本，一时风靡全球，无人能及。但是后来日本的丰田以其轻便、时尚、耗油量小等特点开始与福特抢占市场，而福特公司却不愿面对市场需求的变化，依旧执著于曾经带给其巨大利润的 T 型车，从而导致了后来福特汽车逐渐失去了其汽车行业龙头老大的位置，而后走入公司的低迷期。

与传统企业不同的是，现代企业是以知识即以高技术与信息技术为基础，主要依靠网络化、信息化、差异化及个性化来提高企业核心竞争力，以满足顾客需求为目标，来实现企业发展目标；强调市场的充分细分，依靠满足特定客户需求的定制产品来赢得市场。在现今物质极大丰富、生产力水平普遍提高的条件下，只有掌握住市场动向、消费者心理，才能制造出市场或者消费者需要的产品，才能把产品卖得好，实现产品所应具有的价值。

3.4.2　经济运行的载体不同

传统企业是通过一定物理空间为载体进行经济活动的，即通过一定的地方／区域／国家进行生产与交易活动，其经济活动的深度与广度受制于时间与空间。经济运行的深度与广度体现在企业所影响的范围。在现代全民上网的时代，新经济主要通过互联网进行经济活动，即通过电子空间或虚拟空间进行经济活动，其经济活动突破了时空界限，从而新经济载体更宽，活动范围更大，效率更高，同时这样的方式也可以更多地与消费者进行沟通反馈，抓住消费者心理，服从市场取向，对企业的未来规划起到了极大的推动作用。

必须指出，新经济时代除了以网上经济活动为主，还存在网下经济活动，因而，网上经济活动与网下物理空间中的经济活动并存，相互促进，这就是近些年十分流行的 O2O 商业模式——线上进行宣传、信息传播、客户调查，线下进行销售服务，让用户在实体体验的同时还感受到了便捷的服务，是互联网经济与实体经济的一次成功的有机结合。O2O 实际上为传统企业提供了一种加入现代信息化时代、谋求再创辉煌的机会。

3.4.3　组织结构和企业文化不同

传统企业的组织结构大多是金字塔式的层级式管理结构，典型特征是垂直传达行政指令，所有的人员和机构只要执行上级的命令，每位员工只对上级负责，这样的组织形式限制了组织成员的能力的拓展，束缚了整个团队的创造力；而现代企业的组织结构则较为多样，尤其像学习型组织等新兴组织结构，组织整体呈扁平化，减少了层级，信息沟通更加有效，同时每个成员都会被分配到不同的工作岗位，从而最大限度地激发出员工的潜能，为组织带来无限活力。

传统企业以控制为主要手段来达到其提高生产效率的目的，因而传统企业强调的是遵章守纪、严格按照规章制度办事，企业制定了各项规章制度来约束员工的行为，而网络经济则要求激励与创新的企业文化，强调以人为本的管理思想。

以人为本的直接解释是以人为"根本"。"以人为本"的管理，指在管理过程中以人为出发点和中心，围绕着激发和调动人的主动性、积极性、创造性展开的，以实现人与企业共同发展的一系列管理活动。严格意义上说，以人为本是人力资源管理的范畴，建立健全人力资源管理机制才能真正做到以人为本。以人为本的管理具有下列几个特点：

（1）以人为本的管理主要是指在企业管理过程中以人为出发点和中心。

（2）以人为本的管理活动围绕着激发和调动人的主动性、积极性和创造性来展开。

（3）以人为本的管理致力于人与企业的共同发展。

（4）以人为本的管理的重要性在于它是提高企业知识生产力的重要条件。

企业的知识生产力指企业利用其知识资源创造财富的能力，是适应企业国际化经营的基本管理方式，是建立企业中人与其他要素良好关系的必要条件，是企业持续发展的基石。

以人为本的管理的基本思想就是人是管理中最基本的要素，人是能动的，与环境产生交互作用：创造良好的环境可以促进人的发展和企业的发展；个人目标与企业目标是可以协调的，将企业变成一个学习型组织，可以使得员工实现自己的目标，在此过程中，企业进一步了解员工，使得企业目标更能体现员工利益和员工目标；以人为本的管理要以人的全面发展为核心，人的发展是企业发展和社会发展的前提。

3.4.4　发展时期所处环境不同

亚当·斯密于 1776 年出版《国富论》（An Inquiry into the Nature and Causes of the Wealth of Nations），其中的思想历经 19 世纪到 20 世纪，一直主导着传统企业的生产和管理方式。为提高生产效率，亚当·斯密提倡组织分工，最后进行组装。按照这种思想，亨利·福特放弃"一人一事"制，将生产过程拆开，每个员工负责其中一小部分，然后组成装配线。还有其他研究者将分工理论应用于管理工作中，将管理人员依专业组合在各个职能部门之内。此外，为确保专业人员的工作成效，企业内须层层请示并层层监督，形成金字塔状的集权控制模式。紧密分工的结果的确提高了产量，在商品供不应求的年代收效甚大。

但在进入 20 世纪 80 年代以后，国际经济与世界市场都发生了急剧变化，商品不再是供不应求，以往的金字塔集权控制模式或是流水线单一产品已经不能满足人们的需求。归结起来，现代企业蓬勃发展，而传统企业持续低迷，较为重要的原因有以下几方面：

（1）顾客成为市场导向的主体

大众市场（Mass Market）早已不复存在，个性化、多样化的产品需求使产品生产呈现出多品种、小批量的趋势，同时，产品的更新换代周期明显缩短，能否抓住消费心理，了解市场动向成为企业立于不败之地的重要因素之一。因此，在现今市场上，研发新产品已经不是维持企业生存的唯一途径，探究消费者的消费倾向也是企业发展的动力因素之一。

（2）企业间竞争白热化

经济格局发生了改变，尤其是我国这种由计划经济转变为市场经济的国家，在以往计划经济时期，商品供不应求，有产品就可以卖出去，企业之间的竞争关系几乎被忽略。但在现代，消费者所面临的不再是一家企业或者几家企业，而是国内国外千万种不同的选择。竞争的基础也随着顾客需求的差异而有所不同，在某些市场上，竞争的重点是价格；在另一些市场上，则可能是质量、售前或售后服务，也可能是多样化和选择性。总而言之，各类商品种类繁多，替代品层出不穷，企业不能再固步自封，守着自己的一亩三分地和一些传统的老套生产模式。接受主流趋势，将传统与现代有机结合才能更好地适应当前环境。

（3）市场持续不断变化

如今的变化与以往的变化在本质上已经不再相同。在以往的市场环境中，变化无非指的是在某一段时间出现了新的产品，或者有了新的宣传方式，而在现代，变化已经成为常态，普遍且连续不断，变化的速度也越来越快，突出表现在：

①顾客需求的变化。这里所说的顾客需求的变化，并不是指消费者的需求从一类产品转移到另一类产品，而是消费者需求始终处于一种变化之中。拿洗衣机来说，从最老式的双桶洗衣机，到单筒洗衣机，从半自动洗衣机，到全自动洗衣机。人们在追求便捷的时候，对产品的性能也有了更多的追求，例如原先的手机仅仅能拨打电话，收发短信，到现在，手机不再仅仅是一个交流工具，它同时还可以照相、上网、购物、打车、查地图……而这并不是极致，近几年，可穿戴式设备的发展让追求新奇的年轻人兴奋不已，顾客需求的变化牵引着市场的发展、产品的更新，因此，忽略消费者的需求变化，对生产企业的发展来说是非常危险的。

②技术更新的变化。20世纪80年代以来，信息技术革命在全世界引起了一场风暴，至今未息。在今天，计算机技术已经普遍应用于各个

行业，所有的知识技能我们都能够在互联网上获得，曾经的七大洲四大洋也已变成了小小的"地球村"，在世界化进程的脚步中，每个行业的产品和服务都在以前所未有的速度进行着更新换代，而人们也已经接受了这样的更新频率，所以跟上时代步伐是每一个企业都要做到的事。

3.4.5　新兴行业模式的兴起

或许你会有疑问，难道所有的传统行业都会面临这些困境吗？事实上并不是这样。例如金融行业，它也算是存在上百年的行业。具体来说，我国封建时期的票号、当铺，外国的银行等都属于金融业。但是现在金融领域的企业早已不再属于传统企业的范畴，金融业与世界的货币流通息息相关。当互联网、计算机技术发展起来后，金融业将其业务放到互联网上，随着技术的完善，安全系数的增高，现在几乎所有的金融机构都会在网上进行行业务沟通和办理，这也就是我们现在所看到的网上银行。同时网上购买的支付系统的健全、信用卡的兴起等都让金融行业以最快的速度融入到现代生活，成为现代人们日常生活不可缺少的一部分，同时支付系统的完善在一定程度上促进了用户消费，大大提高了现金流量。

再来看产品销售行业，虽然这一行业在传统企业兴起的年代中显得并不重要，但是在现今社会它已经成为生产企业与消费者之间无法忽略或跨越的纽带了。而这一行业中的商户则通常是通过淘宝这种 C2C 的网站来实现自己的桥梁作用，而这一类消费网站业已成为人们生活中不可缺少的部分。

3.4.6　新型产品（替代品）层出不穷

提到替代品，大家首先都会想到波特的"五力模型"。波特的"五力模型"将大量不同的因素汇集在一个简便的模型中，以此分析一个行业的基本竞争态势。"五力模型"确定了竞争的五种主要来源，即供应商和购买者的讨价还价能力、潜在进入者的威胁、替代品的威胁，以及来自同一行业的公司间的竞争。替代品的威胁是企业竞争的五大来源之一。技术的不断进步与发展促进了产品的更新换代，而消费者的消费心理变化，促使商家现在在做产品的时候，要不断优化自身的系统，强化优势，减弱劣势，这同时也就导致了曾经不同的商品在为寻求自身发展的时候，加入了自身不具备的功能，从而成为另一类产品的替代者。

就拿我们现在人手一部的手机来讲。手机这一产品，在生产初始是以代替传统的有线语音交流的形式出现的，通过电磁信号的传送实现人们之间交流的无障碍。随着时间的推移，手机又具有了照相功能、视频通话功能、上网功能、购物功能、远程控制功能等，从一开始的传统语音通讯的替代者逐渐成为照相机、计算机、电视机等数码产品的替代品。而为了与手机相抗衡，相机变得像素越来越高，设备越来越完善；计算机变得越来越轻薄，PC、平板二合一；电视机变得越来越大，越来越清晰。同时照相机也可以联网了，计算机也可以放在包里随身带了，电视机也可以上网搜视频，越来越有影院的视觉效果了。每一类产品都在自己的行业中做到极致，同时向着横向的方向延伸着，以求得更好的消费者体验。因此，可以说，传统企业在产品制造方面，仅仅进行产品原有性能的增强还是不够的，替代品的增多要求传统企业在制造产品的同时，要充分考虑到消费者的消费需求，将他们的需求落实到实处，才不会逐渐被替代品所侵蚀。

3.4.7 管理模式、组织结构更替难

现代企业拥有较为灵活的管理模式与组织结构。它们其中的一些甚至以项目为单位进行工作，因此在这类现代企业中，人员的流动性、人员的知识储备、组织的灵活性、管理模式的应变性能都是十分高的。而对于传统企业来讲，正如在第 2 章中所提到的，传统企业的组织结构通常是直线型的层级结构。这一组织结构最致命的缺点就是层次性、分工性过于严格，每一个层级听命于上一层级，每一个职位的工作职能严格表明分类，这样的特点使得人员的创造力受极大的束缚，同时人员只上行不下行的通病使得员工一旦成为领导便不愿意放权，或者缩权，而且在遇到问题时同一级别的人也通常会"抱团"形成一个共同利益体，因此，在传统企业中，若想进行组织结构的更替、管理模式的变化，对于

企业中的权力团体会有一定的冲击，而这种冲击将会导致人员或者骨干流失，造成军心不稳，反而将企业逼进死胡同。

通过上文分析，我们可以得知，在市场经济导向中，传统企业仍面对不少的困难，从经济活动、主营业务到管理制度、组织结构，还有企业的整体文化与生产经营的思想都应该随着时代的变化与时俱进。我们可以大致总结出来以下几点：

首先要积极主动地适应新环境所带来的变化，适当改变管理结构。

在生产经营方面，应该首先获知顾客需求，针对顾客需求生产产品，并通过一定的营销分配方式送达顾客手中。

在企业管理中，应该将整个过程视作一个整体，所有信息也应在企业部门间公开共享，使得供应链中各环节能够有效沟通，避免信息不对称造成的损失，以满足顾客需求为最终目标来实现企业价值。

第4章　电子商务的技术基础

电子商务的基础是各类互联网技术的应用。当代的电子商务是在计算机技术、数字通信技术、数据资源技术基础上构建起来的。其中互联网技术是电子商务系统最基础的技术。可以说，如果没有互联网就没有电子商务。

4.1　计算机基础技术

电子商务的开展离不开计算机技术的广泛应用。从 1946 年世界上第一台计算机 ENIAC 问世以来，计算机的发展突飞猛进，经历了电子管计算机、晶体管计算机、集成电路计算机和超大规模集成电路计算机等阶段，使计算机的体积越来越小，功能越来越强，价格越来越低，应用越来越广泛。

计算机之所以能够应用于各个领域，完成各种处理任务，是因为计算机具有自动进行各种操作的能力、高速处理的能力、超强的记忆能力、很高的计算精度与可靠的判断能力。面对当今迅速膨胀的信息，人们日益需要计算机来完成信息的收集、存储、处理、传输等各项工作。

　　由于计算机具有高速、自动的处理能力，具有存储大量信息的能力以及很强的推理和判断的能力，因此计算机已经被广泛应用于各个领域，目前计算机的应用主要可以概括为：用于科学计算；用于过程检测与控制；用于信息管理；用于计算机辅助系统；用于人工智能方面等。

　　计算机的应用有力地推动了国民经济的发展和科学技术的进步，同时也对计算机技术提出了更高的要求，从而促进了计算机的进一步发展。以超大规模集成电路为基础，促进计算机向巨型化、微型化、网络化与智能化方向发展。

　　电子商务的发展离不开计算机技术的运用，特别是随着计算机网络技术的发展，电子商务对计算机硬件与软件技术提出了更高的要求。对计算机的认识已不能像过去一样停留在微机系统上，某种程度上"网络就是计算机"。微机、主机、工作站、服务器、调制解调器等硬件技术进一步的应用，网络操作系统、网络协议、浏览器软件的使用等都体现了计算机软硬件的广泛运用。当前使用比较广泛的网络操作系统有Unix、Linux 和微软公司的 Windows NT/XP 等，浏览器主要是微软的IE 浏览器。

4.2　计算机数据管理技术

　　数据资源管理技术是指对数据的分类、组织、编码、存储、检索和维护的技术。数据资源管理技术的发展随计算机技术的发展而发展，一般分为四个阶段：人工管理阶段、文件系统管理阶段、数据库系统管理阶段、网络数据库管理阶段。

4.2.1　人工管理阶段

　　20 世纪 50 年代中期以前是计算机用于数据管理的初级阶段，计算机只相当于一个计算工具，没有操作系统，没有管理数据的软件。这个时期数据管理的主要特点在于：

　　（1）主要用于科学计算，数据并不长期保存。

（2）数据的管理由程序员个人考虑安排，迫使用户程序与物理地址直接打交道，效率低，数据管理不安全也不灵活。

（3）数据与程序不具备独立性。数据成为程序的一部分，导致程序之间大量数据重复。

4.2.2 文件系统管理阶段

20 世纪 50 年代后期到 60 年代中期，计算机有了磁盘、磁带等直接存取的外存储设备，操作系统有了专门管理数据的软件——文件系统。文件系统使得计算机数据管理的方法得到极大改善。这个时期的特点是：

（1）计算机大量用于管理，数据需要长期保存，可以将数据存放在外存上反复处理和使用。

（2）数据文件可以脱离程序而独立存在，应用程序可以通过文件名来存取文件中的数据，实现数据共享。

（3）所有文件由文件管理系统进行统一管理和维护。但该方法也有其不足之处，体现在数据冗余性、数据不一致性和数据之间的联系比较弱。

4.2.3 数据库系统管理阶段

20 世纪 70 年代初，为解决多用户多应用共享数据的需要出现了数据库管理技术。它克服了文件系统的缺点，由数据库管理系统（Data Base Management System，DBMS）对所有数据实行统一、集中、独立的管理。该方式具有如下特点：

（1）采用复杂的数据模型（结构），不仅描述数据本身的特点，还要描述数据之间的联系。

（2）有较高的数据独立性，数据的存取由 DBMS 管理。

（3）数据库系统为用户提供了方便的用户接口。

（4）统一的数据控制功能，由 DBMS 提供对数据的安全性控制、完整性控制、并发性控制和数据恢复功能。

4.2.4　网络数据库管理阶段

随着 20 世纪 90 年代后期互联网的兴起与飞速发展，我们进入了一个新的时代，大量的信息和数据迎面而来，用科学的方法去整理数据，从而从不同视角对企业经营各方面信息的精确分析、准确判断，比以往更为迫切，实施商业行为的有效性也比以往更受关注。使用这些技术建设的信息系统我们称为数据仓库系统。比尔·恩门（Bill Inmon）于 1990 年正式提出了数据仓库的概念。

数据仓库技术就是基于数学及统计学严谨逻辑思维的并达成"科学的判断、有效的行为"的一个工具。数据仓库技术是一种达成"数据整合、知识管理"的有效手段。数据仓库是面向主题的、集成的、与时间相关的、不可修改的数据集合。

与传统数据库面向应用进行数据组织的特点相对应，数据仓库中的数据是面向主题进行组织的。面向主题的数据组织方式，就是在较高层次上对分析对象的数据的一个完整、一致的描述，能完整、统一地刻画各个分析对象所涉的各项数据及数据间的联系。

数据仓库中的数据是从原有分散的数据库中抽取出来的，由于数据仓库的每一主题所对应的源数据在原有分散的数据库中可能有重复或不一致的地方，加上综合数据不能从原有数据库中直接得到，因此数据在进入数据仓库之前必须经过统一和综合形成集成化的数据。

数据仓库中数据的不可更新性是针对应用来说的，即用户进行分析处理时是不进行数据更新操作的；但并不是说，从数据集成入库到最终被删除的整个数据生成周期中，所有数据仓库中的数据都永远不变，而是随时间不断变化的。

随着数据仓库技术应用的不断深入，近几年数据仓库技术得到长足的发展。典型的数据仓库系统有经营分析系统、决策支持系统等。数据仓库系统带来了良好的效果，各行各业已经能很好地接受"整合数据，从数据中找知识，运用数据知识，用数据说话"等新的关系到改良生产活动各环节、提高生产效率、发展生产力的理念。近几年风靡全球各行各业的"大数据"是数据仓库技术发展的新阶段。

4.3 计算机网络通信技术

4.3.1 计算机网络的基本概念

电子商务必须依赖于计算机网络技术的发展。计算机网络（Network）是通过互联通道进行相互通信，从而实现数据和服务共享的一些分布的、智能的计算机所组成的集合。这里的关键是"共享"，是指对数据和服务的共享，既涉及相互进行通信的数据和信息，也涉及使用这些数据和信息的用户。共享的思想是网络的精髓，没有共享就不能称其为网络。除了资源共享的功能外，计算机网络还有下面一些功能：数据传输、提高计算机的可靠性和可用性、便于进行分布式处理。由此可见，计算机网络不仅传输数据，而且也可以实现数据、语音、图像等信息的综合传输，构成综合服务数字网络，为社会提供更广泛的应用服务。

现代计算机网络按照其规模距离和结构来划分可以分为局域网（Local Area Network，LAN）、城域网（Metropolitan Area Network，MAN）、广域网（Wide Area Network，WAN）。从物理尺寸上看，局域网一般不大于 10 公里，而且通常只使用一种传输介质；从地域上看，局域网通常是用在一座建筑物或一个工厂内，通常是某一单位或某一部门使用，规模一般不超过几百个用户。城域网是一种比局域网更大的网，通常覆盖一个城市，从几十公里到 100 公里不等，可能会有多种介质，用户的数目也比局域网更多。一切大于城域网的网都可称为广域网。不同的局域网、城域网或广域网还可以根据需要互相链接构成规模更大的国际网，通常所说的 Internet 正是按照这种思想所建立起来的。

4.3.2 计算机网络的发展趋势

（1）网络、应用和服务融合

今后网络的发展将是应用服务来助导，通过智能的终端将各种应用叠加起来，叠加之后网络对应地要做到服务的融合，而服务的融合则会推动网络的融合。这个发展方向的推动方式与以往是反方向的。比如，原来的网络上，数据是数据、视频是视频、话音是话音，不同业务网络是互相分离的。现在互联网出现，用同样的数据网，既可以支持语音业务，也可以支持视频业务，出现三网合一的趋势。

（2）用户建网

其实国内各个行业用户自行建网的趋势现在已经非常明显。以前认为，网络本身带宽很窄，计算机要离用户很近，否则无法使用。现在网络带宽越来越宽，设备更多地往中央放，成本降低了，不需要在每个地方都安排很多人来维护整个计算机网络和应用系统。在美国，大部分大企业的 IT 人员都是在总部的，外面的机构基本上没几个做 IT 的人。这是数据中心发展的一个明显的趋势，对用户来讲很简单，而且成本会很低。

（3）泛 IP 化

如今越来越多原来跟 IP 网络没关系的技术都在 IP 化。泛 IP 化最大的好处是连上网就可以共享，从简单的计算机互联到后来的 VoIP，到现在的统一通信、存储，今天所谓的 IPTV，以后的 IP 视频监控，所有东西都往这个方向发展。

（4）网络设备电信化

如今的网络要和原来的语音网络一样，不用担心交换机会死机，硬件会坏，中间切换时间必须很短，以免影响服务，这就是电信化。模块化也非常关键，如果某台设备的某部分出了问题，不可能整台换掉，而可以只换一个模块。当用户需要增加或者增加新的用户时，扩容的时候只需要加板、换板，这是模块化非常重要的一点。

4.4　互联网基础知识

4.4.1　Internet 的起源

Internet 的发展史要追溯到美国最早的军用计算机网络 ARPANET，ARPANET 是世界上第一个远程分组交换网。ARPANET

于 1969 年 12 月建成时只有 4 个节点，随着越来越多的节点的加入，在短短的 3 年间，ARPANET 就跨越了全美国。在 ARPANET 的发展过程中，人们发现 ARPANET 协议很难运行于多个网络之上，于是，人们又研究和开发了适于互联网络通信的 TCP/IP 协议，并开发了一整套方便使用的网络应用程序接口和大量的工具软件与管理软件，将它们集成在 Berkeley UNIX 操作系统中，这使得网络的互联变得非常容易，从而激发更多的网络加入到 ARPANET。

这些网络通过通信线路同 NSFNET 或 ARPANET 相连。20 世纪 80 年代中期，人们将这些互联在一起的网络看做一个互联网络（Internet），后来就以 Internet 来称呼它。

Internet 的规模一直呈指数增长，除了网络规模扩大外，Internet 的应用领域也在走向多元化。最初的网络应用主要是电子邮件、新闻组、远程登录和文件传输，网络用户主要是科技工作者。然而到了 20 世纪 90 年代早期，一种新型的网络应用——万维网问世后一下子将无数非学术领域的用户带进了网络世界。万维网以其信息量大、查询快捷方便而很快被人们所接受。随着多媒体通信业务的开通，Internet 已经实现了网上购物、远程教育、远程医疗、视频点播、视频会议等新应用，可以说 Internet 的应用领域已经深入到社会生活的方方面面。

互联网的发展速度非常惊人，据美国《互联网工作年鉴》的调查分析，全球使用者 1998 年是 1.29 亿，2001 年年底接近 4 亿。据市场调查机构 Research and Markets 最新调查报告，2014 年全球互联网用户的数量达到约 30 亿，访问和使用互联网用户的上升将推动全球企业在线业务的增长。在中国，互联网的发展更为迅猛，据中国互联网信息中心 2015 年 2 月发布的统计报告，如今中国网民的数量已超过 3.38 亿人，居全球首位。

1998 年，我国国际线路的总容量为 84.64M，连接的国家有美国、加拿大、澳大利亚、英国、德国、法国、日本、韩国等；2001 年，我国国际线路的总容量为 3 257M；2003 年，我国国际出口带宽的总量为 18 599M，连接的国家有美国、加拿大、澳大利亚、英国、德国、法国、日本、韩国等；2014 年，我国国际出口带宽总量为 400 万 M，连接的国家有美国、俄罗斯、英国、德国、法国、日本、韩国、新加坡等。飞速增加的带宽可以更好地满足广大网民对上网速度的要求。

4.4.2　Internet 的工作原理

计算机网是由相互独立又相互连接的计算机组成的。要在网上的两个计算机之间传输数据，必须做两件事情：保证数据传输目的地的地址正确和保证数据迅速可靠传输的措施。

Internet 使用一种专门的计算机语言（协议）以保证数据能够安全可靠地到达指定的目的地。这种语言分为两部分，即 TCP（Transfer Control Protocol，传输控制协议）和 IP（Internet Protocol，网际互联协议），通常将它们放在一起，用 TCP/IP 表示。

当一个 Internet 用户给其他机器发送一个文本时，TCP 将该文本分解成若干个小数据包，再加上一些特定的信息（可以类比为运输货物的装箱单），以便接收方的机器可以判断传输是正确无误的，由 IP 在数据包上标上有关地址信息。连续不断的 TCP/IP 数据包可以经由不同的路到达同一个地点。有个专门的机器——路由器——位于网络的交叉点上，它决定数据包的最佳传输途径，以便有效地分散 Internet 的各种业务量载荷，避免系统某一部分过于繁忙而发生"堵塞"。当 TCP/IP 使数据包到达目的地后，接收端将去掉 IP 的地址标志，利用 TCP 的"装箱单"检查数据在传输过程中是否有损失，在此基础上将各数据包重新组合成原文本文件。如果接收方发现有损坏的数据包，则要求发送端重新发送被损坏的数据包。

一种叫做网关（Gateway）的专用机器使得该领域的各种不同类型的网可以使用 TCP/IP 语言同 Internet 打交道。网关就像一个翻译器，它在传输开始时将计算机网的本地语言（协议）转化成 TCP/IP 语言，而在传输结束时又将 TCP/IP 语言转化成计算机网的本地语言。采用网关技术可以实现采用不同协议的计算机网络之间的联结和共享。

对于用户来说，Internet 就像是一个巨大的无缝隙的全球网，对请求可以立即响应，这是由计算机、网关、路由器以及协议来共同保证的。

4.4.3　Internet 的特点

Internet 之所以发展如此迅速，被称为 20 世纪末最伟大的发明，是因为 Internet 从一开始就具有开放、自由、平等、合作和免费的特性。也正是这些特性，使得 Internet 被誉为 21 世纪的商业"聚宝盆"。

（1）开放性

Internet 是开放的，可以自由连接，而且没有时间和空间的限制，没有地理上的距离概念，任何人随时随地都可加入 Internet，只要遵循规定的网络协议。同时，在 Internet 上任何人都可以享受创作的自由，所有的信息流动都不受限制。在网络中没有所谓的最高权力机构，也没有管制，网络的运作是由使用者相互协调来决定的，网络的每个用户都是平等的，这种开放性使得网络用户不存在是与否的限制，只要入网便是用户。Internet 也是一个无国界的虚拟自由王国，包括在网络上面信息的流动自由、用户的言论自由、用户的使用自由。

（2）共享性

网络用户在网络上可以随意调阅别人的网页（Homepage）或浏览电子广告牌，从中寻找自己需要的信息和资料。有的网页连接共享型数据库，可供查询的资料更多。而内容提供者本意就是希望网络用户能够随时取阅他最新的研究成果、新产品介绍、使用说明或只是他的一些小经验，他希望网络用户能认同他的看法、分享他的快乐。

（3）平等性

Internet 上是"不分等级"的。在 Internet 内，网络用户是怎样的人仅仅取决于他通过键盘操作而表现出来的自己。没有人关心他是老是少，长得如何，或者是学生、商界管理人士还是建筑工人。从某种意义上，个人、企业、政府组织之间也是平等的、无等级的。

（4）低廉性

Internet 是从学术信息交流开始的，人们已经习惯于免费使用。进入商业化之后，网络服务供应商（ISP）一般采用低价策略占领市场，使用户支付的通行和网络使用费等大为降低，增加了网络的吸引力。目前，网络上大部分内容是免费的，而且网络服务供应商一般赠送长短不等的免费上网时间，在 Internet 上许多信息和资源也是免费的。

（5）交互性

网络的交互性是通过两个方面实现的：其一是通过网页实现实时的人机对话；其二是通过电子公告牌或电子邮件实现异步的人机对话。Internet 作为平等自由的信息沟通平台，信息的流动和交互是双向式的，信息沟通双方可以平等地与另一方进行交互，而不管对方是大还是小，是弱还是强。

（6）合作性

Internet 是一个没有中心的自主式的开放组织。Internet 上的发展强调的是资源共享和双赢的发展模式。

（7）虚拟性

Internet 的一个重要特点是它通过对信息的数字化处理，通过信息的流动来代替传统的实物流动，使得 Internet 通过虚拟技术具有许多现实中才具有的功能。

（8）个性化

Internet 作为一个新的沟通虚拟社区，它可以鲜明地突出个人的特色，只有有特色的信息和服务，才可能在 Internet 上不被信息的海洋所淹没，Internet 引导的是个性化的时代。

（9）全球化

Internet 从一开始的商业化运作，就表现出无国界性，信息流动是自由的、无限制的。因此，Internet 从一诞生就是全球性的产物，当然全球化并不排除本地化，如 Internet 上的主流语言是英语，但对于中国人，习惯的还是汉语。

4.4.4　Internet 的发展

随着 Internet 应用的深入，越来越多的领域需要应用 Internet，这对 Internet 也提出了新的要求。为满足人们对 Internet 的各种需求，Internet 将朝着无线互联网和宽带互联网发展。无线互联网由于可以利用便捷的通信工具——手机直接上网而备受青睐，目前发展非常迅速。市场研究公司 IC Insights 发布的最新《2015 年 IC 市场驱动报告》称，到 2015 年，全球手机用户量将首次超过全球人口总数。全球人口总数将超过 74 亿，而手机用户总数将略高于 75 亿。

整体而言，从 1999 年到 2018 年的 19 年间，手机用户量年均复合增长率预计将达 16%。值得注意的是，在世界上的一些地区，手机用户渗透率已经远远超过人口数量的 100%（如俄罗斯为 185%、意大利为 151%、巴西为 141%、德国为 140%、英国为 128% 等）。用户量超过人口数量的原因之一是，许多用户为了节省话费，购买了多个 SIM 卡，在经常出入的城市使用不同的手机号码，然而每一个 SIM 卡就被当做一个"用户数"。此外，越来越多的人携带两部手机，一部用于工作，另一部用于个人生活。报告称，2014 年，全球有 44 亿独立手机用户（Unique Phone Subscriber），约占 73 亿全球总人口的 60%。

无线数据网络应用包括以下几种形式：无线个人网（WPAN）、无线局域网（WLAN）、无线 LAN-to-LAN 网桥、无线城域网（WMAN）和无线广域网（WWAN）。

（1）无线个人网。主要用于个人用户工作空间，典型距离覆盖几米，可以与计算机同步传输文件，访问本地外围设备，如掌上电脑、手机等。目前，其主要技术包括蓝牙（Bluetooth）和红外（IrDA）。

（2）无线局域网。主要用于宽带家庭、大楼内部以及园区内部，典型距离覆盖几十米至上百米。目前，其主要技术为采用 802.11b、802.11g 和 802.11a 标准系列。

（3）无线 LAN-to-LAN 网桥。主要用于大楼之间的联网通信，典型距离几公里。许多无线网桥采用 802.11b、802.11g 技术。

（4）无线城域网和无线广域网。覆盖城域和广域环境，主要用于 Internet/E-mail 访问，但提供的带宽比无线局域网要低很多。

宽带技术的发展，使得用户可以通过互联网传输大量的多媒体资料，突破原来互联网因传输速率带来的使用瓶颈。2015 年 5 月 13 日，国务院常务会议指出，加快高速宽带网络建设，促进提速降费，既可改善人民生活，又能降低创业创新成本，为"互联网+"行动提供有力支撑，拉动有效投资和消费，培育发展新动能。工信部电信研究院政策与经济研究所主任何伟接受中新社记者采访时表示，宽带基础设施无论对于"互联网+"行动计划，还是工业化与信息化融合以及万众创新，都起到支撑性作用。通过提速降费，将降低中小企业创新成本，促进宽带普及，并提高服务民生的能力。

4.4.5　企业网络应用层次

过去企业的信息系统通常采用局域网，这种系统一涉及不同用户的远程管理或远程信息交换就显得力不从心。互联网出现后，企业网络应用进入 Intranet 阶段。

Intranet 是基于互联网的企业虚拟内部网。它既具有传统企业内部网络的安全性，又具备 Internet 的开放性和灵活性，在满足企业内部应用需要的同时又能够对外发布信息，而且成本低，安装维护方便，是传统管理信息系统（Management Information System，MIS）所不及的。Intranet 是 Internet 技术在企业内部的广泛应用，Internet 的巨大威力迅速渗透到企业内部网之上，推动了企业管理信息系统的一场革命。美国《时代》和《新闻周刊》把 1995 年称为 Internet 年，而把 1996 年称为 Intranet 年。

随着网络互联浪潮的发展，又发展出了新的概念 Extranet。简单地理解，Extranet 是 Intranet 的补充，它允许来自防火墙外部的访问。或者说，Extranet 就是一种跨越整个企业组织边界的网络，它赋予外部访问者访问该组织内部网络的信息和资源的能力。Extranet 使得 Intranet 由内部扩展到企业外部。

Intranet 主要是满足企业内部商务活动的需要，Extranet 是满足企业之间商务活动的需要，Internet 则是满足针对全部市场商务活动的需要。它们是企业利用 Internet 技术实现商务活动的三个不同层次，但技术都是一样的。

通过建立 Extranet，可以解决现实中的许多问题。可以通过 Extranet 来扩展 Intranet 的功能，Intranet 的功能是使信息资源可以在一个企业组织内部得到共享。随着 Intranet 的边界扩大到 Extranet，企业组织的边界又由 Extranet 的扩展功能（意在使信息资源可以在一个企业组织内部和与该组织交互的群体内部得到共享）得到了延伸，由关注内部生产经营扩展到整个产业链条，实现了供应链管理和虚拟企业。

4.4.6 Internet 的关键术语

（1）TCP/IP 协议

所谓协议，是指一套用技术术语描述某些事应该如何做的规则。Internet 是由众多的计算机网络交互连接形成的网际网，作为 Internet 成员的各种网络在通信中分别执行自己的协议。所谓 Internet 协议，是指在 Internet 的网络之间以及各成员网内部交换信息时要求遵循的协议。TCP/IP 是 Internet 网络上使用的通用协议。

习惯上，人们把 Internet 的通信协议笼统地称为 TCP/IP 协议，也有人把 Internet 称为 TCP/IP 网或 TCP/IP Internet 网。在这种意义下，Internet 的 TCP/IP 协议可以说就是基于四种模型的协议，即应用层、传输层、网络层和网络访问层。网络访问层又分为网络接口层（数据链路层）和最基础的物理链路层。所以也可以说，Internet 协议是基于五层模型的协议。

（2）IP 地址

为了在 Internet 网络环境下实现计算机之间的通信，网络中的任何一台计算机都必须有一个地址，而且同一个网上的地址不允许重复。在进行数据传输时，通信协议一般需要在所要传输的数据中增加某些信息，而其中最重要的就是发送信息的计算机的地址（源地址）和接收信息的计算机的地址（目标地址）。

Internet 上每台主机都被指定了一个主机号，有点类似人们日常使用的电话号码，该主机号由 32 位二进制数组成。例如：

1 0001100 10111010 01010 000 10 000001

为便于记忆，将这一 32 位的代码分为 4 组，每组 8 位，然后转换为其对应的十进制代码。这样一来上面的数字就对应：

140.186.81.1

Internet 网络的主机号码分为两部分：第一部分是网络号码；第二部分是当地号码，即某一特定网络上的主机号码。举例说明，ChinaNet

成都节点的主机号是 202.98.99.34，那么它的网络号为 202.98，而在 Internet 上当地主机号码为 99.34。

由于 Internet 的发展速度过快，IP 地址已经不够使用，目前正将原来的 32（IPv4）位地址拓展到 128 位地址（IPv6）。IPv6 采用 128 位地址长度，几乎可以不受限制地提供地址。按保守方法估算 IPv6 实际可分配的地址，整个地球的每平方米面积上仍可分配 1 000 多个地址。在 IPv6 的设计过程中除了一劳永逸地解决了地址短缺问题以外，还考虑了在 IPv4 中解决不好的其他问题，主要有端到端 IP 连接、服务质量（QoS）、安全性、多播、移动性、即插即用等。

（3）域名

什么是域名？举例来说，当一个人要给某人写信或打电话时通常他所知道的不仅是那个人的名字，还包括有关此人的其他信息，而通过 Internet 传递信息也是如此。正如一个信件的邮政地址一样，Internet 网上的个体、一台 PC 或一个组织的"电子地址"是由几个部分组成的。在 Internet 的术语中一个名字就代表网上的一个实体，比如一个用户账号，或一个正在执行的进程，或有一个或多个这样账户或进程的机器。而为了用一种简洁而相容的方式包含尽可能多的信息，就得使用域名系统（Domain Name System，DNS）来创建名字。

DNS 为 Internet 网上的名字结构定义了一个样板。名字要从左到右构造，表示的范围从小到大。一个名字由若干元素（Element）或标号组成，它们由"@"或"."分开。一个名字的一般形式如下所示：

<账户>@[子域名].[子域名].….[…].<根域名>

若干字段出现在一个 DNS 名字中。符合这一形式的一个地址包含一个专门的被称为标号（Label）的 ASCII 字符串，它定义了这些字段。标号的长度不能超过 63 个字符，只能由字母、数字或下划线组成，以字母开头，以字母或数字结束。

域（Domain）是代表 Internet 网上最顶层的逻辑分类，它是用域名最右端的符号来表示（一般称为顶级域名）的，这些分类主要用来区分不同的应用领域。如：

域名	描述
gov	政府部门
edu	大学和其他教育组织
com	工商业组织
mil	军事机构
org	其他类似组织机构，如用户组织等
net	网络运行和服务中心

这些域名在 Internet 上被称为顶级域名，在美国之外，每个国家和地区在顶级域名后还必须有一个用于识别的域名，即用于指定这个国家或地区的国别域名。这个域名是由两个缩写字母对应的国家代码，其中我国的域名代码为 CN。

国务院信息化工作领导小组指定中国科学院计算机网络信息中心成立中国互联网络信息中心（China Internet Network Information Center，CNNIC），对国内用户接入 Internet 的域名系统实施统一的管理。CNNIC 是一个非营利性的管理机构，其宗旨是为我国互联网用户提供域名注册等服务，促进我国互联网的健康有序发展。CNNIC 统一协调、制定规范并负责全国最高层次域名 CN 下的所有域名注册服务，包括域名注册、IP 地址分配、自治系统号分配等。CNNIC 将我国的二级域名分为两类：类别域名和行政区划域名。其中类别域名有：

ac——适用于科研机构；

com——适用于工、商、金融等企业；

edu——适用于教育机构；

gov——适用于政府部门；

net——适用于网络运行与服务中心；

org——适用于各种非营利性的组织、机构。

行政区划域名共 34 个，适用于各省、自治区、直辖市和特别行政区。

4.4.7 Internet 的基础应用

（1）电子邮件（E-mail）

E-mail 是一种最重要和使用最为普遍的 Internet 资源。通过 E-mail，可以实现 Internet 上任何用户之间文字信息的准确传递。

E-mail 的工作原理是在 Internet 上将一段文本信息从一台计算机传送到另一台计算机上，可通过两种协议来完成，即 SMTP（Simple Mail Transfer Protocol，简单邮件传输协议）和 POP3（Post Office Protocol 3，邮局协议 3）。SMTP 是 Internet 协议集中的邮件标准。在 Internet 上能够接收电子邮件的服务器都有 SMTP。电子邮件在发送前，发送方的 SMTP 服务器与接收方的 SMTP 服务器联系，确认接收方准备好了，则开始邮件传递；若没有准备好，发送服务器便会等待，并在一段时间后继续与接收方邮件服务器联系。这种方式在 Internet 上被称为"存储-转发"方式。POP3 可允许 E-mail 客户向某一 SMTP 服务器发送电子邮件，另外，也可以接收来自 SMTP 服务器的电子邮件。简单地说，电子邮件在 PC 机与服务提供商之间的传递是通过 POP3 来完成的，而电子邮件在 Internet 上的传递则是通过 SMTP 来实现的。

像所有的普通文件一样，所有的电子邮件也主要是由两部分构成的，即收件人的姓名和地址，另外就是所谓信件的正文。在电子邮件中，所有的地址信息称为信头（Header），而邮件的内容称为正文（Body），在邮件的末尾，还有一个可选的部分，即用于进一步注明发件人的所谓签名（Signature）。

信头是由几行文字组成的。一般说来，信头包含下列几行内容（具体情况可能随有关邮件程序而有所不同）：①收件人（To）：收件人的 E-mail 地址；②抄送（Cc）：抄送者的 E-mail 地址；③主题（Subject）：邮件的主题。一般地说，只需在"收件人"这一行填写收件人完整的 E-mail 地址即可，"主题"这一行可填可不填。不过，一个有礼貌的用户总是会填写这一行的，有了这个主题行，收件人便会一目了然这封信的主要内容。

E-mail 的正文就是一些文字，根据要求，尽量使用普遍的非装饰性字符，以保证无论收件人使用何种计算机和软件都可以正常地阅读电子邮件的内容。E-mail 签名的位置总是在信的最末尾。它与普通信件中的签名一样简单。然而，在 Internet 上，人们总是喜欢以尽量少的文本行来告诉读者有关他们自己的事情。尽管签名是一个可选可不选的项，但是在使用它时是要担负一定责任的。

另外，像程序、图形及其他一些计算机二进制文件，也可以作为电子邮件的附带内容一起发送。一些老的 E-mail 系统只支持文本方式，因此，在发送电子邮件时，其中附属的二进制文件先得转换为文本文件方式，收件人在收到并使用它们时，要再转换成二进制形式。目前，一种称为 MIME（Multipurpose Internet Mail Extensions）的更新、功能更强的方法已在现在的 E-mail 软件中获得广泛的应用，其中包括 Microsoft 的 Internet Mail。MIME 不仅能使电子邮件加入附带文件，而且也真正实现了在电子邮件中附带的图形、音频、视频等文件会自动解码、格式化和演播。

为保证 E-mail 传输的信息安全，还可以对 E-mail 进行加密。所谓加密，就是将电子邮件的内容转换成一种加密后的代码，这样，除了接收者可以将其解密阅读外，其他人是无法阅读知其内容的。但是加密的邮件也可以被其他拥有相应解密程序的人所解密。因此，更可靠的加密方法是采用密钥来进行加密，加密后的邮件在阅读前需要输入加密口令（即解密密钥）来进行解密。

（2）万维网（WWW）

World Wide Web 即人们所熟知的 WWW 或者是 Web，由很多 HTML 页面构成，也称为全球网。目前 Internet 上 90%的信息是放在 WWW 网站上的，因此 WWW 是网民查询信息最常用的工具。

Web 页的特点是丰富的多媒体信息资源展示及基于超链接的互联。只需用鼠标选中相应的链接，便可得到其对应的信息。所有这些特点，不仅使 Web 的使用变得相对简单，而且也使它变得非常友好和富有趣味性。

这些多媒体页面是通过 HTML（Hyper Text Markup Language）来创建的，Web 浏览器负责对其进行解释和展示。浏览器从服务器获取网页是通过 HTTP 协议（Hyper Text Transfer Protocol）实现的。利用 HTML 和 HTTP 规范，Internet 上的任何一个用户都能轻而易举地创建和发布 Web 文档。

目前流行的浏览器品牌包括 Opera、Firefox、Google Chrome、360

浏览器、遨游浏览器、搜狗浏览器、猎豹浏览器、百度浏览器等。由于浏览器是客户访问 WWW 资源的首要工具，因此浏览器成为重要的互联网服务导入平台，基于浏览器平台的客户争夺战异常激烈。这是市场上各种浏览器产品非常丰富的主要原因。

目前流行的 WWW 服务器主要包括 Apache 和 Nginx。这是两款开源的服务器产品，性能极佳，便于使用，深受市场青睐。

（3）文件传输协议（FTP）

FTP（File Transfer Protocol）是用于通过 Internet 从一台计算机向另一台计算机进行文件拷贝的一种标准 Internet 协议。FTP 对许多文件的传输过程都是在后台进行的，这其中包括由 Web 链接所完成的一些文件传输。同样，使用 FTP 也需要对应的客户软件。在 Windws XP 中包括了一条非常基本的 FTP 客户命令行，利用它可以实现文件的传输。当然，用户也可以使用由第三方提供的在 Windows 下使用的 FTP 客户软件，这些软件使用起来非常方便，只需一些鼠标选取的操作即可。

利用 FTP 下载文件的主要过程如下：

第一步，需要向 FTP 服务器进行登录，即为 FTP 客户软件提供 FTP 服务器地址。

第二步，浏览目录和文件，然后下载所需的文件。

（4）即时通信（IM）

即时通信是指能够即时发送和接收互联网消息等的业务。即时通信自 1998 年面世以来，特别是近几年迅速发展，即时通信的功能日益丰富，逐渐集成了电子邮件、博客、音乐、电视、游戏和搜索等多种功能。即时通信不再是一个单纯的聊天工具，它已经发展成集交流、资讯、娱乐、搜索、电子商务、办公协作和企业客户服务等于一体的综合化信息平台。

目前著名的即时通信工具有 ICQ、QQ 和 MSN Messenger。作为 ICQ 在中文市场的同类产品，QQ 是目前中文领域应用最为广泛的即时通信工具。

（5）公告栏（BBS）

公告栏即通常所说的论坛。作为网上直接交流对话的窗口，有着社区性的功能，它为情趣相近和有着共同需要的人提供一个虚拟的开放式交流空间。一般说来，BBS 有以下特点：

①社区性。这是由 BBS 的特性所决定的。BBS 是一个开放交流园地，只有具有相同点的人才可能在一起讨论，如同我们的社区一样，居住在一起的人一般都有着共同社会属性。

②开放性。这是 BBS 发展的前提，任何个人只要愿意都可以参与讨论和交流，发表自己的看法。当然开放性是要遵循一定的规则的，这就是通过相互影响约定形成的不成文规定。

③时效性。BBS 作为讨论交流的园地，讨论话题和发表信息一般都是实时的，与当时的热点问题相关，因此 BBS 上讨论的内容总是最近发生的。

（6）博客（Blog）

博客，它的正式名称为网络日志，是一种通常由个人管理、不定期张贴新的文章的网站。博客上的文章通常根据张贴时间，以倒序方式由新到旧排列。许多博客专注在特定的问题上提供评论或新闻，其他则被作为比较个人的日记。一个典型的博客结合了文字、图像、其他博客或网站的链接及其他与主题相关的媒体，能够让读者以互动的方式留下意见，是许多博客的重要要素。大部分的博客内容以文字为主，有一些博客专注于艺术、摄影、视频、音乐、播客等各种主题。博客是社会媒体网络的一部分，国内比较著名的有新浪、网易、搜狐等博客。

（7）微博（Microblog）

微博，即一句话博客，是一种通过关注机制分享简短实时信息的广播式的社交网络平台。用户可以通过 Web、WAP 等各种客户端组建个人社区，以 140 字以内（包括标点符号）的文字更新信息，并实现即时分享。微博的关注机制分为单向、双向两种。

微博作为一种分享和交流平台，其更注重时效性和随意性。微博更能表达出每时每刻的思想和最新动态，而博客则更偏重于梳理自己在一段时间内的所见、所闻、所感。

在国内，比较有名的为新浪微博。而在国际上，推特（Twitter）则是全球最为著名的微博应用。

（8）社交网站（SNS）

SNS 全称 Social Network Site，即"社交网站"或"社交网"。注意要与"社区网站"区分，两者有本质区别。社会性网络（Social Networking）是指个人之间的关系网络，这种基于社会网络关系系统思想的网站就是社会性网络网站（SNS 网站）。SNS 的全称也可以是 Social Networking Services，即社会性网络服务，专指旨在帮助人们建立社会性网络的互联网应用服务。严格来讲，国内 SNS 并非社会性网络服务，而是 Social Network Sites（即社交网站），以人人网（校内网）、开心网、SNS 平台为代表。全球影响力最大的社交网站是扎克伯格创建的 Facebook。

（9）移动社交通信

移动社交通信是一种在移动互联网环境中出现的集即时通信和社交服务为一体的互联网应用。在国内典型的应用即"微信"（WeChat），在国外最知名的当属 Line。目前随着移动互联网的发展，移动社交通信正在成为主流的互联网信息服务渠道，各种互联网应用正在逐渐实现与其的集成。

（10）网络视频

网络视频是指视频网站提供的在线视频播放服务，主要利用流媒体格式的视频文件，众多的流媒体格式中，flv 格式由于文件小、占用客户端资源少等优点成为网络视频所依靠的主要文件格式。随着网络带宽的不断扩容，视频信息服务在互联网信息服务中的比重正在逐年提高，传统的基于 HMTL 的图文式信息展示正在面临严峻的挑战。

4.5　云计算技术

云计算（Cloud Computing）是基于互联网的相关服务的增加、使用和交付模式，通常涉及通过互联网来提供动态易扩展且经常是虚拟化的资源。云是网络、互联网的一种比喻说法。过去在图中往往用云来表示电信网，后来也用来表示互联网和底层基础设施的抽象。因此，云计算甚至可以让你体验每秒 10 万亿次的运算能力，拥有这么强大的计算能力可以模拟核爆炸、预测气候变化和市场发展趋势。用户通过电脑、笔记本、手机等方式接入数据中心，按自己的需求进行运算。

亚马逊（Amazon）是全球最早提出云计算概念，并将云计算应用于中小企业的领导厂商之一。2006 年，亚马逊推出云计算的初衷是让自己闲置的 IT 设备变成有价值的运算能力。当时亚马逊已经建成了庞大的 IT 系统，但这个系统是按照销售高峰期（如美国的圣诞节前后）的需求来建立的，所以在大多数时候，很多资源是被闲置的。与此同时，更多的企业需要这样的资源，但却又没有钱去做前期的投入。于是亚马逊首先推出简单云计算服务（Simple Storage Service，S3），出租闲置的计算能力。因为拥有大量的商户基础，亚马逊的云计算从一开始就不缺少客户，所以亚马逊不仅是云计算概念的倡导者，更是一个实践者。

4.5.1　云计算的概念

从 IT 的角度来说，云计算就是提供基于互联网的软件服务。云计算的最重要理念是用户所使用的软件并不需要在他们自己的电脑里，而是利用互联网，通过浏览器访问在外部的机器上的软件完成全部的工作。用户所使用的软件由其他人运转和维护，用户只需要通过互联网建立起连接就可以了。用户的文件和数据，也存储在那些外部机器里。

从商务人员的角度来看，云计算不是一个企业门户系统，也不是一个供应链管理系统，而是一个商务圈和增值链（Value Chain），是一个企业与客户、企业与合作企业的社交网络。它们拥有共同的兴趣（即业务）。云计算超越了单个企业的销售和客户服务，为企业和客户建立了一个增值的信息链。云计算平台提供了多个企业的端到端的业务处理。这个业务处理包含了事务性的操作和协作性的操作。通过云计算平台所提供的 7×24 小时的云服务，企业、客户和供应商都能随时随地地使用它。

4.5.2　云计算的功能

社会与经济发展催生云计算。当今，人类已经进入到以信息和信息技术来精确调控物质和能量的网络时代，云计算的广泛应用一方面将更好地满足信息社会人的高层次需求，另一方面也通过技术进步提高各种生产要素的利用率促进经济持续健康地发展。

云计算作为一种基于互联网的、大众参与的、以服务方式提供的新型计算模式，其目的是实现资源分享与整合，其中计算资源是动态、可伸缩且被虚拟化的。大量复杂的计算任务，如服务计算、变粒度计算、软计算、不确定计算、人参与的计算乃至物参与的计算都是云计算所面临的任务。

当然，在云计算技术完成这些任务时不可避免地会遇到各种各样的挑战，或者说云计算"水很深"，要完成以上任务任重而道远，但前景和目标是令人向往的，通过努力是可以实现的。以下我们讨论云计算面临的任务，以及完成这些任务过程中的挑战性问题与相应对策：

（1）服务计算。服务计算的核心思想是，在互联网中，将服务作为向大众用户所提供的基本单位，通过匹配用户需求与服务本身的功能，对服务资源池中合适的服务进行重用、组合、验证，构成能随着大众需求而即时应变的松耦合的网络应用。云计算首要的任务就是实现服务计算，进而促进软件业乃至整个 IT 行业的发展。

服务计算的概念最早是在 2002 年 6 月所召开的国际互联网计算会议中被提出的，其中 Web 服务计算专题首次将服务和计算结合起来，强调 Web 服务在分布式计算和动态业务集成中的重要作用。随后在 2003 年 11 月，IEEE 成立了服务计算技术社区，2004 年 5 月更名为服务计算技术指导委员会，致力于推动服务计算学科发展和相关标准的制定。

（2）变粒度计算。随着服务的社会化、集约化和专业化，为了满足个性化和多元化的服务需求，越来越需要变粒度计算。人在思维工程中可以处理不同粒度的信息，并且能在不同信息粒度之间灵活跳跃。变粒度计算是云计算需要面临的任务，云计算处理的对象、采用的手段以及提供服务是变粒度的，可以更好地模拟人的思维过程，在不同分辨率或尺度上对数据、信息和知识进行加工处理。

（3）软计算。人们对信息需求的表述没有一个固定的形式。最理想的方式是使用人类的自然语言进行交互，而自然语言的本质特征是定性的，不是定量的，这正是当今从数学地球向智慧地球发展的根本原因。互联网开拓出的虚拟世界是人类的第二世界，具有明显的社会性，其交互性也会如此。因此，区别于传统的数值计算、精确计算等"硬计算"，软计算在特定语境条件下，根据上下文关系和语法，形成对语构和语义的理解，在计算机的历史上被称为词计算（Computing with Words）或者软计算（Soft Computing）。云计算针对互联网计算环境，将承担人类个体与群体之间相互沟通的重要任务，用于实现词计算或软计算。

（4）不确定性计算。2011年度图灵奖得主、加州洛杉矶分校（UCLA）的计算机科学家 Judea Pearl 教授指出，智能系统所面临的不确定性是一个核心问题，并且提出概率论算法作为知识获取及表现的有效基础。云计算必然面临网络上大量数据、服务等资源不断变化的问题，这就需要在计算任务描述、数据采集、计算方法选取、计算结果评价等环节中考虑不确定性计算来适应这种变化。针对不确定性，有必要引入人工智能技术对个性化和多样化任务的不确定性进行描述与管理。计算过程中要并行处理大规模数据，提高运行速度和执行效率，需要做到均衡负载，监控响应中的复杂计算资源的时变性、多粒度等不确定性因素，提高资源的实时利用效率，实现在线自适应技术。

（5）人参与的计算。初期的互联网支持尽力而为服务，网络是简单的，边缘是丰富的，所以端设备的性能越来越高，硬盘越来越大，可是利用率却越来越低。随着通信成本的降低，互联网进入千家万户，成为人与人之间沟通不可或缺的途径，使得人与人之间、人与社会之间沟通的质量和效率极大提升。现在的云计算实现了社会化、集约化和专业化之后，网络是丰富的，边缘是简单的，交互是智能的。按照人与云交互的发起主动性，大致可将云计算中人参与的计算活动分为人机交互、机人交互以及人人交互等方式。

（6）物参与的计算。用信息和信息技术精确调控物质和能量，感知、认知和控制变得尤为重要。物计算模式强调实时监控，对终端设备的性能要求较高，如智能化的汽车电子、数控机床、安全监控系统、智能家居等。以往的自动控制技术在云计算和物联网环境中将获得升华，德国提出的"工业 4.0"概念就是物参与计算的典型应用。当然，物联网与云计算的结合在实现了高效、灵活、方便和更多价值的同时，涉及信息的安全性、价值链形成过程中的利益分配平衡及可管理性、对人类的行为习惯和道德观念的影响等方面都存在着一定的风险和不确定性。

4.5.3　云计算的基本构架与关键技术

通过云计算中心，可以对分布在网络上的各种计算资源进行整合、管理和分配，把常见的问题和解决方案提炼出来，并针对不同的资源类型进行性能优化和容错处理，然后通过统一的管理引擎和开发平台提供给云计算服务开发者使用，从而使得云计算服务供应商从复杂繁琐的分布式计算资源管理问题中解脱出来，把他们的精力和财力集中在如何提供更好的服务上。这是对云计算构架的基本功能需求。一般来说，云计算中心应具备以下几个功能模块：

（1）通信功能模块。高性能数据总线，用于实现整个系统中各个组件的信息交换，并保证信息的可靠性、实时性和一致性。

（2）存储功能模块。分布式虚拟存储系统支持云计算环境下的结构化及非结构化数据的海量存储。

（3）计算功能模块。网络计算框架，用以实现利用计算机集群进行大规模并行计算的运行管理机制。

（4）管理功能模块。系统监控管理平台，是一个跨平台、可扩展的对计算机集群及其各节点上运行的资源及服务进行自动化智能管理、调度和监控的系统。

搭建云计算中心的关键技术包括：

（1）虚拟化技术。不同种类的虚拟化技术致力于从不同的角度解决不同的系统性问题：服务器虚拟化对服务器资源进行快速划分和动态的部署，从而降低了系统复杂度，消除了设备无序蔓延，并达到减少运营成本、提高资产利用率的目的；存储虚拟化将存储资源集中到一个大容量的资源池并实行单点统一管理，实现无需中断应用即可改变存储系统和数据迁移，提高了整个系统的动态适应能力；网络虚拟化通过将一个物理网络节点虚拟成多个节点以及将多台交换机整合成一台虚拟的交换机来增加连接数量并降低网络复杂度，实现网络的容量优化；应用虚拟化则通过将资源动态分配到最需要的地方来帮助改进服务交付能力，并提高了应用的可用性和性能。

（2）弹性伸缩和动态调配。云计算中心可以根据需求的变化，对计算资源自动地进行分配和管理，实现高度"弹性"的缩放和优化使用，而在这个过程中，使用者不必关心具体的操作流程。云计算中心的规模可以动态伸缩，以满足服务和用户规模变化的需要。并且，随着用户或服务自身需求的变化，云计算中心也可以自动地提供相应的资源扩展或资源释放功能。同时，云计算中心还可通过网络对松散耦合的各种应用组件进行分布式部署、组合和使用，并按不同的需求提供服务。另外，云计算中心还可以支撑在访问请求和数据处理多元化上各不相同的多种业务应用的同时运行和资源共享。

（3）高效、可靠的数据传输交换和事件处理。保证一个大型分布式系统稳定正常运行的关键是高效、快速和准确的信息传输交换机制。作为云计算中心性能的消息和数据传输交换枢纽，在设计一个高效、可靠的数据传输交换和事件处理系统时，就不能单独采用组播协议来追求速度，也不能仅仅采用 TCP 来追求可靠性，而应该将多种协议的优势结合，有效地控制分布在网络上的众多组件之间的数据流向，即使在网络不稳定的情况下，也能保证它们之间数据通道的畅通性、信息交换的可靠性和安全性。同时，为了满足系统应用的多样性和业务的实时性要求，在设计中还应考虑支持包括点对点、一点对多点、多点对一点和多点对多点在内的多种连接方式以及分布/订阅、请求/响应和队列等多种通信模式，并且应该加入高效的信息排序、同步、状态迁移和容错机制，以防止系统的单点失效，保证系统的高可用性。

（4）海量数据的存储、处理和访问。各行各业的数据源源不断地产生并以指数方式增长，而且历史数据的价值也不会随时间的流逝而消失。如何存储、管理、使用和维护类型多样、结构复杂的数据，成为搭建云计算中心的工作难点。一个跨平台共享、高可靠、可平滑扩展、使用和维护简单的分布式海量数据存储系统，是解决服务运营过程中收集和产生的大量实时数据，以及在长期的业务发展过程中积累下来的海量数据的存储和处理系列问题的有效手段。这种分布式海量存储系统应该包括分别用来处理结构化和非结构化数据的分布式数据库和分布式文件存储两个子系统，以及一系列兼容传统数据库和存储产品的适配工具，用以在不同的应用环境下实现海量数据的存储、访问、同步以及实时迁移、复制、备份等诸多功能。它将利用分布式数据管理技术，通过软件有效地黏合网络上众多独立的存储节点，在不增加新设备、不改变硬件物理位置的情况下建造一台虚拟的超级存储机，来解决海量信息的存储和管理问题，并在降低整体成本、提高系统整体可用性上发挥突出作用。

（5）智能化管理监控和"即插即用"式的部署应用。云计算中心的自动监控、反馈、处理机制对稳定可靠的云计算服务非常重要。智能管理监控系统将结合时间驱动及协同合作机制，实现对大规模计算机集群及其自动化智能的管理。它不仅负责对所有服务器上运行的软件服务提供自动部署、自动升级、自动配置、可视化管理和实时状态监控，而且还会根据环境和需求的变化或异常情况的出现，对之进行动态调度和自动迁移。利用该系统，管理员可以监控和处理多个异构环境中的各类信息，实现对整个系统运行趋势的跟踪并采取相应的措施，在系统层面上对整个分布式集群的每个组件部分，无论是硬件还是软件，真正实现实时的、几乎全自动化的"即插即用"式的管理，从而使系统使用者无需关心细节内容，转而重点关注关键问题。

（6）并行计算框架。网络时代带来信息爆炸，需要处理的数据规模也随之成倍增长。通过具有大规模的服务器集群的云计算中心，加上设计完整的网格计算框架，就可以保证不同节点及单个节点不同进程间的可靠、高性能的强大数据处理和计算分析能力。使用者只需通过简单而强大的编程框架提交需要完成的计算任务以及相关的数据，系统就可以自动安排和处理支撑分布式计算所需的其他复杂工作，如输入数据的分割、中间数据的传输分布、多机环境下的程序执行和调度以及输出数据的聚合等。这就让整个云计算中心像单机一样被用来解决商业智能、经营分析、日志分析等各种需要强大计算能力的复杂 IT 问题，轻松、高效、快速地帮用户完成工作。

（7）多租赁与按需计费。在云计算中心中的所有计算资源都是通用的、可共享的，它为终端用户提供了一个通用的、集成的、便捷的，使用所有资源的手段和人机交互接口。用户通过无所不在的网络获取服务，实现信息处理。用户只需要一台便捷式计算机或者一部手机，就可以在任何时间、任何地点通过网络获得需要的服务，而不需要关心这些服务的实现细节。云计算中心在对资源和服务进行统一调配的基础上，通过监控管理机制保持对用户状态和资源使用情况的跟踪和记录并实时地反馈到前端的运营系统，并以此实现应用、数据和 IT 资源以服务的方式通过网络提供给用户动态使用的目的。用户仅需按实际 IT 资源使用量付费，而无需自行面对支撑服务的各种复杂 IT 技术问题，更不需要负担日益高昂的数据中心管理成本，从而大量节省投资和后期的运维管理费用，满足了企业期待低成本专业化运营的需求。云计算中心可以将 IT 基础设施变成如水电一样按需付费使用的社会公用基础设施，将 IT 产业变成像传统工业一样高效的流水线产业，极大地简化了企业的 IT 管理，有效地降低了企业的 IT 基础设施成本，全面地提高了社会整体的信息化水平。

（8）绿色节能。云计算中心作为下一代 IT 基础架构，使企业能够整合计算资源，降低管理复杂性并加快对业务变化的动态反应。与此同时，它还对提高资源利用率和降低能耗起着关键性的作用。通过云计算中心中的监控调度系统，可以对包括应用负载、资源利用率和功率消耗在内的影响系统性能的许多不同因素进行实施监测，并通过资源的实时迁移机制来动态调整系统负载和资源使用率，从而降低整个环境中不必要的电力消耗。用户可以通过图形化的管理界面实时地观察到从整个系统到单个服务器或其他设备现在和过去的开/关情况、资源消耗情况、负载状态、温度以及能源消耗情况，并根据既定的策略采取行动对负载和 CPU 使用率等参数进行调整。系统根据用户指令可以对整个资源使用进行智能化的动态迁移和调度以达到最优化的性能表现和能源消耗均衡。

4.5.4　云计算的热点问题分析

自 2007 年左右云计算的概念被提出以来，经过科研和产业界的快速推动，云计算正在从理想走向实践。基于高度发达的互联网（尤其是快速普及的移动互联网和个性化移动终端等），云计算促使计算资源变成向大众提供服务的基础设施，彻底改变了利用桌面设计计算资源的传统模式，将会对信息技术及其应用产生深刻的影响。但正因为云计算影响的深刻性，其技术和实现的完善将不会一蹴而就，所谓"理念清晰、操作模糊"，云计算应是一个较为长期的技术演讲过程。在这几年云计算的相关研究领域中，有一些基础问题一直被广泛讨论，其中还存在不少争议和相左的观点。

（1）云计算与网络计算的差别

网络计算在云计算概念之前被提出，而且作为学术界的一个热门领域已有 10 年多的历史，得到了广泛关注。在云计算刚提出的一两年间，不少人的印象是，云计算在企业界热，在学术界不热，而网络计算则相反，在学术界热，在企业界不热。同样作为计算资源的利用模式，关于两者的差异也被一再提起。因此，云计算和网络计算是针对不同应用场景的技术，两者的差异可以从总体上简化地概括成：网络计算是"Many for One（多为一）"，即多台计算机为一个科学计算任务服务；而云计算则是"One for Many（一为多）"，即一个云计算中心为大量互联网用户服务。

网络计算依托专网或互联网，将处于不同地域、不同领域的多个闲散计算机资源组织起来，通过统一调度来组成一台虚拟的"超级计算机"，共同完成一个较为复杂的任务，如要求大量计算处理周期和海量数据的科学计算问题。云计算更倾向于利用互联网上某些节点丰富的计算资源（包括计算能力、存储能力和交互能力等），以服务的方式将计算资源变成可被海量终端用户所使用的动态、可伸缩的虚拟资源。与网络计算相比，云计算强调面向用户的按需服务，服务之间可以形成组合。云计算不会对终端用户的计算资源进行集中控制，终端用户也不用关心服务者在什么地方。云计算最基本、最重要的应用场景是，通过同一个相对集中的信息资源池来服务大量分散的用户，通过 Web 服务和应用来尽量满足大众用户的个性化、多样化的服务需求。

一个持续变化的概念将无法去界定它，更无从去评论它，因此，可以从 Ian Foster 的网格计算初衷出发，比较网格计算和云计算之间最明显的相似点在于"资源共享"和"虚拟计算"，即两者都强调以某种虚拟化方法对互联网上的资源进行共享并提供给用户以获得更合理的利用。而关于两者的差异，可将其归纳为：云计算以集群计算为主，云计算面向多样的大众服务需求，云计算面向完成持久性、多样化的服务，云计算采用的是商业式运营。

网格计算的初衷是为了解决高性能计算能力不够这一重要问题，在需要大量计算能力和数据处理能力的应用场景下，这是具有重要价值的。而云计算则面向用户，服务大众，因此其更追求高效实用，需要商业利益的保障来推动其运营，技术实现力求简单有效，在过程中逐渐形成其自由的"事实标准"。

（2）云计算中心是不是超算中心

超算中心是超级计算中心的简称，指通过超级计算机（Super Computer）来提供高性能计算能力的中心，其服务对象主要是各个科学计算领域，如天气预报、生物信息学、核爆炸、流体力学和天文计算等。云计算中心为大众用户提供计算资源服务，主要通过分布式的集群计算来完成。云计算中心的服务面向大众用户的多样化应用，包括大规模搜索、网络存储和网络商务等。云计算中心和超算中心面临着不同的服务对象和计算任务，那么服务于超算中心的高性能计算机是否也能服务于云计算中心？虚拟服务器和高性能计算机之间是什么关系？现有超算中心和云计算中心在构建上的差异主要体现在哪里？

云计算中心和超算中心具有一些相似性，如两者都将各种计算资源放入虚拟的"资源池"，允许用户无需了解系统底层架构就可访问各种基于计算资源的服务。它们都具有调节负载平衡能力。但是，超级计算与云计算也有着更为明显的区别：

①硬件构成。云计算中心的硬件主要基于廉价的 PC 服务器，零部件配置低。云计算中心的节点一般采用普通以太网连接，带宽较低，延

迟较大。存储系统通常采用 IDE 等廉价硬盘组装而成。

②系统软件。云计算中心资源主要安装 Hadoop、HDFS、BigTable 等数据管理和处理软件。在分布式数据处理领域，常常需要处理大量的格式化以及半格式化数据。

③管理工具。云计算中心管理工具不统一，各自采用自己的工具。比如 Google 的 App Engine、IBM 的"蓝云"和 Amazon 的 EC2 等平台均有各自的管理工具。这些管理工具还包括对用户集群的状态监控以及资源统计，使得用户可以实时观测到集群的状况，了解工作的运行速度，使得用户可以更加直观地使用虚拟计算环境。

④编程方式。云计算中心资源主要通过 MapReduce 计算模式来使用。应用程序编写人员只需将精力放在应用程序本身，而关于集群的处理问题，包括可靠性和可扩展性，则交由平台来处理。MapReduce 通过"Map（映射）"和"Reduce（化简）"这样两个简单的概念来构成运算基本单位，用户只需提供自己的 Map 函数以及 Reduce 函数即可并行处理海量数据。

分析云计算中心与超算中心的构成，其区别主要体现在以下两个方面：

首先，超算中心中的并行计算需要采用特定的编程范例来执行单个大型计算任务或者运行某些特定应用，而云计算对用户的编程模型和应用类型等没有特殊限定，用户不再需要开发复杂的程序，就可以把他们的各类企业和个人应用迁移到云计算环境中。云计算考虑更多的是如何为数以千万计的不同种类应用提供高质量的服务环境，以及如何提高这个环境对用户需求的响应从而加速业务创新。

其次，在超级计算机的并行环境中，计算资源往往集中在单个数据中心的若干台机器或者集群上，而云计算中资源的分布更加广泛，它已经不再局限于某个数据中心，而是扩展到了多个不同的地理位置。云计算更强调用户通过互联网来使用云服务，利用虚拟化进行大规模的系统资源抽象和管理，资源利用率也得到了有效的提升。

超级计算机是否能够适应架设云计算中心的任务呢？事实上，虚拟化确实为高性能计算机应用于云计算环境提供了机会。因为利用虚拟机技术可以在单一物理机上支持不同的应用软件和操作系统，实现资源的动态分配，故存在将现有超级计算服务作为云计算一类特殊的服务提供给互联网用户的可能性。但是，超级计算机并非针对规模化的服务应用环境而设计，其在系统架构、通信质量、计算能力等方面的设计原则与实现云计算服务的需求并不完全相适。由于超级计算机设计原则与服务应用环境的差异性，在融合的过程中必须充分考虑超级计算与云计算的区别。

从功耗的角度来看，绿色计算的要求正在迫使高功率、高性能计算机向高效用计算中心发展，而如何实现云计算环境下高效用计算中心的建设则是一个挑战性问题。目前，随着计算能力的提升，超级计算机的能耗也在急剧攀升。以上海超算中心200万亿曙光5 000A为例，其总体峰值功耗达到960千瓦，每年的电费近千万元。节能增效问题不仅仅是硬件设计的问题，也与体系架构设计、软件设计等方面息息相关。其中，根据工作负载，自动调整硬件的使用和能耗，是一项关键技术，而在超级计算机负荷的自动调节设计中，往往要求计算任务。

（3）关于私有云、公有云及混合云的问题

随着云计算的深入人心，越来越多的企业和组织通过云计算来实现信息化建设。但是，当它们进一步选择解决方案时，往往困扰于几个相关的概念：私有云、公有云及混合云。许多云计算提供商也孜孜不倦地用这几个概念向企业宣传其云计算解决方案，有的认为私有云没有任何核心技术，如同鸡肋，食之无味而弃之可惜，根本没有前途，未来一定是公有云一统天下；有的认为公有云不能满足企业的高可用性要求，难以在不同的云计算服务提供商之间平滑迁移；还有的采取"和稀泥"的做法，提出混合云这一说法。针对这一问题，我们可以从以下几个方面来进行分析和探讨：

首先，要澄清云的所属权与使用权的关系。以专用网和公用网为例，在一些重要的领域，如政府、军队等，需要建设与互联网物理隔离的专用网络，此时网络的所属权和使用权是统一的。推广到云计算，就是专用云。在这种情况下，根本不存在私有或共有的辩证问题。

其次，私有云和公有云在实现技术上并无不同。如果在开放的互联网环境下，采用身份控制等方式来获得云服务，对于被授权的服务消费者在使用上也没有任何不同。有区别的只是资源利用率、单位成本等。这种情况反映出的其实是云中的社区门槛、规模等问题。因为即便是在一个私有云内部，使用者也可分为不同优先级别。

另外，安全性、服务的可用性、服务商信誉度往往成为私有云的建设理由。得益于自动化实现的灵活性和弹性，云计算中心能够通过迅速迁移虚拟机和启动额外的虚拟机管理变化的工作量方式对不断变化的应用状态作出回应。实际上，公有云计算中心的系统可靠性、数据安全性未必就弱于企业自建的数据中心。

综上所述，我们认为不必刻意讲求云的所属权，不提倡私有云、公有云及混合云等概念的宣传。

（4）人们对云安全的要求

美国计算机行业协会（Computing Technology Industry Association）在 2012 年发布的市场调查结果显示，虽然有 80%的 IT 专业人士对云计算服务提供商承诺的云计算环境的安全性抱有信心，但仍然有 54%的 IT 经理和主管将云安全看做 2012 年的头等大事。近一半（43%）的受调查者表示，自己使用的云计算服务供应商在过去 12 个月中曾经出现安全疏漏或安全问题，51%的受调查者则认为现在的云安全问题比过去更加严峻。总而言之，用户的数据存放在远离用户掌控的云计算中心以及云计算资源共享的特性，使得用户对数据安全性与隐私性的担忧成为云计算服务普及的最主要障碍。2011 年，Amazon 和 Google 等云计算发起者不断曝出的各种安全事故（如 3 月 Google 的大批数据外泄事件，4 月和 8 月 Amazon 云计算中心宕机事件等），又加剧了人们对云计算安全问题的担忧。那么，云计算中心本身安全不安全？云计算又能为改善安全做出什么贡献？

可以认为，第一，云计算中心本身的安全性仍然依赖于传统信息安全领域的主要技术，这一点没有改变，同时因为其新的计算模式，也带来了一些新的安全问题；第二，犹如储户和银行之间对于财务信息、病人和医生之间对于隐私信息的信任管理一样，云计算中心提供方和服务方之间必须解决信任管理的问题，这一点将是实现大众"放心"的安全云计算中心的关键；第三，云计算具有社会化、集约化和专业化的特点，提供以往互联网时代无法提供的丰富资源和服务。因此，安全也可以作为一种服务向用户提供，以可组合的、个性化的安全服务供不同需求的用户选择，使得对信息的保护和安全的实现有了新的方法和途径。

云计算中心需要保证信息的安全，保护信息和信息系统避免遭受非授权访问、使用、泄露、修改和破坏。我们可将云计算中心的安全划分为四个层面：设备安全、数据安全、内容安全和行为安全。其中设备安全要求物理设备稳定、可靠、可用；数据安全要求数据的秘密性、完整性和可用性得到保障；内容安全要求数据内容健康、符合法律法规和道德规范的要求；行为安全要求行为的秘密性、完整性得到保障，并且行为是可以控制的。

在云计算时代，信息安全面临着更多的挑战和机会。云计算一方面面临着众多的安全威胁，需要采用多种的技术手段和社会手段来保障云计算的安全性；另一方面也可以集中安全相关资源，为用户提供更优质、更廉价、更全面的安全服务，实现云安全服务的功能集中化和规模化，改变大众用户往往自己关注信息安全的状况，为推动信息安全做出贡献。

4.6 大数据技术

4.6.1 大数据的概念

对于"大数据"（Big Data），研究机构 Gartner 给出了这样的定义："大数据"是需要新处理模式才能具有更强的决策力、洞察发现力和流程优化能力的海量、高增长率和多样化的信息资产。大数据通常用来形容一个公司创造的大量非结构化数据和半结构化数据，这些数据在下载到关系型数据库用于分析时会花费过多时间和金钱。大数据分析常和云计算联系到一起，因为实时的大型数据集分析需要像 MapReduce 一样的框架来向数十、数百或甚至数千的电脑分配工作。

大数据技术的战略意义不在于掌握庞大的数据信息，而在于对这些含有意义的数据进行专业化处理。换言之，如果把大数据比作一种产业，那么这种产业实现盈利的关键，在于提高对数据的"加工能力"，通过"加工"实现数据的"增值"。

大数据需要特殊的技术，以有效地处理大量的容忍经过时间内的数据。适用于大数据的技术，包括大规模并行处理（MPP）数据库、数据挖掘电网、分布式文件系统、分布式数据库、云计算平台、互联网和可扩展的存储系统。

4.6.2 大数据的发展里程碑

（1）1887—1890 年。美国统计学家赫尔曼·霍尔瑞斯为了统计 1890 年的人口普查数据发明了一台电动器来读取卡片上的洞数，该设备让美国用一年时间就完成了原本耗时 8 年的人口普查活动，由此在全球范围内引发了数据处理的新纪元。

（2）1935—1937 年。美国总统富兰克林·罗斯福利用社会保障法开展了美国政府最雄心勃勃的一项数据收集项目，IBM 最终赢得竞标，即需要整理美国的 2 600 万个员工和 300 万个雇主的记录。

（3）1943 年。一家英国工厂为了破译第二次世界大战期间的纳粹密码，让工程师开发了系列开创性的能进行大规模数据处理的机器，并使用了第一台可编程的电子计算机进行运算。它以每秒钟 5 000 字符的速度读取纸卡——将原本需要耗费数周时间才能完成的工作量压缩到了几个小时，破译德国部队前方阵地的信息以后，帮助盟军成功登陆了诺曼底。

（4）1997 年。美国宇航局研究员迈克尔·考克斯和大卫·埃尔斯沃斯首次使用"大数据"这一术语来描述 20 世纪 90 年代的挑战：超级计算机生成大量的信息——在考克斯和埃尔斯沃斯的案例中，模拟飞机周围的气流——是不能被处理和可视化的。数据集通常之大，超出了主存储器、本地磁盘，甚至远程磁盘的承载能力。他们称之为"大数据问题"。

（5）2002 年。在"9·11"袭击后，美国政府为阻止恐怖主义已经涉足大规模数据挖掘。前国家安全顾问约翰·波因德克斯特领导国防部整合现有政府的数据集，组建一个用于筛选通信、犯罪、教育、金融、医疗和旅行等记录来识别可疑人的大数据库。一年后国会因担忧公民自由权而停止了这一项目。

（6）2004 年。"9·11"委员会呼吁反恐机构应统一组建"一个基于网络的信息共享系统"，以便能快处理应接不暇的数据。当时预计，到 2010 年，美国国家安全局的 30 000 名员工将拦截和存储 17 亿年电子邮件、电话和其他通讯日报。与此同时，零售商积累关于客户购物和个人习惯的大量数据，沃尔玛标榜已拥有一个容量为 460 字节的缓存器——比当时互联网上的数据量还要多一倍。

（7）2007—2008 年。随着社交网络的激增，技术博客和专业人士为"大数据"概念注入新的生机。"当前世界范围内已有的一些其他工具将被大量数据和应用算法所取代。"《连线》的克里斯·安德森认为当时处于一个"理论终结时代"。一些政府机构和美国的顶尖计算机科学家声称："应该深入参与大数据计算的开发和部署工作，因为它将直接有利于许多任务的实现。"

（8）2009 年 1 月。印度政府建立印度唯一的身份识别管理局，对 12 亿人的指纹、照片和虹膜进行扫描，并为每人分配 12 位的数字 ID 号码，将数据汇集到世界最大的生物识别数据库中。

（9）2009 年 5 月。奥巴马政府推出 data.gov 网站作为政府开放数据计划的部分举措。该网站的超过 4.45 万量数据集被用于保证一些网站和智能手机应用程序来跟踪从航班到产品召回再到特定区域内失业率的信息。

（10）2009 年 7 月。为应对全球金融危机，联合国秘书长潘基文承诺创建警报系统，抓住"实时数据带给贫穷国家经济危机的影响"。联合国全球脉冲项目已研究了对如何利用手机和社交网站的数据源来分析预测从螺旋价格到疾病暴发之类的问题。

（11）2011 年 2 月。扫描 2 亿年的页面信息或 4 兆兆字节磁盘存储只需几秒即可完成。IBM 的沃森计算机系统在智力竞赛节目《危险边缘》中打败了两名人类挑战者。后来《纽约时报》称这一刻为一个"大数据计算的胜利。"

（12）2012 年 3 月。美国政府报告要求每个联邦机构都要有一个"大数据"的策略，作为回应，奥巴马政府宣布一项耗资 2 亿美元的大数据研究与发展项目。国家卫生研究院将一套人类基因组项目的数据集存放在亚马逊的计算机云内，同时国防部也承诺要开发出可"从经验中进行学习"的"自主式"防御系统。中央情报局局长戴维·彼得雷乌斯将军在发帖讨论阿拉伯之春机构通过云计算收集和分析全球社会媒体信息之事时，不禁惊叹我们已经被自卸卡车倒进了"数字尘土"中。

（13）2012 年 7 月。美国国务卿希拉里·克林顿宣布了一个名为"数据 2X"的公私合营企业用来收集统计世界各地的妇女和女童在经济、政治和社会地位方面的信息。"数据不只是测量过程——它能给予我们启发。"她解释说。

（14）2012 年 12。中国工信部发布的物联网"十二五"规划中，信息处理技术作为四项关键技术创新工程之一已经被提出来，其中包括海量数据存储、数据挖掘、图像视频智能分析，这都是大数据的重要组成部分。而另外三项关键技术创新工程，包括信息感知技术、信息传输技术、信息安全技术，也都与大数据密切相关。

4.6.3 大数据的本质与特点

大数据就是互联网发展到现今阶段的一种表象或特征而已，没有必要神话它或对它保持敬畏之心，在以云计算为代表的技术创新大幕的衬托下，这些原本很难收集和使用的数据开始容易被利用起来了，通过各行各业的不断创新，大数据会逐步为人类创造更多的价值。想要系统地认知大数据，可以从三个层面展开：

第一层面是理论。在这里从大数据的特征定义理解行业对大数据的整体描绘和定性；从对大数据价值的探讨来深入解析大数据的珍贵所在；洞悉大数据的发展趋势；从大数据隐私这个特别而重要的视角审视人和数据之间的长久博弈。

第二层面是技术。在这里分别从云计算、分布式处理技术、存储技术和感知技术的发展来说明大数据从采集、处理、存储到形成结果的整个过程。

第三层面是实践。在这里分别从互联网的大数据、政府的大数据、企业的大数据和个人的大数据四个方面来描绘大数据已经展现的美好景象及即将实现的蓝图。

大数据分析相比于传统的数据仓库应用，具有数据量更大、查询分析更复杂等特点：

第一，数据体量巨大，从 TB 级别，跃升到 PB 级别。

第二，数据类型繁多，包括网络日志、视频、图片、地理位置信息等。

第三，处理速度快，1 秒定律，可从各种类型的数据中快速获得高价值的信息，这一点和传统的数据挖掘技术有着本质的不同。

第四，只要合理利用数据并对其进行正确、准确的分析，将会带来很高的价值回报。

业界将其归纳为 4 个"V"——Volume（数据体量大）、Variety（数据类型繁多）、Velocity（处理速度快）、Value（价值密度低）。

从某种程度上说，大数据是数据分析的前沿技术。简言之，从各种类型的数据中，快速获得有价值信息的能力，就是大数据技术。明白这一点至关重要，也正是这一点促使该技术具备走向众多企业的潜力。大数据最核心的价值就在于对于海量数据进行存储和分析。相比现有的其他技术，大数据在"廉价、迅速、优化"这三方面的综合成本是最优的。

4.6.4　大数据的意义与价值

大数据，其影响除了经济方面的，同时也能在政治、文化等方面产生深远的影响。

（1）变革价值的力量。未来 10 年，决定中国是不是有大智慧的核心标准就是国民幸福。一是体现在民生上，通过大数据让事情变得澄明，让风气变得清朗。看我们在人与人的关系上，做得是否比以前更有意义。二是体现在生态上，看我们在天与人的关系上，做得是否比以前更有意义。

（2）变革经济的力量。生产者创造价值，消费者实现价值。有意义的才有价值，消费者不认同的，就卖不出去，就实现不了价值；只有消费者认同的，才卖得出去，才实现得了价值。大数据帮助我们从消费者这个源头识别意义，从而帮助生产者实现价值。这就是启动内需的原理。

（3）变革组织的力量。随着具有语义网特征的数据基础设施和数据资源发展起来，组织的变革就越来越显得不可避免。大数据将推动网络结构产生无组织的组织力量。最先反映这种结构特点的是各种各样去中心化的 Web 2.0 应用，如 RSS、维基、博客等。大数据之所以成为时代变革力量，在于它通过追随意义而获得智慧。

4.6.5　大数据的关键技术

（1）Hadoop

思维模式转变的催化剂是大量新技术的诞生，它们能够处理大数据分析所带来的 3 个 V 的挑战。扎根于开源社区，Hadoop 已经是目前大数据平台中应用率最高的技术，特别是针对诸如文本、社交媒体订阅以及视频等非结构化数据。除分布式文件系统之外，伴随 Hadoop 一同出现的还有进行大数据集处理的 MapReduce 架构。权威报告显示，许多企业都开始使用或者评估 Hadoop 技术来作为其大数据平台的标准。

（2）NoSQL 数据库

我们生活的时代，相对稳定的数据库市场中还在出现一些新的技术，而且在未来几年，它们会发挥作用。事实上，NoSQL 数据库在一个广义派系基础上，其本身就包含了几种技术。总体而言，其关注关系型数据库引擎的限制，如索引、流媒体和高访问量的网站服务。在这些领域，相较关系型数据库引擎，NoSQL 的效率明显更高。

（3）内存分析

在 Gartner 公司评选的 2012 年十大战略技术中，内存分析在个人消费电子设备以及其他嵌入式设备中的应用将会得到快速的发展。随着越来越多的价格低廉的内存用到数据中心中，如何利用这一优势对软件进行最大限度的优化成为关键的问题。内存分析以其实时、高性能的特性，成为大数据分析时代下的"新宠儿"。如何让大数据转化为最佳的洞察力，也许内存分析就是答案。在大数据背景下，用户以及 IT 提供商应该将其视为长远发展的技术趋势。

（4）集成设备

随着数据仓库设备（Data Warehouse Appliance）的出现，商业智能以及大数据分析的潜能也被激发出来，许多企业将利用数据仓库新技术的优势提升自身竞争力。集成设备将企业的数据仓库硬件、软件整合在一起，提升查询性能、扩充存储空间并获得更多的分析功能，并能够提供同传统数据仓库系统一样的优势。在大数据时代，集成设备将成为企业应对数据挑战的一个重要利器。

4.6.6 大数据的经典案例

受"大数据"的影响，大型公司增加了对信息管理专家的需求，甲骨文、IBM、微软和 SAP 在软件智能数据管理和分析的专业公司身上花了超过 15 亿美元。这个行业自身价值超过 1 000 亿美元，增长近10%，

（1）沃尔玛经典营销：啤酒与尿布

"啤酒与尿布"的故事发生于 20 世纪 90 年代的美国沃尔玛超市，沃尔玛的超市管理人员分析销售数据时发现了一个令人难于理解的现象：在某些特定的情况下，"啤酒"与"尿布"两件看上去毫无关系的商品会经常出现在同一个购物篮中，这种独特的销售现象引起了管理人员的注意，经过后续调查发现，这种现象出现在年轻的父亲身上。

在美国有婴儿的家庭中，一般是母亲在家中照看婴儿，年轻的父亲前去超市购买尿布。父亲在购买尿布的同时，往往会顺便为自己购买啤酒，这样就会出现啤酒与尿布这两件看上去不相干的商品经常会出现在同一个购物篮的现象。如果这个年轻的父亲在卖场只能买到两件商品之一，则他很有可能会放弃购物而到另一家商店，直到可以一次同时买到啤酒与尿布为止。沃尔玛发现了这一独特的现象，开始在卖场尝试将啤酒与尿布摆放在相同的区域，让年轻的父亲可以同时找到这两件商品，并很快地完成购物，而沃尔玛超市也可以获得很好的商品销售收入。这就是"啤酒与尿布"故事的由来。

当然"啤酒与尿布"的故事必须具有技术方面的支持。1993 年，美国学者 Agrawal 提出通过分析购物篮中的商品集合，从而找出商品之间关联关系的关联算法，并根据商品之间的关系，找出客户的购买行为。Agrawal 从数学及计算机算法角度提出了商品关联关系的计算方法——Aprior 算法。沃尔玛从 20 世纪 90 年代尝试将 Aprior 算法引入 POS 机数据分析中，并获得了成功，于是发生了"啤酒与尿布"的故事。

（2）IBM 战略

IBM 的大数据战略以其在 2012 年 5 月发布智慧分析洞察"3A5 步"动态路线图作为基础。所谓"3A5 步"，指的是在"掌握信息"（Align）的基础上"获取洞察"（Anticipate），进而采取行动（Act），优化决策，提高业务绩效。除此之外，还需要不断地"学习"（Learn），从每一次业务结果中获得反馈，改善基于信息的决策流程，从而实现"转型"（Transform）。

基于"3A5 步"动态路线图，IBM 提出了"大数据平台"架构。该平台的四大核心能力包括 Hadoop 系统、流计算（Stream Computing）、数据仓库（Data Warehouse）和信息整合与治理（Information Integration and Governance）。

在大数据处理领域，IBM 于 2012 年 10 月推出了 IBM PureSystems 专家集成系统的新成员——IBM PureData 系统。这是 IBM 在数据处理领域发布的首个集成系统产品系列。PureData 系统具体包含三款产品，分别为 PureDataSystem for Transactions、PureData System forAnalytics 和 PureData System for Operational Analytics，可分别应用于 OLTP（联机事务处理）、OLAP（联机分析处理）和大数据分析操作。与此前发布的 IBM PureSystems 系列产品一样，IBM PureData 系统提供内置的专业知识、源于设计的集成，以及在其整个生命周期中的简化体验。

（3）其他案例

斯隆数字巡天在开始运行的最初的几个星期，就比在其之前的近 2 000 年的天文学历史收集了更多的数据。短短几周，它已经累积了 140 兆兆字节的信息。这个望远镜的继任者，大天气巡天望远镜，其所获得的数据将于 2016 年在网上公布。沃尔玛每隔 1 小时处理超过 100 万客户的交易，录入数据估计超过 2.5 PB，相当于美国国会图书馆书籍的 167 倍。Facebook 从它的用户群获得并处理 400 亿张照片。解码最原始的人类基因组花费 10 年时间处理，如今可以在一个星期内实现。

Tipp24 AG 针对欧洲博彩业构建的下注和预测平台，用 KXEN 软件来分析数以十亿计的交易以及客户的特性，然后通过预测模型对特定用户进行动态的营销活动，这项举措减少了 90%的预测模型构建时间。SAP 公司正在试图收购 KXEN。"SAP 想通过这次收购来扭转其长久以来在预测分析方面的劣势。"Laney 分析道。

PredPol Inc. 公司通过与洛杉矶和圣克鲁斯的警方以及一群研究人员合作，基于地震预测算法的变体和犯罪数据来预测犯罪发生的概率，可以精确到 500 平方英尺的范围内。在洛杉矶运用该算法的地区，盗窃罪和暴力犯罪分别下降了 33%和 21%。

American Express（美国运通，AmEx）和商业智能（BI）。以往，AmEx 只能实现事后诸葛式的报告和滞后的预测。"传统的 BI 已经无法满足业务发展的需要。"Laney 认为。于是，AmEx 开始构建真正能够预测忠诚度的模型，基于历史交易数据，用 115 个变量来进行分析预测。该公司表示，对于澳大利亚将于之后 4 个月中流失的客户，已经能够识别出其中的 24%。

Express Scripts Holding Co. 的产品制造。该公司发现那些需要服药的人常常也是最可能忘记服药的人。因此，该公司开发了一个新产品：会响铃的药品盖和自动的电话呼叫，以此提醒患者按时服药。

Infinity Property & Casualty Corp. 的黑暗数据（Dark Data）。Laney 对于黑暗数据的定义是：那些针对单一目标而收集的数据，通常用过之后就被归档闲置，其真正价值未能被充分挖掘。在特定情况下，这些数据可以用作其他用途。该公司用累积的理赔师报告来分析欺诈案例，通过算法挽回了 1 200 万美元的代位追偿金。

还有，洛杉矶警察局和加利福尼亚大学合作利用大数据预测犯罪的发生；Google 流感趋势（Google Flu Trends）利用搜索关键词预测禽流感的散布；统计学家内特·西尔弗（Nate Silver）利用大数据预测 2012

美国选举结果；麻省理工学院利用手机定位数据和交通数据建立城市规划；梅西百货根据需求和库存的情况，基于 SAS 系统对多达 7 300 万种货品进行实时调价等等。

4.6.7　大数据的潜在问题

对于大数据，以下问题不可忽视：

（1）容量问题

这里所说的"大容量"通常指可达到 PB 级的数据规模，因此，海量数据存储系统也一定要有相应等级的扩展能力。与此同时，存储系统的扩展一定要简便，可以通过增加模块或磁盘柜来增加容量，甚至不需要停机。在解决容量问题上，不得不提 LSI 公司的全新 Nytro™智能化闪存解决方案，采用 Nytro 产品，客户可以将数据库事务处理性能提高 30 倍，并且具有超过每秒 4.0GB 的持续吞吐能力，非常适用于大数据分析。

（2）延迟问题

大数据应用还存在实时性的问题，特别是涉及网上交易或者金融类相关的应用。有很多大数据应用环境需要较高的 IOPS 性能，比如 HPC 高性能计算。此外，服务器虚拟化的普及也导致了对高 IOPS 的需求，正如它改变了传统 IT 环境一样。为了迎接这些挑战，各种模式的固态存储设备应运而生，小到简单的在服务器内部做高速缓存，大到全固态介质可扩展存储系统通过高性能闪存存储，自动、智能地对热点数据进行读/写高速缓存的 LSI Nytro 系列产品等都在蓬勃发展。

（3）安全问题

某些特殊行业的应用，比如金融数据、医疗信息以及政府情报等都有自己的安全标准和保密性需求。虽然对于 IT 管理者来说这些并没有什么不同，而且都是必须遵从的，但是，大数据分析往往需要多类数据相互参考，而在过去并不会有这种数据混合访问的情况，大数据应用催生出一些新的、需要考虑的安全性问题，这就充分体现出利用基于 DuraClass™技术的 LSI SandForce 闪存处理器的优势了，实现了企业级闪存性能和可靠性，实现简单、透明的应用加速，既安全又方便。

（4）成本问题

对于那些正在使用大数据的企业来说，成本控制是关键的问题。想控制成本，就意味着我们要让每一台设备都实现更高的"效率"，同时还要减少那些昂贵的部件。重复数据删除等技术已经进入到主存储市场，而且还可以处理更多的数据类型，这都可以为大数据存储应用带来更多的价值，提升存储效率。在数据量不断增长的环境中，通过减少后端存储的消耗，哪怕只是降低几个百分点，这种锱铢必较的服务器也只有 LSI 推出的 Syncro™ MX-B 机架服务器启动盘设备，能够获得明显的投资回报。当今，数据中心使用的传统引导驱动器不仅故障率高，而且具有较高的维修和更换成本。如果用它替换数据中心的独立服务器引导驱动器，则能将可靠性提升多达 100 倍，并且对主机系统是透明的，能为每一个附加服务器提供唯一的引导镜像，可简化系统管理，提升可靠性，并且节电率高达 60%，真正解决了节省成本的问题。

（5）数据的积累

许多大数据应用都会涉及法规遵从问题，这些法规通常要求数据保存几年或者几十年。比如医疗信息通常是为了保证患者的生命安全，而财务信息通常要保存 7 年。而有些使用大数据存储的用户却希望数据能够保存更长的时间，因为任何数据都是历史记录的一部分，而且数据的分析大都是基于时间段进行的。要实现长期的数据保存，就要求存储厂商开发出能够持续进行数据一致性检测的功能以及其他保证长期高可用的特性，同时还要实现数据直接在原位更新的功能。

（6）灵活性

大数据存储系统的基础设施规模通常都很大，因此必须经过仔细设计，才能保证存储系统的灵活性，使其能够随着应用分析软件一起扩容及扩展。在大数据存储环境中，已经没有必要再做数据迁移了，因为数据会同时保存在多个部署站点。一个大型的数据存储基础设施一旦开始投入使用，就很难再调整了，因此它必须能够适应各种不同的应用类型和数据场景。

（7）应用感知

最早一批使用大数据的用户已经开发出了一些针对应用的定制的基

础设施，比如针对政府项目开发的系统，还有大型互联网服务商创造的专用服务器等。在主流存储系统领域，应用感知技术的使用越来越普遍，它也是改善系统效率和性能的重要手段，所以，应用感知技术也应该用在大数据存储环境里。

（8）针对小用户

依赖大数据的不仅仅是那些特殊的大型用户群体，作为一种商业需求，小型企业未来也一定会应用到大数据。我们看到，有些存储厂商已经在开发一些小型的"大数据"存储系统，主要吸引那些对成本比较敏感的用户。

4.7 物联网技术

物联网是新一代信息技术的重要组成部分，也是"信息化"时代的重要发展阶段。其英文名称是"Internet of Things（IoT）"，顾名思义，物联网就是物物相连的互联网。这有两层意思：其一，物联网的核心和基础仍然是互联网，是在互联网基础上的延伸和扩展的网络；其二，其用户端延伸和扩展到了任何物品与物品之间，进行信息交换和通信，也就是物物相息。物联网通过智能感知、识别技术与普适计算等通信感知技术，广泛应用于网络的融合中，也因此被称为继计算机、互联网之后世界信息产业发展的第三次浪潮。物联网是互联网的应用拓展，与其说物联网是网络，不如说物联网是业务和应用。

4.7.1 物联网产业的基本特征

物联网的基础是互联网，物联网将互联网扩展到人民生活、生产的各个方面。2005 年国际电联对物联网的定义是，通过射频识别、红外感应器、全球定位系统、激光扫描器等信息传感设备，按约定的协议，把任何实物与互联网连接起来，进行信息交换和通讯，以实现对实物的智能化识别、定位、跟踪、监控和管理的一种网络。2009 年，IBM 提出的"智慧地球"是指把感应器嵌入和装备到电网、铁路、桥梁、隧道、公路、建筑、供水系统、大坝、油气管道等各种物体中，并被普遍连接，形成所谓的物联网，并通过超级计算机和云计算将物联网整合起来，实现人类社会与物理系统的整合。实际上，"智慧地球"是对物联网应用效果的一种形象比喻和描述。

狭义的物联网是指物对物的链接和信息交流。广义的物联网概念不仅包括物对物（或机器对机器）的信息交流，还包括人与人、物与人之间的广泛的链接与信息交流。本书使用广义物联网的概念。

物联网以互联网为基础设施，是传感网、互联网、自动化技术和计算机技术的集成。物联网主要由感知层、网络传输层和信息处理层三个层面构成。其功能是，各类实物信息被不同的传感器感知、采集，形成数字信号；通过各类网络快速传到信息处理层，加工处理的信息形成信号或知识，一方面为管理服务提供信息依据，另一方面可以通过传输层反馈至传感设备，实现对实物的操作。物联网既是网络技术的发展，又是自动控制技术在巨型复杂系统中的应用。

物联网与互联网的主要区别有：一是范围和开放性不同。互联网是全球性的开放网络，人们可以从任何地点上网到达任何一个网站。物联网是区域性的网络。物联网有两类：一类是利用互联网平台来传输信号；另一类是应用部门的专业网，即封闭的区域性网络，如智能电网等。二是信息采集的方式不同。互联网借助于网关、路由器、服务器、交换器连接，由人来采集和处理各种信息；物联网是用各种传感器、标签、嵌入设备等联系起来，把世界万物的信息连接到互联网上，融合为一个整体网络。三是网络功能不同。互联网是传输信息的网络，物联网是实物信息收集和转化的网络。

物联网与传感网的区别在于，传感网侧重于网络和感知，而物联网是集网络、感知和控制于一体。因此，人们把物联网比喻为互联网+传感网+云计算。

物联网的应用是需求为导向的工业化与信息化深度融合。过去，信息技术与制造业两层皮，信息基础设施与实物基础设施两层皮，信息基础设施建设、通信、互联网、数字内容等领域独立发展。物联网将许多现代信息技术集合起来，实现信息基础设施与实物基础设施相结合，把信息融入产业发展、人民生活和社会管理的各个方面，推动信息技术、互联网技术、自动化技术在更多领域深度应用，促进更多行业、更大范围的信息化与工业化的融合。例如，智能交通是在车辆大幅度增加后，传统的交通管理模式不能满足交通安全需要的情况下发展起来的；城市智能化管理是在城市功能不断丰富和互联网普及的情况下，为提高管理效率而发展起来的。

物联网产业是传统产业与新兴产业的有机结合。物联网技术的应用与推广，将改造提升一批传统产业，带动一批新兴产业发展，扩大一批传统产业的市场规模。目前，物联网大都在传统产业应用，如交通、物流、电网、石油天然气、食品等行业，可以极大地提升这些传统产业的效率，改进其发展方式。同时，物联网带动了相关制造业和服务业的发展，包括芯片、传感器、集成模块及设备、中间件制造业，以及应用系统设计和集成、软件开发、试验检测、工程实施、云计算和系统运维等高技术服务业的发展，扩大了其市场规模。

4.7.2 物联网产业的发展规律

（1）物联网功能多、应用面宽，以市场需求为发展动力

物联网技术的应用是运营、管理和商业模式创新引导的集成创新。发展物联网的动力是满足市场需求、节约能源、降低成本、改善管理、提高效率和便捷生活。物联网不仅应用于诸多影响国计民生的重要行业，而且在人民生活等领域拥有巨大潜在市场。物联网应用有三大市场：一是以政府公共服务为主的公共管理和服务市场，如电子政务、城市管理、医疗、教育等领域。二是以企业为主的行业应用市场，如电信、电力、物流、石油天然气等行业。三是以个人和家庭为主的消费市场，如购物、家用电器、休闲娱乐等消费领域。随着物联网技术的不断发展，物联网服务的领域正在扩展。

（2）物联网产业链长，是制造业与服务业的有机融合，形成以服务业为主的新业态

纵向看，物联网的产业链可以分为上、中、下游。上游是网络设施、终端设备、传感器、芯片、集成模块、中间件制造等相关制造业；中游是互联网及运营服务；下游是物联网的用户和服务商，包括应用系

统设计和集成、软件开发、试验检测、工程实施、云计算和系统运维等高技术服务业。其中，云计算等是新业态。物联网涉及众多应用领域，是一个跨学科、跨部门的细分市场。每个物联网应用领域又构成各自的产业链。例如，智能电网产业链包括智能电表、智能发电设备、智能输电设备和智能控制系统等。

物联网产业链中服务业比例较高。物联网产业的中游和下游大都是信息技术服务业，发展物联网不仅将带动相关制造业发展，而且将极大地促进高技术服务业的发展。

横向看，物联网应用主要由四个环节构成：应用解决方案、传感感知、传输通信和运算处理。其中应用解决方案为核心，传感感知是基础，传输通信是保障，运算处理是能力。物联网的应用模式主要有两大类：一类是以自我服务为主，自建网络系统。如智能电网的建设和运营以电网公司为主。另一类是提供面向社会的服务，如云计算、物流等。

（3）物联网产业链各环节的技术经济特征决定其产业组织模式，市场细分度高

物联网产业链上中下游的技术特征不同，产业组织特点不同。上游是多样化和多元化竞争性领域。终端设备、传感器、中间件等用途广泛，种类繁多，大中小型企业并存，属于竞争性行业。特别是传感器包括不同功能、不同材料、不同传输方式等，由于各行业的物联网模式不同，用户对传感器和终端设备的需求差别较大。因此，传感器等具体产品设计多样化，其设备供应和应用系统基本是个性化的非标设备和软件。传感器行业尚未形成具有市场控制力的垄断企业。物联网的应用与发展对传感器提出了更新更高的要求，传感器行业将朝着智能化、系统化、高精化、专业化和规模化方向发展。

中游产业是寡头竞争。网络基础设施及其运营环节的垄断性较强，除了少数网络性较强的行业用户（如电网、交通等）有自己的信息传输网络外，大部分用户以互联网作为传输基础。因此，网络运营商具有自然垄断性。目前，我国的网络运营形成几家寡占竞争的局面。

下游应用市场差别较大，每个细分市场的产业组织不同。面向中小企业和家庭的社会服务领域，包括许多个性化服务，以分散经营为主。

而自我服务领域大部分是集中的大用户，具有垄断性，如电网、城市管理等。因此，物联网运营商是巨型企业和中小企业并存，垄断与竞争并存；既有具有垄断力量的软件供应商，也有众多小型服务商；用户从政府、大型共用基础设施企业到中小企业和个人。

（4）物联网以应用模式创新为引导，具有应用技术本地化的优势

物联网是根据应用系统特点设计的网络，由于各领域要解决的问题不同，应用方案不同，没有统一模式。即使是同一领域，由于各国和各地区运行和管理模式不同，应用方案也不尽相同。例如，我国的电网体系、医疗体制和金融管理体制不同于其他国家，物联网的应用必须根据我国的各领域运行管理模式来设计应用解决方案，形成自己的特色。因此，发展物联网不能简单地引进技术，不能照搬照抄国外经验，必须有本国的技术支撑。物联网应用具有本地化优势和主动权，主要体现在应用设计自主权和采购主导权。

（5）物联网产业各环节的标准共享性不同，共性标准少，差别标准多

物联网应用领域非常广泛，个性化强，各领域的应用解决方案、系统框架等都有自己的特点。同时，目前许多标准组织、机构对物联网标准的定义和认识不同，很难也没有必要都形成统一标准。只有少数平台性标准具有共性，其余大部分标准都是差别性的。物联网面临的共性问题和互联互通问题，需要制定统一标准。例如，网络基础设施及其运营环节的共性最强，互联互通需要共同标准；不同传感器的信号不同，信号输出、输入和信息处理必须互相识别，需要共同的信号转换和数据传输标准；网络环境和网络安全，以及隐私保护是个行业面临的共性问题，需要有统一规范和标准；芯片技术是传感器的共性技术，需要在芯片技术平台上，开发不同的传感器芯片和传感器等等。物联网的标准体系包含多个层面，如术语标准、分类标准、系统架构标准和新技术标准；有些标准是技术性的，有些则是程序性的，如云计算的安全标准就包括授权程序和责任等。

（6）物联网的发展对基础设施、产业组织、政府管理和网络安全等外部环境提出更高要求

一是对网络基础设施提出更高要求。要求网络带宽更宽、传输速度

更快、接入地址更多，需要建设行业数据中心和数据库等。因此，美国提出了要建设无处不在的网络（泛在网）。二是对政府的管理能力要求更高。例如，智能城市中的城市基础设施和信息基础设施的协调配套，跨部门的信息整合等方面，都需要政府的规划和政策引导，以及部门之间的协调与合作。三是对网络安全要求更高。随着物联网的广泛应用，特别是扩展到一些涉及国家安全的重要领域，互联网原有的安全问题被放大了。四是要求进一步完善市场环境和机制，如智能电网需要智能的政策才能发挥整体效益。

（7）物联网技术动态发展，应用模式不断发展和更新，应用以示范为主

目前，物联网技术正在从传统向新一代升级。传统的物联网技术包括将传统的集成电路卡、射频识别、红外感应器、全球定位系统、激光扫描器以及有线、无线网络和管理信息系统等进行综合应用。近些年来，新型传感器、下一代网络、智能信息处理等新技术被引入应用。更重要的变化是物联网的核心理念通过更透彻的感知、更广泛的互联，以及更区分智能的分析处理，实现对物体智能化的识别、定位、跟踪、监控，以及管理和服务，建立物体、机器与人之间的泛在智能网络，真正实现物理世界与虚拟世界之间的有机联系。物联网涉及的学科广泛，一些领域的技术尚不成熟，其应用和商业模式还在探索中，因此，物联网技术发展仍有不确定性，物联网的应用仍处于示范和探索阶段。

4.7.3　物联网产业的发展趋势

目前，全球物联网产业部分领域处于重大技术突破的孕育期和产业发展初期，物联网技术的研发和应用主要集中在美、欧、日、韩、中国等少数国家和地区。物联网技术发展和应用呈现以下主要趋势：

（1）起步早，示范先行，逐步推进

早在 20 世纪 70 年代，智能交通就已经在一些发达国家应用。20 世纪 90 年代，随着相关技术逐步发展和成熟，智能交通得到更广泛的应用与发展。21 世纪初，美国就已经开始着手发展智能电网，经过组织论证、编制计划和制定相关法律、组织智能电网联盟，部署关键技术

开发和示范工程等一系列准备，直到 2008 年爆发全球金融危机，奥巴马政府把智能电网提到较高层次，作为战略性产业进行支持。到目前为止，共进行了 9 个探索降低峰值电力需求的示范项目；32 个验证智能电网技术可行性、成本效益和商业模式的示范项目；资助了 100 个智能电网技术、工具、可直接商业化技术的投资补助项目。2010 年 8 月，美国能源部宣布已经安装了 200 万台智能电表，用于降低居民和商业能源开支。

（2）需求导向，整体规划，目标明确

近些年来，美、欧、日、韩等国家和地区纷纷出台发展物联网的战略计划。

一是优先在社会效益较大的领域进行布局，逐步向生活消费领域发展。目前，各国政府主要在医疗、电子政府、电网、教育、交通、城市管理等领域推动物联网计划。例如，世界金融危机后，美国政府以刺激经济为目标，重点支持宽带网、智能电网、卫生医疗信息技术应用等。欧洲从发展绿色经济的角度出发，优先发展智能汽车和智能建筑，2009年发布的《欧盟物联网战略研究路线图》又提出航空航天、汽车、医药、能源等 18 个物联网主要应用领域。日本强调"实现以国民为中心的数字安心、活力社会"，以交通、医疗、教育、环境监测、政府治理等公共领域为重点。韩国则从增长动力和发展优势产业出发，在食品和药品管理、交通和物流管理、环境监测、安全监测、工业自动化等方面进行应用示范。全球金融危机后，各国又提出发展智能通信、家庭应用和娱乐等，推动物联网在消费领域的应用。

二是根据各国的实际需要确定物联网应用重点，有针对性地解决行业问题。总体来看，欧美地区的物联网在工业领域的应用相对领先，如智能电网、电子医疗等。日韩地区消费者认知较高，尤其是个人用户的带宽基础好，高带宽低资费，重点推动物联网在个人消费领域的应用。美国发展智能电网的主要目的有三：第一，改造老化电网，提高电力系统可靠性和安全性。美国电网大部分设备是 20 世纪五六十年代设计和安装的，不能适应快速增长的电力输送需求，导致电力中断等事故日益增加，造成了重大损失。第二，提高电网控制的智能化程度，吸纳更多的可再生电源，分布式就近提供和使用可再生电源。第三，改进用电效率，提高整体效益。安装智能电表，提供充分的电价信息，给用户多种供电方案和电价选择。后来美国的智能电网发展基本遵循这个计划。

三是根据市场需求，企业自发创新发展。大部分物联网技术的应用是水到渠成，当信息技术发展到一定程度时，出现了应用物联网技术的市场需要。例如，物流行业最初应用物联网技术是出于对食品安全监控的需要；发展云计算是一些掌控信息资源的企业，为了利用剩余的计算资源，通过商业模式创新与技术创新发展起来的。

（3）坚持成本效益原则，提高社会整体效益

有些大规模应用物联网投资巨大，只有当其整体效益超过提供者和用户负担的成本时，投资才有意义。从国际经验看，物联网应用项目遵循谁受益谁投资的原则，无论是政府的物联网项目还是民间的物联网应用都需进行深入细致的成本效益评估。两者的主要差别是，民间投资主要评估项目的财务成本效益；政府资助的公共性项目则要考察项目利益相关者的整体效益，确保社会效益最大化。如美国政府为了引导电力企业和全社会参与智能电网，充分评估智能电网建设的成本效益，委托美国电力科学研究院开发了一个评估项目收益和成本的方法框架，为评估不同项目的成本和收益提供了共同的分析基础。又如，美国政府发展云计算是为了节约电子政务的成本和资源消耗，减少政府财政支出。

（4）应用导向，技术和标准先行

目前，全球物联网产业的核心技术尚不成熟，标准体系正在构建中。研制与物联网有关的标准不仅有利于规范市场、指导产业发展，而且对各国掌握物联网产业发展的主导权具有重要意义。因此，发达国家在发展物联网的过程中，一方面，根据应用需求进行技术研发，掌握关键核心技术；另一方面，积极制定标准，如在智能电网计划的启动阶段（2003 年），美国能源部、环境保护署、国家标准和技术研究院等机构联合组建了联邦智能电网工作小组，推动智能电网相关技术的发展和应用。能源部还牵头组织了联邦政府、州政府、企业参加的智能电网联盟，主要在政策、愿景、计划、技术研发、制定标准等方面开展合作工作。

（5）政府搭台，社会唱戏

各国政府推动物联网发展的主要做法是加强法律规定、基础设施和政策环境建设，具体应用由行业和企业自主发展。一是制定规划和相关法律规定，为物联网发展创造良好的外部环境。二是对技术研发和标准制定给予资助和支持。三是加大基础设施投资力度，为发展物联网搭建平台。美国政府制订投资计划建设无处不在的网络，而企业则自主开发云计算模式。四是政府在公共品领域作为"先锋"用户，培育新兴市场。如美国联邦政府实施政府云计算计划，24个主要政府部门中有一半使用云计算，都是通过服务外包的方式获得服务，扩大了云计算服务市场。五是政策引导，提高物联网应用的社会效益。在一些外部效益较大的领域，政府给予政策支持和适当补偿。

（6）国际上物联网技术研发和应用基本形成两大方阵

目前，国际上物联网技术研发和应用分化为引领型与跟随型两大方阵。欧美以引领型为主，日韩以跟随型为主。欧美的物联网技术标准相对完善，生产制造领先，产业内聚集全球100强企业；日韩的物联网相关研发能力很强，紧跟欧美推行自主研发标准体系。欧美地区的物联网产业链基本形成，传统厂商和新兴厂商积极参与，共同推进，通过内部并购、合作和整合，促进产业链结构优化；日韩的物联网产业链尚未形成，但各环节的运营商正在积极开展各自的业务，成为产业链的主要推动力。

4.7.4　中国发展物联网产业的对策建议

我国发展物联网的目的是转变发展方式和培育新的经济增长点。应坚持政府引导与市场导向相结合的原则，遵循物联网产业的发展规律，坚持科学决策，防治技术风险、投资风险和安全风险，加强示范，逐步推进。坚持需求牵引、创新推动、重点突破、协同发展的方针，以应用集成创新为龙头，引进技术消化吸收再创新和自主研发相结合，跨部门联合突破关键核心技术开放合作发展。坚持机制体制改革和管理模式创新，以物联网技术的深度和广度应用为抓手，推进信息化和工业化的深度融合，构建物联网产业体系。

（1）正确发挥政府的作用，政府搭台，社会唱戏

物联网涉及产业和领域广泛，市场和部分技术都不成熟，政府应该主要在以下几个方面发挥作用：一是重点支持核心关键技术研发与共性标准编制。二是加强网络基础设施建设，为物联网发展提供良好的基础设施条件。三是完善法律法规和规范市场秩序，为物联网产业各环节的企业提供公平竞争的经营环境。鼓励民间资本自主创新发展，探索新的应用模式和商业模式。四是政府作为大用户，培育市场。政府可以在一些公共性较强的领域先行示范和试点，逐步扩大市场需求。

（2）创新驱动，以应用带动产业链协调发展

物联网技术是应用导向的信息技术集成创新，我国在物联网技术方面有一定基础，要在物联网领域走在世界前列，挖掘需求是关键。物联网应用领域广泛，涉及各行各业，发展物联网产业的关键是应用模式和解决方案研究平台，针对行业的情况探索应用模式；根据应用发现技术需求，根据需求倒推技术开发项目；根据产业发展需要确定标准体系框架，以标准支撑产业发展；探索各行业应用物联网的可持续商业模式，降低应用成本，促进产业规模化发展。目前，物联网技术和应用模式尚不成熟，其发展要从示范起步。首先在技术比较成熟、网络性较强的公共领域进行示范。发挥中央、地方和企业的积极性，开展行业和城市试点，重点推进物联网在城市管理、交通、电力、医疗、教育等领域的应用示范。

（3）建立成本效益分析为基础的投资机制，提高发展物联网的整体社会效益

发展物联网的目的是提高社会效率，实现减排降耗，便捷生活。物联网应用能否推广和实现产业化发展，关键在于能否提供性价比高的好服务，减少用户负担。特别是智能电网、智能交通等项目投资巨大、周期长，应对物联网应用计划和项目进行深入细致的成本效益分析。在公共领域，从利益相关者的角度出发，进行社会成本效益分析，获得整体效益最大化。要重点考察智能化带来的增量成本效益，而不是以全部投资的成本效益替代智能化的成本效益。在一般商业应用领域，采取谁投资谁受益谁负责的原则。物联网应用不一定都是"绿色"的，为了探寻发展方式，无论是公共项目还是一般商业应用，都要进行节能减排效果

分析。

（4）技术和标准先行，重点突破核心关键技术和共性标准

目前，全球物联网产业的核心技术尚不成熟，标准体系正在构建中，加之物联网应用涉及国家安全的重点领域，为保证信息安全和防止落入物联网产业价值链低端，我国必须在核心技术和标准方面取得突破。要加快推动国家科学研究及技术攻关计划，根据需求加大对关键共性技术的攻关，支持产学研用相结合的技术联盟。物联网产业涉及面广，需求多样化，标准多，政府有关部门应组织力量加强物联网产业标准体系的研究和分析，明确物联网的共性标准与差别标准。政府重点支持影响全局的共性标准和核心关键技术标准制定，其余由行业协会和企业联盟研究制定。为使我国的物联网产业能够参与国际合作竞争，应采取我方主导下的开放合作方式制定标准，实现合作共赢。

（5）发挥物联网应用的本地化优势，坚持引进技术消化吸收与自主研发相结合，以集成创新带动物联网产业自主化发展

以自主集成为龙头，掌握应用解决方案设计和采购的自主权，以采购主导权带动物联网产业的中国制造，促进应用服务发展。在政府资助的重要应用示范工程中，按照政府采购的原则，增加国产产品的采购。坚强引进技术的消化吸收，引进技术时，安排相应的消化吸收再创新项目，部署关键技术攻关。在关系国家信息安全和国外技术封锁领域，加大自主研发的力度。

（6）加强物联网领域的知识产权创造与布局

根据物联网发展的技术路线图，国家科技计划有重点地支持相关技术研究开发及知识产权布局。加强国内专利与国外专利进行交叉许可，开放式制定标准，提高我国物联网产业的国际地位。

4.8　智慧化与智慧产业

4.8.1　智慧化的概念

人工智能是用计算机来模拟人的某些思维过程和智能行为（如学

习、推理、思考、规划等）的学科，主要包括计算机实现智能的原理、制造类似于人脑智能的计算机，使计算机能实现更高层次的应用。人工智能涉及计算机科学、心理学、哲学和语言学等学科，其范围已远远超出了计算机科学的范畴，人工智能与思维科学的关系是实践和理论的关系，人工智能处于思维科学的技术应用层次，是它的一个应用分支。从思维观点看，人工智能不仅考虑逻辑思维，还要考虑形象思维、灵感思维，才能促进人工智能的突破性发展。数学常被认为是多种学科的基础科学，数学也进入语言、思维领域，人工智能学科也必须借用数学工具，数学进入人工智能学科，它们将互相促进而更快地发展。

智慧化是人工智能技术在应用领域的实践表现，是信息新技术的集成应用，主要应用物联网技术、云计算技术、智慧终端技术、大数据技术、人工智能技术、自动化技术等新技术，其中大数据技术是基石，成为智慧之源。现在已经进入大数据时代，数据中蕴藏着巨大的资源和财富。信息世界的大量数据，通过分析、整合、挖掘，可加工形成智慧化的数据产品，通过返回到实体世界，对实体世界的发展起到优化提升的巨大作用，这就是智慧化发展的根本之源。智慧化的本质是建立"虚拟大脑"系统，使实体具有"智慧"，大大提高"智商"，变得更加"聪明"，这是一个"换脑"的过程，将"笨"的大脑转换成一个"聪明"的大脑。因此，智慧化是信息化发展的最新阶段。

4.8.2　智慧化与信息化的关系

党的十八大指出：新型工业化、信息化、城镇化和农业现代化要"四化"同步联动发展，这是对信息化建设的全新要求。我们必须充分认识信息化发展的新态势、新机遇与新任务。信息化是覆盖现代化全局的战略举措，当前对信息化要有新的认识，集中起来主要是两个方面：第一，信息化与新型工业化、城镇化、农业现代化的关系，信息化与"三化"的关系不是并列关系，而是带动关系。从价值角度看，如果说新型工业化、城镇化和农业现代化是加和关系，则信息化是乘数关系，其价值效应为：（新型工业化+城镇化+农业现代化）×信息化，信息化产生乘数效应。第二，现阶段信息化已经进入全面加速应用的新时期，最近几年信息技术应用广泛，渗透到经济与社会的方方面面，特别是网络经济突飞猛进，已产生极为丰硕的成果。信息化加速应用是个新机遇，一定要紧紧抓住乘势而上，走出一条信息化带动"三化"同步发展的新路子。

当今，信息化发展已经历三个阶段，即从数字化到网络化再到智慧化。第一阶段是数字化，由于计算机的出现，通过将信息转化为数据成为计算资源，由计算机进行计算处理，使其成为有用的信息。第二阶段是网络化，由于互联网的出现，信息可以在网络中互联互通，通过通信传输，将分散的信息转化为集成的信息，从而得以更好地应用。第三阶段是智慧化，由于物联网的出现，使物体与物体在网络中互联互通，根据需求将感知信息进行加工建立智慧系统，实现智慧化应用，智慧化是信息化发展的最新阶段。

4.8.3 智慧化发展的应用重点

智慧化发展十分广阔，其应用遍及经济与社会的方方面面，重点应用于三大领域，即智慧城市、智慧产业和智慧企业。智慧化发展的浪潮已加速到来，这是赢得未来的制胜法宝。

（1）智慧城市

城市走向大智慧已势在必行，当今"城市病"与日俱增，已成为城市发展的瓶颈。智慧城市正是为城市在发展中遇到的问题提供解决之道，可谓是医治"城市病"的最佳良药。智慧城市应从解决"民生"问题为切入点，重点解决老百姓最关心的诸如"衣食住行安"中的难题。智慧医疗大大节约治病时间，节省医疗费用；智慧食品安全通过追溯农产品的生产源头和加工过程以保安全；智慧住宅小区为居民提供各种便利服务；智慧交通解决道路通畅、行驶方便问题；智慧安防确保公共设施和居民家居安全，今后所有大型建筑都要建成智能大厦。

（2）智慧产业

智慧新技术应用于产业就成为智慧产业，每个产业一旦与智慧技术相结合，将大大提升产业素质，提高资源配置效率，实现产业的高度化。传统农业应用智慧技术就是现代化新农业，智慧农业在种植业、养殖业、畜禽业等方面都可实施智慧化生产。智慧制造是最有效率的，大量软件系统的应用，有效提升装备使用效率，实现远程监控，确保节能减排，特别是 3D 打印技术的应用将是制造业的重大革命。智慧服务业在智慧金融、智慧物流、智慧旅游诸多方面已取得明显成效。随着智慧化应用的发展，催生大量硬件产业、软件产业和服务产业，造就一个数万亿规模的智慧大产业。

智慧产业作为城市战略性新兴产业的重要组成部分，它以重大技术突破和重大发展需求为基础，是知识技术密集、物质资源消耗少、成长潜力大、综合效益好的产业。伴随智慧城市建设的逐步推进，必将对城市加快产业转型升级、构建现代产业体系以及经济社会全局和长远发展等产生重大引领带动作用。

（3）智慧企业

智慧企业是智慧新技术在企业中的系统应用，企业经营的全过程都可以实施智慧化运作。网络是企业发展的第二空间，"要么触网，要么死亡"，企业必须争夺网络空间的竞争力。打造智慧企业最重要的是组织智慧供应链，应用智慧系统，实现供应链所有成员的协同运作智慧创新；智慧研发设计有效加快产品设计速度，推进个性化设计；智慧生产加工大幅度提高生产效率，确保产品质量；智慧经营管理提升企业精益管理水平。特别是电子商务，所有企业都要高度重视电商运作，实现线上与线下互动经营，开辟企业的第二市场。企业要通过智慧化发展，实现高效化生产，精细化管理，敏捷化应变，大大提高企业经济效益和竞争能力。

4.8.4 智慧产业的发展现状

（1）美国的智慧产业发展状况

美国智慧产业的发展始于 20 世纪 90 年代的制造业信息化。1993 年，美国政府开始实施先进制造技术（AMT）计划。该计划的目标是研发世界领先的先进制造技术，以满足美国制造业对先进制造技术的需求，提高美国制造业的竞争力。2004 年 4 月，美国国防部牵头启动了"下一代制造技术计划（NGMTI）"。NGMTI 将通过加速开发实施具有突破性的制造技术，支持国防工业基础的转换，最终实现以下目标：推广国家制造技术投资战略；通过投资具有战略意义的制造技术，实现美国国防工业基础的转换；快速交付用于国防与反恐的经济可承受的系统。2011 年 6 月，美国政府确立了智慧制造 4 个方面的优先行动计划。在为智能制造搭建工业建模与仿真平台方面，为虚拟工厂企业创建社区平台（包括网络、软件），为生产决策开发下一代软件和计算架构工具箱，在工厂优化软件和用户界面中融入人类因素和决定，为多个行业和不同技能水平扩展能源决策工具的可用性，如能源仪表板、自动数据反馈系统、移动设备的能源应用程序。在智慧制造的教育和培训方面，加强教育和培训以为智慧制造建立人才队伍，如培训模块、课程、设计标准、学习者接口。

（2）德国的智慧产业发展状况

2000 年 1 月，德国政府制定了"微系统技术 2000+"计划，该计划为期 4 年，旨在开发微系统技术和产品的实际应用，扩大微系统技术在经济和社会中的广泛影响。2007 年 3 月，德国启动了"ITK2020"计划，以推动信息通信技术创新应用，提升德国经济地位。2010 年 12 月，德国联邦政府经济和技术部制定了新的信息化战略——数字德国 2015（Digital Germany 2015），提出通过数字化获得新的经济增长和就业机会，具体内容包括发展电子能源（E-energy）和智能电网；研发电动汽车，建设智能交通系统；在工业领域推广云计算技术等。尤其新近提出的"工业 4.0"概念，更是智慧产业的具体体现。

（3）日本的智慧产业发展状况

智能制造系统是 1989 年由日本提出的。日本政府从 20 世纪 90 年代中期开始实施"新制造业"战略，利用信息技术改造和提升日本制造业。2000 年以来，日本"新制造业"战略重点转变为智能型制造业。2009 年 7 月，日本 IT 战略本部制定了至 2015 年的中长期信息技术发展战略——"i-Japan"。该战略计划通过信息通信技术与产业的融合，从根本上提高生产效率，提高产品的附加值，开拓新的市场，使日本经济保持全球领先地位。

4.8.5 智慧产业的发展策略

智慧产业建设的总体目标是以科学发展观为指导，从城市社会、环境、经济等各方面资源基础和优势出发，面向智慧城市建设的巨大需求，把发展智慧产业放在推进城市转型提升的突出位置。积极探索智慧产业发展规律，发挥企业主体作用，加大政策扶持力度，深化体制机制改革，着力营造良好环境，推动智慧产业快速健康发展，为智慧城市建设和城市经济社会可持续发展提供有力支撑。这里以×市为例，发展智慧产业关键要做好以下几个方面的工作：

一是抓两化融合。以示范项目评选为载体树立一批两化融合标杆企业，推进实施产品智能化提升工程、数字化工厂示范工程，促进产业链协同发展。重点围绕打造先进制造业基地，深入推广嵌入式技术和集成电路设计技术的应用，促进传统制造业特别是机电产品制造业的改造、升级，深入推进装备制造业信息化。

二是抓软件产业和互联网产业。重点扶持发展嵌入式软件、集成电路设计等核心软件，医疗、外贸、石油化工等行业应用软件，物联网产业和云计算数据服务，网络服务业和数字内容产业，着力优化软件产业结构，提升软件产业发展水平。以成功申报国家发改委国家电子商务示范城市为契机，推进电子商务示范城市建设，大力发展网络市场和电子商务，力争在大宗商品电子交易、行业网站总部基地、电子商务服务等方面先行试点，有所突破。

三是抓智慧产业基地建设。重点培育智慧装备和产品研发制造基地以及软件研发推广产业基地，大力推进一批新一代信息技术推广应用效果比较好的智慧服务业和智慧农业示范推广基地、智慧物流产业园等建设。

四是抓"走出去、引进来"。积极开展以智慧城市建设为主题的国际国内合作交流活动，以重大智慧应用体系建设为载体，着力加强与国内外知名IT企业的合作，努力做到"开发一个系统，引进一个团队，推出一批产品，培育一个产业"。充分发挥政府财政资金的引导作用，以智慧软件、智慧装备两个产业基地为载体，着力引进有影响力的重点合作项目，做好一批企业落户服务工作，储备一批新的合作企业，逐步在物联网、云计算、智慧行业应用、智慧工业产品领域形成集聚优势。

五是加强信息安全体系建设，提升信息安全保障水平。主动应对智慧城市发展的新情况，强化信息安全基础防御体系，夯实信息安全保障基础，切实提升信息安全保障能力。着力完善信息安全协调管理体系、信息安全测评体系、信息安全保障体系。

第5章　电子商务及其关键模式研究

电子商务作为新经济领域的重要业务模式，已经成为促进产业升级转型、新兴产业创设的重要驱动力。电子商务作为新兴事物，与传统商务在运营模式、经营理念、技术基础、经济要素等方面有着显著的差异，需要进行系统化的总结与概括。

5.1　电子商务的概念

5.1.1　电子商务的定义

电子商务这一概念自产生起，就没有一个统一的定义，不同研究者、不同组织从各自的角度提出了对电子商务的认识。本书介绍政府组织、企业和学者分别对电子商务提出的较有代表性的定义，以期帮助读者对电子商务有较为全面的认识。

（1）政府组织和国际组织对电子商务的定义

欧洲议会在"欧洲电子商务发展倡议"中给出的定义是："电子商务是通过电子方式进行的商务活动。它通过电子方式处理和传递数据，包括文本、声音和图像。它涉及许多方面的活动，包括货物电子贸易和服务、在线数据传递、电子资金划拨、电子证券交易、电子货运单证、商业拍卖、合作设计和工程、在线资料、公共产品获得等。它还包括了产品（如消费品、专门设备）和服务（如信息服务、金融和法律服务）、传统活动（如健身、教育）和新型活动（如虚拟购物、虚拟训练）等。"

美国政府在其《全球电子商务纲要》中比较笼统地指出："电子商务是指通过Internet进行的各项商务活动，包括广告、交易、支付、服务等活动，全球电子商务将会涉及全球各国。"

世界贸易组织电子商务专题报告中的定义是：电子商务就是通过电信网络进行的生产、营销、销售和流通活动，它不仅指基于Internet的交易，而且指所有利用电子信息技术来解决问题、降低成本、增加价值和创造商机的商业活动，包括通过网络实现从原材料查询、采购、产品展示、订购到出品、储运以及电子支付等一系列的贸易活动。

1997年的世界电子商务会议对电子商务作了界定。电子商务是指对整个贸易活动实现电子化。从涵盖范围方面可以定义为：交易各方以电子交易方式而不是通过当面交换或直接面谈方式进行的任何形式的商业交易。从技术方面可以定义为：电子商务是指一种多技术的集合体，包括交换数据（如电子数据交换、电子邮件）、获得数据（共享数据库、电子公告牌）以及自动补货数据（条形码）等。从涵盖的业务来看，电子商务涵盖的业务包括：信息交换、售前售后服务（提供产品和服务的细节、产品使用技术指南、回答顾客意见）、销售、电子支付（使用电子资金转账、信用卡、电子支票、电子现金）、组建虚拟企业（组建一个物理上不存在的企业，集中一批独立的中小公司的权限，提供比任何一个单独公司更多的产品和服务）。

由上述定义可以看出，政府组织对于电子商务的定义侧重于电子商务的宏观方面、电子商务的行业含义以及它对于经济社会的宏观影响。

（2）企业对电子商务的定义

IBM提出了一个电子商务的定义公式，即电子商务=Web+IT（Information Technology，信息技术）。它强调在网络计算环境下的商业化应用，是把买方、卖方、厂商及其合作伙伴在互联网（Internet）、企业内部网（Intranet）和企业外部网（Extranet）结合起来的应用。

　　HP 公司认为，简单地说，电子商务是指从售前服务到售后支持的各个环节实现电子化、自动化。它能够使人们以电子交易手段完成物品和服务的等价值交换。

　　从以上两个定义可以看出，企业侧重于从企业经营管理的微观方面界定电子商务。

　　（3）学者对电子商务的定义

　　美国学者瑞维·卡拉科塔和安德鲁·B.惠斯顿在他们的专著《电子商务的前沿》中指出："广义地讲，电子商务是一种现代商业方法。这种方法通过改善产品和服务质量，提高服务传递速度，满足政府组织、厂商和消费者的降低成本的需求。这一概念也用于通过计算机网络寻找信息以支持决策。一般地讲，今天的电子商务是通过计算机网络将买方和卖方的信息、产品和服务联系起来，而未来的电子商务则是通过构成信息高速公路的无数计算机网络中的一个网络将买方和卖方联系起来的道路。"

　　从上面的定义可以看出，学者们侧重于从电子商务运用的技术，以及对于政府、企业和消费者的影响等方面界定电子商务。

　　从上述不同定义可以看出，电子商务不但是一种新型的市场商务运作模式，同时还将影响到企业的内部组织结构和管理模式。综上所述，电子商务是在利用现代电子工具（包括现代通信工具和计算机网络）的基础上进行的企业的经营管理和市场贸易等现代商务活动。这一定义将电子商务的内涵由原来局限于市场贸易方面的商务活动扩展到包括企业内部的经营管理活动。

5.1.2　电子商务的内涵

　　从电子商务的定义中，可以归结出电子商务的内涵，即：信息技术，特别是互联网技术的产生和发展是电子商务开展的前提条件；掌握现代信息技术和商务理论与实务的人是电子商务活动的核心；系列化电子工具是电子商务活动的基础；以商品贸易为中心的各种经济事务活动是电子商务的对象。

（1）电子商务的前提

电子商务的前提是"电子"。这里的"电子"是指现代信息技术，包括计算机技术、数据库技术、计算机网络技术，特别是计算机网络技术中的 Internet 技术。电子商务与传统商务的区别在于，电子商务利用了现代电子工具进行商务活动，而传统商务则主要依赖于手工系统来实现商务活动。

（2）电子商务的核心

电子商务的核心是人。首先，电子商务是一个社会系统，既然是社会系统，其核心必然是人；其次，商务系统实际上是由围绕商品贸易的各个方面、代表着各方面利益的人所组成的关系网；最后，在电子商务活动中，虽然充分强调工具的作用，但归根结底起关键作用的仍是人，因为工具的制造发明、工具的应用、效果的实现都是靠人来完成的。在电子商务时代，能够掌握电子商务理论与技术的人必然是掌握现代信息技术、现代商贸理论与实务的复合型人才。而一个国家、一个地区能否培养出大批这样的复合型人才就成为该国、该地区发展电子商务最关键的因素。

（3）电子商务的基础

电子商务活动的基础是电子工具的使用。高效率、低成本、高效益的电子商务，必须以成系列、成系统的电子工具为基础。从系列化讲，电子工具应该是商品需求咨询、商品配送、商品订货、商品买卖、货款结算、商品售后服务等伴随商品生产、消费，甚至再生产的全过程的电子工具，如电视、电话、电报、电传、EDI（Electronic Data Interchange）、EOS（Electronic Ordering System）、POS（Point of Sale）、MIS（Management Information System）、DSS（Decision Support System）、电子货币、电子商品配送系统、售后服务系统等。从系统化讲，商品的需求、生产、交换要构成一个有机整体，构成一个大系统，同时，为防止"市场失灵"，还要将政府对商品生产、交换的调控引入该系统。而能达此目的的电子工具主要是局域网（LAN）、城域网（CAN）和广域网（WAN）等。它们是纵横相连、宏微结合、反应灵敏、安全可靠的电子网络，有利于大到国家间，小到零售商与顾客间方便、可靠的电子商务活动。如果没有上述系列化、系统化的电子工具，电子商务也就无法进行。

（4）电子商务的对象

电子商务的对象是社会再生产环节（生产、流通、分配、交换、消费）中，发展变化最快、最活跃的流通、分配和交换三个中间环节。通过电子商务，可以大幅度地减少不必要的商品流动、物资流动、人员流动和货币流动，减少商品经济的盲目性，减少有限物资资源、能源资源的消耗和浪费。以商品贸易为中心的商务活动可以有两种概括方法：第一，从商品的需求者咨询到计划购买、订货、付款、结算、配送、售后服务等整个活动过程；第二，从社会再生产整个过程中除去典型的商品生产、商品在途运输和储存等过程的绝大部分活动过程。

5.2 电子商务的应用层次

电子商务是从企业全局角度出发，根据市场需求来对企业业务进行系统规范的重新设计和构造，以适应网络知识经济时代的数字化管理和数字化经营需要。国际数据公司 IDC 的系统研究分析指出，电子商务的应用可以分为三个层次和类型。

5.2.1 市场电子商务

电子商务的第一个层次是面向市场的、以市场交易为中心的活动，它包括促成交易实现的各种商务活动，如网上展示、网上公关、网上洽谈等活动，其中网络营销是其中最重要的网上商务活动；它还包括实现交易的电子贸易活动，主要是利用 EDI、Internet 实现交易前的信息沟通、交易中的网上支付和交易后的售后服务等；两者的交融部分就是网络营销，它将网上商务活动和电子商务活动融合在一起，因此有时将网上商务活动和电子贸易统称为电子商贸活动。

5.2.2 企业电子商务

电子商务的第二个层次是指如何利用 Internet 来重组企业内部经营

管理活动，与企业开展的电子商贸活动保持协调一致。最典型的是供应链管理，它从市场需求出发，利用网络将企业的销、产、供、研等活动串在一起，实现企业的网络化、数字化管理，最大限度地适应网络时代市场需求的变化，也就是企业内部的电子商务实现。

5.2.3 社会电子商务

电子商务的第三个层次是指整个社会经济活动都以 Internet 为基础，如电子政务是指政府活动的电子化，它包括政府通过 Internet 处理政府事务，利用 Internet 进行招投标实现政府采购，利用 Internet 收缴税费等。

第三个层次的电子商务是第一个层次和第二个层次电子商务的支撑环境。只有三个层次的电子商务共同协调发展，才可能推动电子商务朝着良性循环方向发展。

5.3 电子商务的分类

5.3.1 基于参与主体的划分

（1）企业与消费者之间的电子商务

企业（Business）与消费者（Consumer）之间的电子商务可以说就是通过网上商店（电子商店）实现网上在线商品零售和为消费者提供所需服务的商务活动，简称 B2C（B to C，B-C）电子商务。这是大众最为熟悉的一类电子商务类型，如世界上最大的网上书店亚马逊书店（http://www.amazon.com）、网上预订外卖食品的 PizzaHut（http://www.PizzaHut.com）、国内的网上书店当当网（http://www.dangdang.com）等。随着 Internet 的普遍应用，这类电子商务有着强劲的发展势头。企业与消费者之间的电子商务引发了商品营销方式的重大变革，无论企业还是消费者都从中获益匪浅。其中，B2C 电子商务对消费者而言：

方便消费者的购买活动。网上商店的出现，使消费者可以足不出户，通过自己的计算机在网上寻找、购买所需的商品，获得商家提供的一系列服务。

扩大消费者的选择范围。通往全球的 Internet，使消费者购物的选择范围获得最大化的扩展。网络多媒体技术还可以将商品由内到外进行全面介绍，为消费者的购买选择提供详细信息。

为消费者提供个性化服务。网上购物为现代社会消费时尚的个性化进一步提供了便利，消费者不再是只能被动地购买已生产出的商品，而是可以通过网络向商家提出个人要求，甚至可以设计出自己想要的商品。商家获取信息后，就可能满足消费者独特的消费愿望。

B2C 电子商务对企业而言也颇具现实意义：

节省了企业的经营成本。在线销售可以避免有形商场及流通设施的投资，将依靠人工完成的交易活动转化为数字化的信息传送过程，可以节省大量的商流费用，这带来了经营成本的降低，使商家更具竞争力。

拓展市场空间。企业借助网络可以突破传统市场中的地理位置分割，建立网上商店，完全更新了原有的市场概念，传统意义上的商圈被打破了，客户扩展到了全国乃至全世界，形成了真正意义上的国际化市场，赢得了前所未有的商机。

（2）企业与企业之间的电子商务

虽然企业与消费者之间的电子商务发展强劲，但企业间的商务活动的贸易金额是消费者直接购买的 10 倍，是电子商务的重头戏。

企业（Business）对企业（Business）的电子商务是指在 Internet 上采购商与供应商谈判、订货、签约、接受发票和付款以及索赔处理、商品发送管理和运输跟踪等所有活动，简称 B2B。企业间的电子商务具体包括以下功能：

供应商管理。减少供应商数量，减少订货成本及周转时间，用更少的人员完成更多的订货工作。

库存管理。缩短"订货—运输—付款"环节，从而降低存货成本，促进存货周转。

销售管理。实现网上订货。

信息传递。管理交易文档，安全及时地传递订单、发票等所有商务文档信息。

支付管理。进行网上电子货币支付。

企业间的电子商务又可以分为两种：一种是非特定企业间的电子商务。它是在开放的网络中为每笔交易寻找最佳伙伴，并与伙伴进行从订购到结算的全面交易行为。第二种是特定企业间的电子商务。它是过去一直有交易关系而且今后要继续进行交易的企业间围绕交易进行的各种商务活动，特定的企业间买卖双方既可以利用大众公用网络进行从订购到结算的全面交易行为，也可以利用企业间专门建立的网络完成买卖双方的交易。

（3）企业与政府之间的电子商务

企业（Business）与政府（Government）之间的电子商务涵盖了政府与企业间的各项事务，包括政府采购、税收、商检、管理条例发布、法规政策颁布等，简称 B2G。B2G 具体内容包括：

政府电子采购。政府作为消费者，可以通过 Internet 发布自己的采购清单，公开、透明、高效、廉洁地完成所需物品的采购。

政府宏观调控。政府对企业宏观调控、指导规范、监督管理的职能通过网络以电子商务方式更能充分、及时地发挥。借助于网络及其他信息技术，政府职能部门能更及时、全面地获取所需信息，做出正确决策，做到快速反应，能迅速、直接地将政策法规及调控信息传达给企业，起到管理与服务的作用。

政府参与管理电子市场。政府在电子商务的推动、管理和规范等方面发挥着重要作用。在发达国家，发展电子商务主要依靠私营企业的参与和投资，政府只起引导作用；而在像我国这样的发展中国家，则更需要政府的直接参与和帮助。与发达国家相比，发展中国家企业规模偏小，信息技术落后，债务偿还能力低，政府的参与有助于引进技术、扩大企业规模和提高企业偿还债务的能力。另外，许多发展中国家的信息产业都处于政府垄断经营或政府管制之下，没有政府的积极参与和帮助很难快速地发展电子商务。

政府制定电子商务法律法规。由于电子商务的开展涉及很多方面，没有相应的法规予以规范也是难以进行的，而政府在法规的制定、法规实施监督及违法的制裁等方面发挥着不可替代的作用。

总之，电子商务中政府有着两重角色：既是电子商务的使用者，进行购买活动，属商业行为；又是电子商务的宏观管理者，对电子商务起着扶持和规范的作用。对企业而言，政府既是电子商务中的消费者，又是电子商务中企业的管理者。

（4）企业内部的电子商务

企业内部的电子商务是指在企业内部通过网络实现内部物流、信息流和资金流的数字化。它的基本原理同企业间电子商务类似，只是企业内部进行交换时，交换对象是相对确定的，交换的安全性和可靠性要求较低。企业内部电子商务的实现主要是在企业内部信息化的基础上，将企业的内部交易网络化。它是企业外部电子商务的基础，而且相比外部电子商务更容易实现。

（5）消费者之间的电子商务

C2C 模式即消费者之间通过互联网进行相互的个人交易，如个人拍卖等形式。这种模式为消费者提供了便利与实惠，成为电子商务迅速普及与发展的重要环节，目前主要表现为网络拍卖，如淘宝网进行的是典型的消费者之间的拍卖活动——消费者接受网站的服务条约，在网站注册后，就可以参加网络拍卖活动。

（6）消费者和企业之间的电子商务

C2B 模式即消费者定制模式。该模式的显著特点是平台为消费者提供需求表达，包括产品设计、质量、功能、价格等方面的诉求。企业作为乙方为消费者提供解决方案，最终入选的企业与消费者之间确认、完成交易。这种新型的电子商务模式充分体现了客户至上的特点，对于多样化客户需求的满足具有显著的支持作用，对于商业模式的改变也有深远的影响。

5.3.2　基于交易过程的划分

按电子商务交易的过程可以划分为交易前、交易中、交易后三类电子商务。

（1）交易前电子商务

交易前电子商务主要是指买卖双方和参加交易的各方在签订贸易合

同前的准备活动，包括：

买方根据自己要买的商品，准备购货款，制订购货计划，进行货源市场调查和市场分析，反复进行市场查询，了解各个卖方国家的贸易政策，反复修改购货计划和进货计划，确定和审批购货计划。再按计划确定购买商品的种类、数量、规格、价格、购货地点和交易方式等。在上述活动中尤其要利用 Internet 和各种电子商务网络。

卖方根据自己所销售的商品，召开商品新闻发布会，制作广告进行宣传；全面进行市场调查和市场分析，制定各种销售策略和销售方式；了解各个买方国家的贸易政策；利用互联网和各种电子商务网络发布商品广告，寻找贸易伙伴和交易机会，扩大贸易范围和商品所占的市场份额。其他参加交易的各方如中介方、银行金融机构、信用卡公司、海关系统、商检系统、保险公司、税务系统、运输公司也都为进行电子商务交易做好相应的准备。

买卖双方就所有交易细节进行谈判，将双方磋商的结果以文件的形式确定下来，即以书面文件形式和电子文件形式签订贸易合同。在这一阶段，交易双方可以利用现代电子通信设备和通信方法，将双方在交易中的权利，所承担的义务，对所购买商品的种类、数量、价格、交货地点、交货期、交易方式和运输方式、违约和索赔等合同条款，全部以电子交易合同做出全面、详细的规定，合同双方可以利用电子数据交换（EDI）进行签约，通过数字签名等方式签名。

（2）交易中电子商务

交易中电子商务主要是指买卖双方签订合同后到合同开始履行之前办理各种手续的过程。交易中要涉及有关各方，即可能要涉及中介方、银行金融机构、信用卡公司、海关系统、商检系统、保险公司、税务系统、运输公司等，买卖双方要利用 EDI 与有关各方进行各种电子票据和电子单证的交换，直到办理完这一过程的一切手续为止。

（3）交易后电子商务

交易后电子商务的活动从买卖双方办完各种手续之后开始。卖方要备货、组货，同时进行报关、保险、取证、发信用证等，并将所售商品交付给运输公司包装、起运、发货；买卖双方可以通过电子商务服务器跟踪发出的货物；银行和金融机构也按照合同处理双方收付款、进行结算、出具相应的银行单据等，直到买方收到自己所购商品，完成整个交易过程。索赔是在买卖双方交易过程中出现违约时，需要进行违约处理的工作，受损方要向违约方索赔。

5.3.3 基于交易对象的划分

（1）有形商品交易的电子商务

有形商品指的是占有三维空间的实体类商品，这类商品的交易过程中所包含的信息流和资金流可以完全实现网上传输。卖方通过网络发布商品广告、供货信息及咨询信息；买方通过网络选择欲购商品并向卖方发送订单。买卖双方在网上签订购货合同后还可以在网上完成货款支付。但交易的有形商品就必须由卖方通过某种运输方式送达买方指定地点，所以有形商品的电子商务还必须解决好货物配送的问题。电子商务终端商品配送特点有：范围大、送货点分散、批量小、送货及时。对商家来说，由于这些特点引起销售成本大大增加，就可能导致其在电子商务面前驻足不前。有形商品交易电子商务由于三流（信息流、资金流、物流）不能完全在网上传输，因此可称为非完全电子商务。

（2）无形商品交易的电子商务

无形商品是指软件、电影、音乐、电子读物、信息服务等可以数字化的商品。无形商品网上交易与有形商品网上交易的区别在于：前者可以通过网络将商品直接送到购买者手中。也就是说，无形商品电子商务完全可以在网络上实现，因而这类电子商务属完全电子商务。

5.4 电子商务发展新阶段

5.4.1 O2O 电子商务

（1）O2O 的概念

O2O 即 Online to Offline（在线离线/线上到线下），是指将线下的商务机会与互联网结合，让互联网成为线下交易的前台，这个概念最早来源于美国的网上团购业务。O2O 的概念非常广泛，既可涉及线上，又可涉及线下，可以通称为 O2O。主流商业管理课程均对 O2O 这种新型的商业模式有所介绍及关注。2013 年 O2O 进入高速发展阶段，开始了本地化及移动设备的整合，于是 O2O 商业模式横空出世。

其实 O2O 模式早在团购网站兴起时就已经开始出现，只不过消费者更熟知团购的概念，团购商品都是临时性的促销，而在 O2O 网站上，只要网站与商家持续合作，那么商家的商品就会一直"促销"下去，O2O 的商家都是具有线下实体店的，而团购模式中的商家则不一定。

O2O 电子商务模式需具备五大要素：独立网上商城、国家级权威行业可信网站认证、在线网络广告营销推广、全面社交媒体与客户在线互动、线上线下一体化的会员营销系统。

一种观点认为，一家企业能兼备网上商城及线下实体店两者，并且网上商城与线下实体店全品类价格相同，即可称为 O2O；也有观点认为，O2O 是 B2C（Business to Customers）的一种特殊形式。

（2）O2O 的优势

O2O 的优势在于把网上和网下的优势完美结合。通过网络导购或预订机制，把互联网与地面店完美对接，实现互联网落地。让消费者在享受线上优惠价格的同时，又可享受线下贴身的服务。同时，O2O 模式还可实现不同商家的联盟。

O2O 模式充分利用了互联网跨地域、无边界、海量信息、海量用户的优势，同时充分挖掘线下资源，进而促成线上用户与线下商品和服务的交易，团购就是 O2O 的典型代表。

O2O 模式可以对商家的营销效果进行直观的统计和追踪评估，规避了传统营销模式的推广效果不可预测性，O2O 将线上订单和线下消费相结合，所有的消费行为均可以准确统计，进而吸引更多的商家进来，为消费者提供更多优质的产品和服务。

O2O 在服务业中具有优势，价格便宜，购买方便，且折扣信息等能及时获知，将拓宽电子商务的发展方向，由规模化走向多元化。

O2O 模式打通了线上线下的信息和体验环节，让线下消费者避免了因信息不对称而遭受的"价格蒙蔽",同时实现线上消费者"售前体验"。

（3）O2O 的潜在风险

O2O 模式作为线下商务与互联网结合的新模式，解决了传统行业的电子商务化问题。但是，O2O 模式并非简单的互联网模式，此模式的实施对企业的线下能力是一个不小的挑战。可以说，线下能力的高低很大程度上决定了这个模式能否成功。而线下能力的高低又是由线上的用户黏度决定的，拥有大量优势用户资源、本地化程度较高的垂直网站将借助 O2O 模式，成为角逐未来电子商务市场的主力军。

O2O 模式的关键点就在于，平台通过在线的方式吸引消费者，但真正消费的服务或者产品必须由消费者去线下体验，这就对线下服务提出更高的要求。而这些线上迅速崛起的创业型公司能否掌控稳定的服务体系也是一个很大的问题，比如美国发展迅速的短期租房网站 Airbnb 就因为线下的问题遭到了很多人的质疑。曾有一名房客"洗劫"了房东的房间。Airbnb 团队对线下风险把控的不足显示了这种模式的短板。大多数 O2O 模式的企业并不能掌握线下服务的质量，只相当于一个第三方中介，在中间起到协调作用。

此外，在线支付、线下体验，很容易造成"付款前是上帝，付款后是孙子"的窘境。比如定制类实体商品与消费者预期不符，一旦质量低于预期，甚至极为低劣，消费者会处于非常被动的境地。而体验式服务没有好的口碑和信誉也很难获得规模化的发展。对于 O2O 模式而言，线下的主体多半是服务类型的企业，而国内服务存在各种不规范的运营。虽然团购已经进行了先期市场教育，但是距离稳定完善的服务仍相去甚远，因此如何保障线上信息与线下商家服务对称，将会成为挑战 O2O 模式能否真正发展起来的一个关键节点。

O2O 模式若以价格优势吸引消费者，此处仅以团购的模式看问题，商家如何权衡线上价格和线下价格的差异，不打破自身原有的市场体系，同时保证两方消费者的利益，或更重视哪方的消费者，才能吸引到最大客流量也是个难题。

这些难题同时决定了对 O2O 模式的商业运用需要高起点的局限

性，其商业运用已经不仅仅是单纯网络平台的形成，具有本地化性质的商业运营网点的覆盖势必成为 O2O 模式的重要支撑，而且这些本地化运维中心的出现，也同时解决了一个大规模的商业平台如何做到线上线下商家服务推广问题，因为大规模本地化运维网点已经将一个大问题分解成了多个小问题，将商家合作、商业推广等问题细化，在保证审核关口的前提下，可以最大限度地保证各种服务信息的可靠性、真实性。而且借助于各种智能终端的应用，在最大限度积累消费用户和大规模的运营网点覆盖的前提下，保证用户可以走到哪、玩到哪、享受到哪，最大限度地提升用户体验，在无形中进行商业服务的再推广、用户的再积累，形成商业服务的良性循环链。

（4）O2O 的发展布局

"O2O 掘金战"无人缺席，无论是雄心万丈的移动互联网创业者，还是家大业大的老牌互联网公司，正像李开复所说，O2O 未来会改变中国，线上、线下一旦连起来，将是巨大的爆发式的力量。有数据显示，2014 年中国本地生活服务市场规模为 5.6 万亿元，较 2011 年增长了 85.5%。2015 年 O2O 市场有望迎来一次爆发式的发展，预计会突破 5.99 万亿元。

为此，中国最大的三家互联网公司——百度、腾讯、阿里巴巴都已经在 O2O 集兵布营，中国最大的传媒大鳄百灵时代传媒也加入到了 O2O 行列中。这是互联网、地铁广告巨头从 PC 端转向移动端的实力较量，它们都要抓住 O2O 和生活服务类电商化的机会，无疑，O2O 是电商的未来形态之一。

不可否认，把商品塞到箱子里送到消费者面前，这个市场已经成熟。2014 年网上购物销售额达到 2.8 万亿元，网购用户人均年投入 4300 元。这个市场拥有极大的潜力，但进入门槛已经很高，从创业者到资本市场都在寻找电子商务的下一个模式。不过，对于创业者来说，仍需要谨慎。

我们发现，服务业的 GDP 占有率比制造业（生产那些能塞到箱子里的商品的行业）高，在将来的 5 年，国家将进一步提升服务业的 GDP 占有量，如果把商品塞到箱子里送到消费者面前的网上销量有 2.8

万亿元，那么生活服务类的网上销量会达到数万亿元。

我们还可以发现，生活服务类商品在团购上更容易被消费者接受，事实也证明这种在线支付购买线下的商品和服务，再到线下去享受服务的模式很快被接受。而且我们的团购平台从一天一款到一天多款，从一款卖一天到一款卖多天，从团商品到团服务，从一个城市辐射到全国……团购作为新常态下的电子商务形式，一定会趋向于商品多样化，最终走上生活服务类折扣商城的形式。

O2O还将是传统线下零售企业实现电商化的一大选择。随着线下零售连锁业的发展以及互联网、电商创新产品的出现，更多年龄偏大、消费能力更强、对品质要求更高、商品品类需求更多样的消费者先是变成了网民，继而成为潜在的网购群体，只是他们保守观念导致的心理障碍，对网购商品的真假、品质、体验等还存有些许担心。

传统线下零售企业一方面面临电商的竞争，另一方面又有线下的门店优势。用O2O的方式，在构建自己电商平台的同时，更好地与线下的实体紧密结合，找到消除消费者网购障碍的方法，消费者仍然会被吸引，再次成为忠实的顾客。采用O2O，传统零售业有望与高速发展的纯电商站在同一条起跑线上。

5.4.2 跨境电子商务

（1）跨境电子商务的概念

跨境电子商务是基于网络发展起来的，网络空间相对于物理空间来说是一个新空间，是一个由网址和密码组成的虚拟但客观存在的世界。网络空间独特的价值标准和行为模式深刻地影响着跨境电子商务，使其不同于传统的交易方式而呈现出自己的特点。

跨境电子商务作为推动经济一体化、贸易全球化的技术基础，具有非常重要的战略意义。跨境电子商务不仅冲破了国家间的障碍，使国际贸易走向无国界贸易，同时它也正在引起世界经济贸易的巨大变革。对企业来说，跨境电子商务构建的开放、多维、立体的多边经贸合作模式，极大地拓宽了进入国际市场的路径，大大促进了多边资源的优化配置与企业间的互利共赢；对于消费者来说，跨境电子商务使他们非常容易地获取其他国家的信息并买到物美价廉的商品。

我国跨境电子商务主要分为企业对企业（即 B2B）和企业对消费者（即 B2C）的贸易模式。B2B 模式下，企业运用电子商务以广告和信息发布为主，成交和通关流程基本在线下完成，本质上仍属传统贸易，被纳入海关一般贸易统计。B2C 模式下，我国企业直接面对国外消费者，以销售个人消费品为主，物流方面主要采用航空小包、邮寄、快递等方式，其报关主体是邮政或快递公司，目前大多未纳入海关登记。但是当 WTO 行业承诺全面开放后，跨境电商一定会出现井喷式发展。

（2）跨境电子商务的特征

全球性（Global）。网络是一个没有边界的媒介，具有全球性和非中心化的特征。依附于网络发生的跨境电子商务也因此具有了全球性和非中心化的特性。电子商务与传统的交易方式相比，其一个重要特点在于电子商务是一种无边界交易，丧失了传统交易所具有的地理因素。互联网用户不需要考虑跨越国界就可以把产品尤其是高附加值产品和服务提交到市场。网络的全球性特征带来的积极影响是信息的最大限度的共享，消极影响是用户必须面临因文化、政治和法律的不同而产生的风险。任何人只要具备了一定的技术手段，在任何时候、任何地方都可以让信息进入网络，相互联系进行交易。美国财政部在其财政报告中指出，对基于全球化的网络建立起来的电子商务活动进行课税是困难重重的，因为：电子商务是基于虚拟的电脑空间展开的，丧失了传统交易方式下的地理因素；电子商务中的制造商容易隐匿其住所而消费者对制造商的住所是漠不关心的。比如，一家很小的爱尔兰在线公司，通过一个可供世界各地的消费者点击观看的网页，就可以通过互联网销售其产品和服务，只要消费者接入了互联网。很难界定这一交易究竟是在哪个国家内发生的。

这种远程交易的发展，给税收当局制造了许多困难。税收权力只能严格地在一国范围内实施，网络的这种特性给税务机关对超越一国的在线交易行使税收管辖权带来了困难。而且互联网有时扮演了代理中介的角色。在传统交易模式下往往需要一个有形的销售网点的存在，例如，通过书店将书卖给读者，而在线书店可以代替书店这个销售网点直接完成整个交易。而问题是，税务当局往往要依靠这些销售网点获取税收所需要的基本信息，代扣代缴所得税等。没有这些销售网点的存在，税收权力的行使将会发生困难。

无形性（Intangible）。网络的发展使数字化产品和服务的传输盛行。而数字化传输是通过不同类型的媒介，例如数据、声音和图像在全球化网络环境中进行的，这些媒介在网络中是以计算机数据代码的形式出现的，因而是无形的。以一个 E-mail 信息的传输为例，这一信息首先要被服务器分解为数以百万计的数据包，然后按照 TCP/IP 协议通过不同的网络路径传输到一个目的地服务器并重新组织转发给接收人，整个过程都是在网络中瞬间完成的。电子商务是数字化传输活动的一种特殊形式，其无形性的特性使得税务机关很难控制和检查销售商的交易活动，税务机关面对的交易记录都是体现为数据代码的形式，使得税务核查员无法准确地计算销售所得和利润所得，从而给课税带来困难。

数字化产品和服务基于数字传输活动的特性也必然具有无形性，传统交易以实物交易为主，而在电子商务中，无形产品却可以替代实物成为交易的对象。以书籍为例，传统的纸质书籍，其排版、印刷、销售和购买被看做产品的生产、销售。然而在电子商务交易中，消费者只要购买网上的数据权便可以使用书中的知识和信息。而如何界定该交易的性质、如何监督、如何征税等一系列的问题却给税务和法律部门带来了新的课题。

匿名性（Anonymous）。由于跨境电子商务的非中心化和全球性的特性，因此很难识别电子商务用户的身份和其所处的地理位置。在线交易的消费者往往不显示自己的真实身份和自己的地理位置，重要的是这丝毫不影响交易的进行，网络的匿名性也允许消费者这样做。在虚拟社会里，隐匿身份的便利导致自由与责任的不对称。人们在这里可以享受最大的自由，却只承担最小的责任，甚至干脆逃避责任。这显然给税务机关制造了麻烦，税务机关无法查明应当纳税的在线交易人的身份和地理位置，也就无法获知纳税人的交易情况和应纳税额，更不要说去审计核实。该部分交易和纳税人在税务机关的视野中隐身了，这对税务机关是致命的。以淘宝网为例，到目前为止已经拥有 5 亿用户，日均拍卖近亿件的物品，日均营业额数十亿元，2014 年"双十一"促销峰值高达近 500 亿元。

电子商务交易的匿名性导致了逃避税现象的恶化，网络的发展，降低了避税成本，使电子商务避税更轻松易行。电子商务交易的匿名性使得应纳税人利用避税地联机金融机构规避税收监管成为可能。电子货币的广泛使用，以及国际互联网所提供的某些避税地联机银行对客户的"完全税收保护"，使纳税人可将其源于世界各国的投资所得直接汇入避税地联机银行，规避了应纳所得税。美国国税局（IRS）在其规模最大的一次审计调查中发现大量的居民纳税人通过离岸避税地的金融机构隐藏了大量的应税收入。美国政府估计大约 3 万亿美元的资金因受避税地联机银行的"完全税收保护"而被藏匿在避税地。

即时性（Instantaneously）。对于网络而言，传输的速度和地理距离无关。在传统交易模式下，信息交流方式如信函、电报、传真等，在信息的发送与接收间，存在着长短不同的时间差。而电子商务中的信息交流，无论实际时空距离远近，一方发送信息与另一方接收信息几乎是同时的，就如同生活中面对面交谈。某些数字化产品（如音像制品、软件等）的交易，还可以即时清结，订货、付款、交货都可以在瞬间完成。

电子商务交易的即时性提高了人们交往和交易的效率，免去了传统交易中的中介环节，但也隐藏了法律危机。在税收领域表现为：电子商务交易的即时性往往会导致交易活动的随意性，电子商务主体的交易活动可能随时开始、随时终止、随时变动，这就使得税务机关难以掌握交易双方的具体交易情况，不仅使得税收的源泉扣缴的控管手段失灵，而且客观上促成了纳税人不遵从税法的随意性，加之税收领域现代化征管技术的严重滞后，都使依法治税变得苍白无力。

无纸化（Paperless）。电子商务主要采取无纸化操作的方式，这是以电子商务形式进行交易的主要特征。在电子商务中，电子计算机通信记录取代了一系列的纸面交易文件。由于电子信息以比特的形式存在和传送，整个信息发送和接收过程实现了无纸化。无纸化带来的积极影响是使信息传递摆脱了纸张的限制，但由于传统法律的许多规范是以规范

"有纸交易"为出发点的，因此，无纸化带来了一定程度上法律的混乱。

电子商务以数字合同、数字票据取代了传统贸易中的书面合同、结算票据，削弱了税务当局获取跨国纳税人经营状况和财务信息的能力，且电子商务所采用的其他保密措施也将增加税务机关掌握纳税人财务信息的难度。在某些交易无据可查的情形下，跨国纳税人的申报额将会大大降低，应纳税所得额和所征税款都将少于实际所达到的数量，从而引起征税国国际税收流失。例如，世界各国普遍开征的传统税种之一的印花税，其课税对象是交易各方提供的书面凭证，课税环节为各种法律合同、凭证的书立或做成，而在网络交易无纸化的情况下，物质形态的合同、凭证已不复存在，因而印花税的合同、凭证贴花（即完成印花税的缴纳行为）便无从下手。

快速演进（Rapidly Evolving）。互联网是一个新生事物，现阶段它尚处在幼年时期，网络设施和相应的软件协议的未来发展具有很大的不确定性。但税法制定者必须考虑的问题是网络，像其他的新生儿一样，必将以前所未有的速度和无法预知的方式不断演进。基于互联网的电子商务活动也处在瞬息万变的过程中，短短的几十年中电子交易经历了从EDI到电子商务零售业的兴起的过程，而数字化产品和服务更是花样出新，不断地改变着人类的生活。

而一般情况下，各国为维护社会的稳定，都会注意保持法律的持续性与稳定性，税收法律也不例外。这就会引起网络的超速发展与税收法律规范相对滞后的矛盾。如何将分秒都处在发展与变化中的网络交易纳入税法的规范，是税收领域的一个难题。网络的发展不断给税务机关带来新的挑战，税收政策的制定者和税法立法机关应当密切注意网络的发展，在制定税收政策和税法规范时充分考虑这一因素。

跨国电子商务具有不同于传统贸易方式的诸多特点，而传统的税法制度却是在传统的贸易方式下产生的，必然会在电子商务贸易中漏洞百出。网络深刻地影响着人类社会，也给税收法律规范带来了前所未有的冲击与挑战。

（3）我国跨境电子商务及支付交易现状

我国跨境电子商务起步晚、增速快。2011年在全球经济增长放缓背景下，我国跨境电子商务小额出口业务的总体规模超过 100 亿美元，虽仅占 2011 年全国出口总额的 0.5%，但同比增速超过 100%。2011 年全国电子商务用户增至 2.03 亿户，若以 2009 年跨境电子商务用户占全国电子商务用户总数的 13% 来计算，则 2011 年跨境电子商务用户达 2 369 万户，从电子商务发展速度上分析国内跨境电子商务用户实际增长额应远高于上述测算额。

跨境电子商务及支付将成为企业新的盈利点。Capgemini（凯捷咨询公司）、RBS（苏格兰皇家银行）和 EFMA（欧洲金融市场协会）联合发布的《2011 年全球支付报告》显示，2013 年全球电子支付交易额预计将达到 1.6 万亿美元，是 2010 年交易金额的近两倍。外贸电子商务发展的巨大空间及潜藏的盈利空间已引起国内涉外经济主体的关注。有关机构统计数据显示，自 2008 年开始国内电子商务及支付传统细分领域的占比不断缩小，2011 年网上支付在航空、电信等领域的总占比由 2010 年的 72.9% 下降为 67.2%，经测算到 2014 年这一比例将下降到 48%。同时，随着 2010—2011 年各大电子商务平台在教育、公共事业缴费和保险、股票、基金等金融产品的应用上的积极布局，电子商务的国内支付领域格局将逐渐趋于稳定。面对激烈的细分市场竞争和海外电子商务平台的进入，跨境市场无疑是电子商务及支付的下一个争夺点。

跨境电子支付结算方式多种多样。跨境电子支付业务发生的外汇资金流动，必然涉及资金结售汇与收付汇。从目前支付业务发展情况看，我国跨境电子支付结算的方式主要有跨境支付购汇方式（含第三方购汇支付、境外电商接受人民币支付、通过国内银行购汇汇出等）、跨境收入结汇方式（含第三方收结汇、通过国内银行汇款、以结汇或个人名义拆分结汇流入、通过地下钱庄实现资金跨境收结汇等）。

（4）我国跨境电子商务与支付业务管理缺陷

虽然跨境电子商务及支付业务的迅猛发展给企业带来了巨大的利润空间，但是如果管理不当也可能给企业带来巨大的风险。当前我国跨境电子商务与支付业务的管理缺陷主要体现在以下方面：

政策缺陷，主要体现为：

电子商务交易归属管理问题。从电子商务交易形式上分析，纯粹的电子商务交易在很大程度上属于服务贸易范畴，国际普遍认可归入GATS 的规则中按服务贸易进行管理。对于只是通过电子商务方式完成订购、签约等，但要通过传统的运输方式运送至购买人所在地，则归入货物贸易范畴，属于 GATT 的管理范畴。此外，对于特殊的电子商务种类，既非明显的服务贸易也非明显的货物贸易，如通过电子商务手段提供电子类产品（如文化、软件、娱乐产品等），国际上对此类电子商务交易归属服务贸易或货物贸易仍存在较大分歧。因我国尚未出台《服务贸易外汇管理办法》及跨境电子商务外汇管理法规，对电子商务涉及的外汇交易归属管理范畴更难以把握。

交易主体市场准入问题。跨境电子商务及支付业务能够突破时空限制，将商务辐射到世界的每个角落，使经济金融信息和资金链日益集中在数据平台。一旦交易主体缺乏足够的资金实力或出现违规经营、信用危机、系统故障、信息泄露等问题，便会引发客户外汇资金风险。因此，对跨境电子商务及支付业务参与主体进行市场准入规范管理极其重要与迫切。

支付机构外汇管理与监管职责问题。首先，支付机构在跨境外汇收支管理中承担了部分外汇政策执行及管理职责，其与外汇指定银行类似，充当外汇管理政策的执行者与监督者；其次，支付机构主要为电子商务交易主体提供货币资金支付清算服务，属于支付清算组织的一种，又不同于金融机构。如何对此类非金融机构所提供的跨境外汇收支服务进行管理与职能定位，急需外汇管理局在法规中加以明确，制度上规范操作。

操作瓶颈，主要表现为：

交易真实性难以审核。电子商务的虚拟性，直接导致外汇监管部门对跨境电子商务交易的真实性、支付资金的合法性难以审核，为境内外异常资金通过跨境电子商务办理收支提供了途径。

国际收支申报存在困难。一方面，通过电子支付平台，境内外电商的银行账户并不直接发生跨境资金流动，且支付平台完成实质交易资金清算常需要 7~10 天，因此由交易主体办理对外收付款申报的规定较难实施；另一方面，不同的交易方式下对国际收支申报主体也产生一定的影响。如代理购汇支付方式实际购汇人为交易主体，应由交易主体进行国际收支申报，但依前所述较难实施；线下统一购汇支付方式实际购汇人为支付机构，可以支付机构为主体进行国际收支申报，但此种申报方式难以体现每笔交易资金实质，增加外汇监管难度。

外汇备付金账户管理缺失。随着跨境电子商务的发展，外汇备付金管理问题日益突显，而国内当前对外汇备付金管理仍未有明确规定，如外汇备付金是归属经常项目范畴或资本项目范畴（按贸易信贷管理），外汇备付金账户开立、收支范围、收支数据报送，同一机构本外币备付金是否可以轧差结算等无统一管理标准，易使外汇备付金游离于外汇监管体系外。

（5）我国跨境电子商务及支付业务管理体系构建建议

管理政策层面，需要：

明确跨境电子商务交易的业务范围和开放顺序。结合我国外汇管理体制现状，建议我国跨境电子商务及支付遵循先经常项目后资本项目，先货物贸易后服务贸易再至虚拟交易，先出口后进口的顺序逐步推进。提供跨境支付服务的电子支付机构应遵循先开放境内机构，慎重开放境外机构的管理原则，限制货物贸易和服务贸易跨境外汇收支范围，暂时禁止经常转移项目和资本项目外汇通过电子支付渠道跨境流动，做好对支付机构的监督管理工作。

建立跨境电子商务主体资格登记及支付机构结售汇市场准入制度。一方面，对从事跨境电子商务的境内主体（除个人外）要求其必须在外汇管理局办理相关信息登记后，方可进行跨境电子商务交易，建立跨境电子商务主体资格登记制度；另一方面，对支付机构的外汇业务经营资格、业务范围、外汇业务监督等方面参照外汇指定银行办理结售汇业务市场准入标准，建立跨境支付业务准入机制，对具备一定条件的支付机构，给予结售汇市场准入资格。外汇管理局可在一定范围内赋予支付机构部分代位监管职能，并建立银行与支付机构责任共担机制，形成多方监管、互为监督的监管格局。

适时出台跨境电子商务及支付外汇管理办法。将跨境电子外汇业务纳入监管体系，在人民银行《非金融机构支付服务管理办法》的基础上，适时出台《跨境电子商务及电子支付外汇管理办法》，对跨境电子商务主体资格、真实性审核职责、外汇资金交易性质、外汇数据管理、外汇收支统计等方面做出统一明确的管理规定。

业务操作层面，需要：

将跨境电子商务及支付主体纳入外汇主体监管体系。结合当前国家外汇管理局监管理念由行为监管向主体监管的转变，建议将跨境电子商务及支付交易主体纳入外汇主体监管范畴，充分利用现有主体监管结果实行分类管理。一是跨境电子商务中境内交易主体为法人机构时，外汇管理局应依据已公布的机构考核分类结果，有区别地开放跨境电子商务范畴。电子支付机构在为电商客户办理跨境收支业务时，应先查询机构所属类别，再提供相应跨境电子支付服务。二是境内交易主体为个人时，除执行个人年度购结汇限额管理规定外，支付机构还要健全客户认证机制，对属"关注名单"内的个人应拒绝办理跨境电子收支业务。三是将支付机构纳入外汇主体监管范畴，实行考核分类管理。

有效统计与监测跨境电子商务外汇收支数据。建议要求开办电子商务贸易的境内机构无论是否通过第三方支付平台，均需开立经常项目外汇账户办理跨境外汇收支业务，对办理跨境电子商务的人民币、外汇收支数据需标注特殊标识，便于对跨境电子商务收支数据开展统计与监测。同时，在个人结售汇系未向电子支付机构提供接口的情况下，同意支付机构采取先购结汇再补录结售汇信息的模式。外汇管理局要加强对跨境电子商务外汇收支数据的统计、监测、管理，定期进行现场检查，以达到现场与非现场检查相结合的管理目标，增强监管力度。

明确规范国际收支统计申报主体和申报方式。一是境内交易主体为法人机构的方式下，国际收支统计申报主体应规定为法人机构，申报时间为发生跨境资金收付日，申报方式由法人机构主动到外汇指定银行进行国际收支申报。二是境内交易主体为个人的方式下，建议申报主体为支付机构，由其将当日办理的个人项下跨境外汇收支数据汇总后到银行办理国际收支申报，并留存交易清单等相关资料备查。

规范外汇备付金管理。明确规定电子支付机构通过外汇备付金专户存取外汇备付金。外汇管理局要规范外汇备付金专户外汇收支范围，将专户发生的外汇收支数据纳入外汇账户非现场监管体系进行监测。建议将外汇备付金按资本项下进行管理，收取外汇备付金的支付机构需定时向外汇管理局报送备付金收支情况，并将其纳入外汇指定银行外债指标范围。

5.4.3 "互联网+"

（1）"互联网+"的概念

2015年3月5日，李克强总理在政府工作报告中首次提出"互联网+"行动计划。李克强总理所提的"互联网+"在较早相关互联网企业讨论聚焦的"互联网改造传统产业"基础上已经有了进一步的深入和发展。李克强总理在政府工作报告中首次提出的"互联网+"实际上是创新2.0下互联网发展新形态、新业态，是知识社会创新2.0推动下的互联网形态演进。伴随知识社会的来临，驱动当今社会变革的不仅仅是无所不在的网络，还有无所不在的计算、无所不在的数据、无所不在的知识。"互联网+"不仅仅是互联网移动了、泛在了、应用于某个传统行业了，更加入了无所不在的计算、数据、知识，造就了无所不在的创新，推动了知识社会以用户创新、开放创新、大众创新、协同创新为特点的创新2.0，改变了我们的生产、工作、生活方式，也引领了创新驱动发展的"新常态"。

新一代信息技术发展催生了创新2.0，而创新2.0又反过来作用于新一代信息技术形态的形成与发展，重塑了物联网、云计算、社会计算、大数据等新一代信息技术的新形态。新一代信息技术的发展又推动了创新2.0模式的发展和演变，Living Lab（生活实验室、体验实验区）、Fab Lab（个人制造实验室）、创客、AIP（"三验"应用创新园区）、Wiki（维基模式）、Prosumer（产消者）、Crowdsourcing（众包）等典型创新2.0模式不断涌现。新一代信息技术与创新2.0的互动与演进推动了"互联网+"的浮现。互联网随着信息通信技术的深入应用带来的创新形态演变，本身也在演变变化并与行业新形态相互作用、共同演化，如同以工业4.0为代表的新工业革命以及以Fab Lab为代表的个人设计、个人制造、群体创造。可以说"互联网+"是新常态下创新驱动发展的重要组成部分。

（2）"互联网+"概念的发展

这个世界上所有的传统应用和服务都应该被互联网改变，如果这个世界还没有被互联网改变是不对的，一定意味着这里面有商机，也意味着基于这种商机能产生新的格局。传统的广告加上互联网成就了百度，传统集市加上互联网成就了淘宝，传统百货卖场加上互联网成就了京东，传统银行加上互联网成就了支付宝，传统的安保服务加上互联网成就了360，传统的红娘加上互联网成就了世纪佳缘，而传统的农业加上互联网成就了阳光舌尖……

我们看到每一个传统行业都孕育着"互联网+"的机会。在寻找"互联网+"的过程中，我们首先注意到了用户所处的环境变化。我们每天面对 PC 屏幕，同时我们越发依赖手机。家中的智能电视有一天会像手机、平板电脑一样，里面布满各种 APP。而汽车里的那张"屏"也正在被挖掘，车联网的概念刚刚兴起。未来的生活是希望在多屏的环境中随时随地用到互联网。而这样的服务会以一个"互联网+"的公式存在，从而重新改造和创造我们今天所有的产品。而对用户而言，他们未来不会关心他是通过接入网线、WiFi、移动网络还是电源线上网，不会关心他用的是 iOS、Android 还是 Windows。因为他们面对的每一个面都可以是一张屏，通过它们能将用户和互联网、企业所提供的应用和服务随时随地联系在一起。这就足够了。也许对创业者来说，当熟悉了这样的一个路径之后，我们基于"多屏全网跨平台"的理念，与行业结合，才有机会再往前迈一步。我们的传统行业才能真正地转型，从而创造新的局面。

"互联网+"中"+"是什么？它是指传统行业的各行各业。中国互联网十几年的发展，我们看到互联网加什么了呢？"加通信"是最直接的，"加媒体"已经有颠覆了，网络游戏已经把传统游戏给颠覆了。随着网购和互联网金融的走热，越来越多的传统企业已经不敢轻视互联网这个话题了。

在 2012 年 11 月 14 日的易观第五届移动互联网博览会上，易观国际董事长兼首席执行官于扬先生首次提出"互联网+"理念。他认为，在未来，"互联网+"公式应该是我们所在的行业目前的产品和服务，在与我们未来看到的多屏全网跨平台用户场景结合之后产生的这样一种化学公式。我们可以按照这样一个思路找到若干这样的想法。而怎么找到你所在行业的"互联网+"企业是需要思考的问题。"

2013年11月6日马化腾在众安保险（众安保险的定位是护航互联网生态，成立不到一年的时间，累计服务客户超过2亿；护航了2014年的"双十一"，一天的保单就超过了1.5亿元）开业仪式上发言。马化腾当时提到："互联网加一个传统行业，意味着什么呢？其实是代表了一种能力，或者是一种外在资源和环境，对这个行业的一种提升。"

随着互联网深入应用，特别是以移动技术为代表的普适计算、泛在网络的发展与向生产生活、经济社会发展各方面的渗透，信息技术推动的面向知识社会的创新形态日益受到关注。创新形态的演变也推动了互联网形态、信息通信技术形态的演变，物联网、云计算、大数据等新一代信息技术作为互联网的延伸和发展，在与知识社会创新2.0形态的互动中也进一步推动了创新形态的演变，涌现出Web 2.0、开源软件、微观装配等创新2.0的典型案例以及AIP、Living Lab、Fab Lab、创客、维基、威客、众包、众筹等创新2.0典型模式。

正是在这种背景下，中央提出创新驱动发展"新常态"，提出充分利用新一代信息技术发展和知识社会的下一代创新机遇，简政放权、强化法治、鼓励创新创业、激发市场和社会活力，并出台一系列鼓励大众创新、万众创业的举措。李克强总理在第十二届全国人大三次会议上的政府工作报告中提出的"互联网+"也就具有了更丰富、更深刻、更富时代特征的内涵。报告中指出新兴产业和新兴业态是竞争高地，要实施高端装备、信息网络、集成电路、新能源、新材料、生物医药、航空发动机、燃气轮机等重大项目，把一批新兴产业培育成主导产业。制订"互联网+"行动计划，推动移动互联网、云计算、大数据、物联网等与现代制造业结合，促进电子商务、工业互联网和互联网金融健康发展，引导互联网企业拓展国际市场。国家已设立400亿元新兴产业创业投资引导基金，要整合筹措更多资金，为产业创新加油助力，并全力推进创新、创业，全面激发市场和社会活力，进入创新2.0时代创新驱动发展的"新常态"。

（3）"互联网+"的行业观点

北京大学博士、超图软件先进技术实验室主任黄骞认为："互联网+"提出的背景与思路，有点类似美国的工业互联网理念。"互联网+"是希望用国内相对优质与国际领先的互联网力量去加速国内相对落后的制造业的效率、品质、创新、合作与营销能力的升级，以信息流带动物资流，也会与"一带一路"整体战略相结合，提升整体产业的国际影响力。

北京大学政府管理学院副教授黄璜认为："互联网"不仅包括制造业，也包括电子商务、工业互联网、互联网金融以及创客创新。"互联网+"是两化融合的升级版，不仅仅是工业化，而是将互联网作为当前信息化发展的核心特征提取出来，并与工业、商业、金融业等全面融合。这种融合不是简单的叠加，不是一加一等于二，而是一定大于二。其中的关键就是创新。只有创新才能让这个"+"真正有价值、有意义。

清华大学美术学院信息艺术设计系副主任、硕士生导师付志勇认为："互联网+"是"信息化促进工业化"提法的升级版。比如在智慧民生服务当中，强调用户体验，利用"互联网+"可以促进市民真正参与到服务创新中来。"之前我们的学生基于创新 2.0 的理念做过一个叫做 CityCare 的项目，通过市民移动端的应用收集对社区的意见和建议，发动其他社区成员点赞支持，从而推动管理部门做出改善，之后改进的结果又可以反馈给市民。

上海市浦东新区经信委副主任张爱平认为：浦东正在积极推进智慧城市建设，而智慧城市的基本特征正是"互联网+"，逻辑枢纽是"政务云+"，突破急需"云调度+"。此乃创新 2.0 语境下智慧城市的生态演进趋势。

北京大学移动政务实验室宋刚博士认为："互联网+"概括了信息通信技术高度融合发展背景下的新一代信息技术与知识社会创新 2.0 的互动与演进，也是对当前创新 2.0 研究十大热点和趋势的一个概括。"互联网+"作为智慧城市的本质特征将推动形成有利于创新涌现的生态。"互联网+"的"+"，不仅仅是技术上的"+"，也是思维、理念、模式上的"+"，其中以人为本推动管理与服务模式创新与创业是重要内容。

重庆大学新闻学院研究员、博士生导师曾润喜认为：中央已经很清楚地意识到互联网在整个国民经济中的重要性，不仅是互联网作为信息化的核心与工业化交融，2015 年一号文件也讲了要大力发展互联网农业，由此看来，"互联网+"是一个很综合的概念，是未来中国经济发展的最重要引擎。曾润喜说，以前的互联网还只是作为一个外在工具，当今互联网已经作为核心引擎，推动社会创新。也就是说，以前大家把互联网当作"轮胎"，但其实它是"发动机"。不过也有不同观点认为，互联网还是"轮胎"，而引擎永远是知识创新。

北京邮电大学产业研究院副院长纪阳认为：读罢李总理关于创新创业以及"互联网+"行动计划的一些论述，为本届政府点个赞。许多政策非常务实，在信息互联+创新的一些政策及举措上，思路能够与国际和潮流接轨。政府推动这些事情，需要一些敢于打破旧格局、积极求变、敢于试错的勇气。但其实恰恰是这样以人为本的路径，能让中国的创新走得更合理，也更稳健，并让很多人有希望通过创新改变家国天下的愿望，而创新创业似乎成了一种新时代的生活方式，这是最重要的。

中关村下一代互联网产业联盟秘书长张建宁认为："互联网+"的提出具有承前启后的作用。近两年，特别是随着移动互联网的加速发展，云计算、大数据、物联网等新技术更快融入传统产业以及金融理财、打车等民生领域。而 PC 互联网时代升级到移动互联网时代后，互联网技术与两化融合相结合会有更多看点，并推动以工业 4.0 为代表的新工业革命。

中国虚拟运营商产业联盟秘书长邹学勇认为："互联网+"通信，将成为 2015 年通信新未来、通信改革机遇:虚拟运营商、宽带运营商和"铁塔公司"，让泛电信化渗透各行业，实现移动信息化和移动互联网，为全国手机用户提供智能生活的入口。

最早发源于互联网的民间环保机构"绿色北京"的负责人宋欣洲认

为：驱动我们当今世界变革的，不仅仅是无所不在的网络（泛在网络），还有无所不在的计算（普适计算）、无所不在的数据、无所不在的知识。无所不在的网络与无所不在的计算、无所不在的数据、无所不在的知识，一起形成和推进了新一代信息技术的发展，推动了创新民主化进程，催生了创新 2.0，改变着我们的生产、工作、生活方式，会同政府市场社会关系的进一步调整，将进一步极大地激发社会活力。

清华大学公共管理学院书记孟庆国教授认为：在工业发展领域，美国提出工业互联网，德国提出工业 4.0。创新 2.0 时代的新工业革命会同生态革命、创客浪潮，进一步推动了新能源、绿色生态、智能制造、开源创造等趋势。我国十八大后推行"工业化、信息化、城镇化、农业现代化"发展战略，以及习总书记提出的"没有信息化就没有现代化"命题，需在创新 2.0 指导下融合新一代信息技术，实行颠覆性创新，变"全球制造大国"为"全球智造强国"。

中国互联网的筹建者、前国务院信息办常务副主任陆首群认为：总理在政府工作报告中谈到"互联网+"即"后互联网"时代。他曾在《互联网的神奇和挑战》一文中谈到，互联网未来（后互联网时代）将全面发展信息经济，这是后现代世界的主流经济模式。而目前的新常态是信息经济发展的起步，或信息经济全面发展的开端，今天经济的转型和增长要从要素驱动转向创新驱动，而以互联网为载体的知识社会创新 2.0 模式是创新驱动的最佳选择。创新 2.0 是推动万众创新、大众创业的强大引擎，要将当前在中国大地正在掀起的创客的创新创业大潮引导其使用互联网或创新 2.0 这个利器，以期完成中国当前新常态的经济转型和中高速增长，迈向中高端水平，也为"互联网+"时代全面发展信息经济做好开局。

腾讯董事会主席兼 CEO 马化腾认为："互联网+"是一个趋势，加的是传统的各行各业。过去十几年，互联网的发展很清楚地显示了这一点：加媒体产生网络媒体，对传统媒体影响很大；加娱乐产生网络游戏；加零售产生电子商务，已经很大；互联网金融非常热，互联网将让金融变得更有效率，更好地为经济服务，符合"普惠金融"的精神。

5.5 传统企业电子商务发展模式探讨

许多中国企业已逐渐认识到发展电子商务所带来的种种利益，但近20年经验表明，通往这种美好前景的道路布满荆棘。企业对电子商务仍然存在错误认识，认为只要建立网站，实现网上交易就是实现电子商务的企业不在少数。贸易全球化和全球经济危机使中国企业面临更为残酷的市场竞争，在复杂多变的环境中进行信息化建设更加困难。加之 IT 技术和产品更新换代步伐加快，如何长远规划以求得最佳投资回报是企业面临的首要问题。受政策、体制、区域经济差别等因素的影响，中国企业管理水平和信息化水平以及信息化需求存在明显的区域性差别。中国企业电子商务建设必须摆脱单一模式化发展思维。以往树立典型、"搬书照抄"的做法非但不能解决问题，反而产生更大的风险。

因此，中国企业应该从自身实际出发，选择"合身"的电子商务建设之路。通过多年的研究与实践，笔者认为中国企业发展电子商务有可能存在两种比较合理、可行的模式：内推式发展模式（Inside-pushed Development Model，IPM）和外拉式发展模式（Outside-pulled Development Model，OPM）。依据这两种发展模式模式，企业可以实现有计划、分步骤的电子商务建设。

5.5.1 内推式发展模式——IPM 模式

该模式的基本思想是先进行企业内部信息化建设，然后在此基础上发展外部信息化建设并与企业内部信息化成果进行整合，基本步骤如图5-1 所示。

5.5.2 外拉式发展模式——OPM 模式

与 IPM 模式相反，OPM 模式强调从满足顾客需求和提高市场竞争力出发，由外及内拉动电子商务建设，其步骤如图 5-2 所示。

内部活动
信息化

外部活动
信息化

内外一体
信息化

第一步
分散建设基本
职能子系统

第二步
整合内部
信息管理

调整

第三步
构建 EC 平台
及相关应用

第四步
内外部信息
管理整合

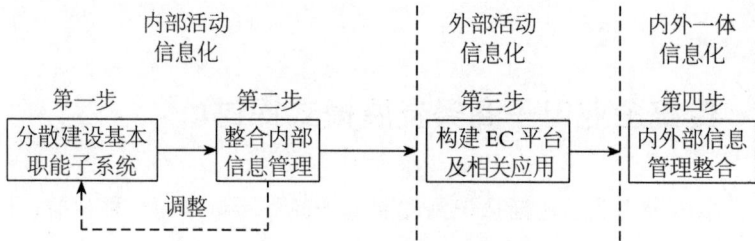

图 5-1　内推式发展模式图示

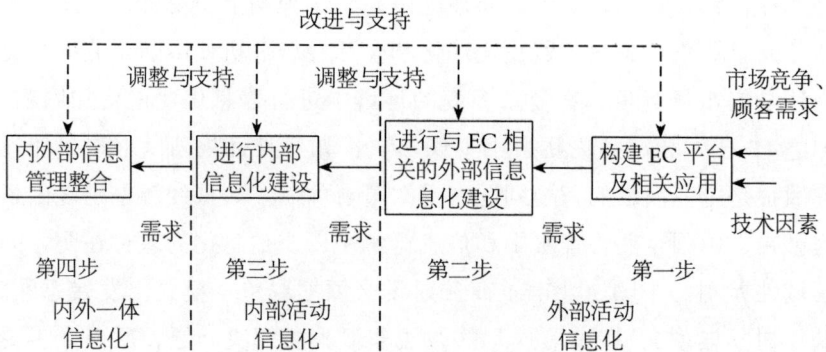

改进与支持

调整与支持　　　调整与支持

市场竞争、
顾客需求

内外部信息
管理整合

进行内部
信息化建设

进行与 EC 相
关的外部信
息化建设

构建 EC 平台
及相关应用

需求　　　　　需求　　　　　需求

技术因素

第四步
内外一体
信息化

第三步
内部活动
信息化

第二步
外部活动
信息化

第一步

图 5-2　外拉式发展模式图示

5.5.3　两种模式的比较与适用性分析

IPM 模式与 OPM 模式是两种显著不同的发展模式。IPM 强调企业内部信息化的重要性，要求发展电子商务要从内向外进行，走循序渐进、逐步增强的发展道路，这种发展模式较为稳健、可靠。但循序渐进的稳健性将会导致过长的发展周期，在市场瞬息万变的今天，企业有可能会为此而错过市场机会，失去竞争优势。而且 IPM 需要由后向前的改造与整合才能保证原有建设成果对新系统的有效性，所以系统整合时所付出的努力也是相当巨大的。

与 IPM 相反，OPM 强调市场竞争的重要性，要求发展电子商务先从企业经营管理的外部环节（营销、采购、物流等）入手，优先满足市场竞争的需要，并以此带动企业管理水平的提高。对此，OPM 不失为一种实用性较强的发展模式。但从其发展步骤上也可以看出，该模式前一阶段对后一阶段的拉动效应极强，要求企业必须具备快速响应的能力，如果企业准备不足、执行不力则难以胜任该模式，强行实施极易导致"内外脱节"的后果。企业只能对日益增长的市场需求"扼腕兴叹"，甚至会"忙中致乱"。

两者显明的特征使两种发展模式具有很强的针对性，企业应根据各自面临的诸如市场因素（供应商、顾客、竞争者等）、经营管理水平、资金实力、信息化水平、行业特点等实际情况选择适合自己的发展模式。一般来说，对于内部管理机制复杂、竞争优势和竞争力主要取决于内部经营管理水平的企业，如大、中型制造企业，IPM 比较适合；而对于内部管理机制较为简单、竞争优势和竞争力主要取决于外部业务（营销、采购等）的企业，如中小型企业、流通企业等，OPM 则较为合适。

第6章 企业电子商务成熟度模型设计方法

构建本书的传统企业电子商务成熟度模型（TE-EMM）并不是一个简单的系统工程，除了电子商务领域广泛的理论基础外，还需要有成熟度模型科学的设计理论与方法。

6.1 成熟度模型设计流程

通过在第2.3节中对信息系统领域中6种成熟度模型构建过程的对比，识别出5个共同的设计过程，结合本书的性质和特点，以及所研究的主体对象，综合以上成熟度模型的设计流程，设计了本书的企业电子商务成熟度模型构建流程（见图6-1）。

本书的 TE-EMM 设计流程主要包括7个阶段：①定义范围；②对比现有成熟度模型；③决定模型构建策略；④构建成熟度模型；⑤设计模型实施工具；⑥应用成熟度模型；⑦评价成熟度模型。本书尝试用 Becker 等（2009）识别的必要工作来初步评价本书构建的成熟度模型设计流程（见表6-1）。

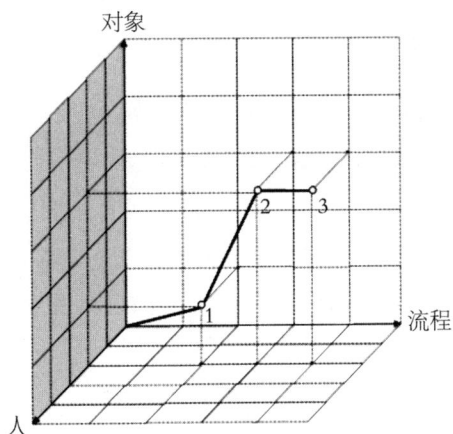

图 6-1　企业电子商务成熟度模型设计流程

表 6-1　　　用 Becker 等（2009）识别的必要工作评价本

书的成熟度模型构建方法

必要工作 （Requirements）	评价 （Evaluation）
R1-对已有成熟度模型的对比	这部分阐述在"对比现有成熟度模型"阶段。通过对比识别现在相关成熟度模型的共同特点与不足
R2-反复的过程	在"构建成熟度模型"和"设计模型实施工具"阶段中，分别反复进行模型框架内容、模型评估方法与工具的构建和设计
R3-评价	在完成模型构建与模型评估工具设计后，需要分别对已完成的工作进行评估；此外，对整个模型的评估也以案例的形式出现在"应用成熟度模型"阶段
R4-多种方法的过程	在"设计模型实施工具"阶段，使用了调查问卷等多种方法
R5-问题相关性的识别	阐述在"定义范围"阶段
R6-问题定义	阐述在"定义范围"阶段
R7-有针对性的对结果的说明	对成熟度模型的应用条件及模型用户需要的准备等阐述在"应用成熟度模型"阶段
R8-科学文件	这个过程表现在各个阶段对应的读/写文档的操作中

6.1.1 定义范围

在定义范围阶段，开发者需要面对重要的设计模型决策。de Bruin（2005）认为，定义范围的决策将会影响成熟度模型构建的整个过程，确定目标模型的范围就是设置模型实施和运用的外部边界。在这个阶段，本书参照 Mettler（2011）定义范围阶段中应考虑的参数（见表 6-2）。

表 6-2　　Mettler（2011）"定义范围"阶段的决策参数

阶段	决策参数	特征			
定义范围	重心/广度	一般的问题		特定的问题	
	分析的层面/深度	群体决策	组织层面	组织间层面	全球和社会
	新奇性	新兴的	迅速的	颠覆性的	成熟的
	目标读者	面向管理的	面向技术的	两者	
	传播方式	开放的		专用的	

6.1.2 对比现有成熟度模型

本书以谷歌学术搜索（http://scholar.google.com）为检索工具，以"e-business maturity model"和"e-commerce maturity model"为检索词，选取 2000—2013 年发表的且被引用次数较多的电子商务成熟度模型的研究作为对比文献。选取的文献有：《电子商务成熟度阶段——电子商务成长阶段模型》（Mckay 等，2000）、《电子商务的演变》（Earl，2000）、《中小企业电子商务的发展——一种阶段模型及其含义》（Rao 等，2003）、《B2B 电子商务成长阶段——战略需要》（Chan & Swatman，2004）、《用能力、成熟和制度化的概念建立电子商务能力成熟度模型》（Chung-Yang Chen 等，2006）、《电子商务成熟度和区域发展》（Paul，2007）、《电子商务成熟度基准 2008》（赛门铁克公司，2009）、《电子商务成熟度——度量企业走向成熟的方法》（Hoffs，2011）以及《一种情境的电子商务成熟度模型》（Petrachkov，2012）。对已有的电子商务成熟度模型的对比评述将在第 6.2 节中详细阐述。

6.1.3 决定模型构建策略

完成对现有成熟度模型的对比后，本阶段作为构建成熟度模型构建之前的最后一个准备阶段，本书以 Mettler（2011）"模型设计"阶段的参数为本阶段的决策参数（见表 6-3）。

表 6-3　　　　Mettler（2011）"模型设计"阶段的决策参数

阶段	决策参数	特征			
设计模型	成熟度定义	过程为重点	对象为重点	人为重点	三者的组合
	目标函数	一维的		多维的	
	设计过程	理论为驱动	实践为基础	二者的组合	
	设计成果	形式的文字说明	形式和功能的文字说明	实例（评估工具）	
	实施方法	自我评估	第三方辅助评估	认证的专业机构	
	受访者	管理人员	员工	业务伙伴	三者的组合

6.1.4 构建成熟度模型

这一阶段是构建成熟度模型的主体阶段，也是一个复杂的构建过程。Becker 等（2009）认为这个阶段是一个反复的模型构建过程，并应该经历 5 次的反复构建：第一轮，起草一个主要的成熟度模型的结构；第二轮，定义模型的维度及其属性；第三轮，调整成熟度模型的结构；第四轮，结构修改后的模型成为一个新的修订的成熟度版本；第五轮，结构已经没有必要再修改，只需对维度的指标再进行修改。

本书为此阶段设计了 4 个子步骤：①设计层级；②设计维度；③定义依赖性；④提升策略。4 个子步骤反复地构建与确定，直到所构建的层级、维度、依赖性以及策略达到协调一致。"设计层级"是为电子商务成熟度模型设计成熟度等级；"设计维度"是为每个成熟度层级设计确定成熟度水平的重点域；"定义依赖性"是指在完成成熟度层级以及重点域的设计后，对重点域在各个成熟度层级上的特征/关系进行定义。在完成对模型框架与内容的构建后，在此阶段，还有一项工作——设计企业电子商务成熟度的提升策略，这一项子任务是一个难点，因为在前文中成熟度模型的对比阶段，已经指出要给出成熟度明显的建议是困难的，在相关企业电子商务成熟度模型中也鲜有给出，因此，在本书中，这个任务是大胆的尝试与创新。

6.1.5　设计模型实施工具

成熟度模型构架和内容验证通过之后，就开始成熟度评估工具的设计。成熟度评估工具以构建好的成熟度模型为基础，将成熟度模型中的概念转移为应用到评估的过程中而进行的评估设计，是成熟度模型的重要组成部分。选择评估工具是为构建好的电子商务成熟度模型选择科学、合理、合适的应用企业电子商务成熟度评价的实施工具。

此阶段设计了三个子阶段：①选择评估工具；②设计评估方法；③设计评估问卷。设计评估方法是设计成熟度水平获得的方法。设计评估问卷则根据成熟度模型的框架和内容，对每一个层级中的关键域设计问题，这些问题可以集中在一张调查问卷上，问题的设计是层级和对应的最佳实践描述。例如，van Steenbergen 等（2010）指出在动态结构成熟度矩阵（DyAMM）模型中，每一个成熟度层级中能力都有 2~4 个是或否的评估问题，所有与层级能力有联系的问题必须回答"是"，以表明已经达到此成熟度水平的能力。

评估工具的科学性、严谨性以及评估工具的质量强烈地影响着成熟度模型的评估质量与科学性。因此，此阶段仍是本书的研究重心，设计评估工具的内容将在第 8 章详细阐述。

6.1.6　应用成熟度模型

这个阶段也是构建成熟度模型的目的所在：将构建好的成熟度模型的概念与成熟度评估工具移植到现实组织中，对组织进行成熟度评价。这个阶段也是对构建好的成熟度模型在实例条件下的再评估，通过发现已构建的成熟度模型在应用与实施中的问题，进行不断完善与发展，从而解决在实施评价中遇到的问题，更好地为组织相关成熟度水平作出评价。此阶段内容以实证研究的形式在第 9 章详细阐述。

6.1.7 成熟度模型评价

在此阶段，仍然采用 Mettler（2011）"评价设计"阶段的决策参数（见表 6-4）作为本书此阶段的策略参数。成熟度模型的评价在第 7 章详细阐述。

表 6-4　　　**Mettler（2011）"评价设计"阶段的决策参数**

阶段	决策参数	特征		
评价设计	评价的主题	设计过程	设计成果	二者的组合
	时间框架	事前 （Ex-ante）	事后 （Ex-post）	二者的组合
	评价的方法	自然的方法		人工的方法

6.2　电子商务成熟度模型对比评述

6.2.1　对比方法

本书以 Jones 的电子商务成熟度模型对比框架与 Mettler 的成熟度模型分类系统这两个被学者们广泛接受和使用的对比框架为基础整合出本书的对比框架，实现对上述选取文献中的模型对比评述。

Jones（2006）和 Mettler（2010）的模型对比框架存在一些相同的属性（例如来源和验证）。Mettler 的对比框架对所有成熟度模型可以通用，而 Jones 的对比框架仅以电子商务成熟度模型为研究对象。在本书中借鉴两者，去除表 2-2 中成熟度模型一般属性维度中的次要出处、解决主题和取得途径三个属性因子，把表 2-1 中视角、演化、重点、范围以及层级对比因子扩充到 Mettler 对比框架中成熟度模型一般属性维度中，将它们整合在一起以形成本书的电子商务成熟度对比框架，见表 6-5。

表 6-5 **本书的电子商务成熟度模型对比框架**

维度	属性因子									
成熟度模型一般属性	名称	名称缩写	主要出处	视角	范围	来源	目标读者	出版年份	演化	重点	层级
成熟度模型设计	成熟度的概念			构成			可靠性		可变性		
	流程成熟度	对象成熟度	人的能力	成熟度自查方格	Likert量表式问卷	CMM样式	验证	有效	形式	功能	
成熟度模型应用	实施的方法			实施的支持				实施的策略		
	自我评估	第三方辅助评估	认证的机构评估	无支持材料	文字说明书/手册	软件评估工具		含蓄的建议	明确的建议	

6.2.2 对比评述

利用整合后的对比框架对选取的文献进行对比，对比表见附录 3 和附录 4。

附录 3 是成熟度模型一般属性维度的对比，这一维度描述的是模型总体的特征，从表中可以看出所有选取进行对比的模型都是以技术或企业为基础的视角，其中更多数的模型是以企业为视角，这说明模型建立的目的主要是尝试为企业服务。在范围上，更大范围的电子商务（E-business）被广泛探讨，可以看出电子商务由 E-commerce 向 E-business 发展的趋势，即企业或组织更注重使用新技术在内部与外部开展电子商务的竞争与合作。在来源上，几乎所有的模型都是学术上的探讨，仅有赛门铁克公司的电子商务成熟度模型是以商业为目的，来自私营组织。在演化上，全部的模型都将模型的成熟度水平分为若干成熟度阶段，是线性的模型。绝大部分模型未界定使用重点。

关于各对比模型层级，汇总在附录 5 中，可以看出每个模型中的成熟度等级都是从初始级的电子商务向更高级、更完善的电子商务发展。随着成熟度等级的提升，高层级的成熟度都比低的层级拥有更好的电子商务能力，成熟度等级的提升也体现出电子商务在企业发展的方向和趋势。

附录 4 是成熟度模型的设计维度和成熟度模型的应用维度的对比。在设计维度中，关于成熟度的概念，大部分的模型都以对象或流程作为成熟度涉及的主要重点，有 1 个模型仅仅以对象作为成熟度的概念，仅仅有 3 个模型三者都包含。本书将对比模型中的层级评价维度，综合在附录 6 中，附录 6 表中模型对应列中有底纹的单元格是其维度，单元格里的文字是模型文献对此维度的用词（若有底纹的单元格内没有文字，则模型中对该维度没有明显的描述）。

在构成上，绝大部分模型都是以成熟度自查方格的形式组织的，仅有 2 个是 CMM 样式的模型，有一个可被鉴定为是用 Likert 量表式问卷来表达的模型，还可以发现 CMM 样式的模型，对成熟度的概念都涉及流程，这与 CMM 模型的特点是分不开的。可靠性中，有近一半的模型在文献中进行了验证，对可靠性中的有效则只能鉴定较早的 3 个文献中的模型在实例中被应用是有效的，例如，Mckay 等（2000）的电子商务成长阶段模型被应用在了一些澳大利亚的公司中（Prananto 等，2003），然而对于剩下的模型无法验证其应用于实际的有效性。对于可变性，在所有选取的文献中都无法鉴定其形式或功能的可变性。

在成熟度模型的应用维度中，可以鉴别出有 4 个模型使用自我评估的方法，有 1 个模型应用的是第三方辅助评估的方法，对于剩下的 4 个模型则主要关注于阐述模型的设计，知并没有表达应用模型，因此很难鉴定出模型应该使用哪些实施方法。没有一个模型由认证的从业机构进行过评估。关于实用的策略，有 6 个模型给出了关于成熟度水平提高的含蓄的建议，在剩下 3 个模型中很难找到相关内容。

6.2.3 评述总结

利用整合后的对比框架，经过上述对比与评述，首先，可以看出上述模型尤其是以成熟度自查方格形式构成的模型，很难说它们很不相同，对于由复杂的 CMM 样式构成的电子商务成熟度模型也只是少数。其次，对比的大部分模型都是因为评价特别地区的个体企业的需要而研究产生的，使得这些模型被广泛应用的可靠性、可移植性与可变性很难保证。模型的评价维度也更加面向应用企业的实际情况，使评价考虑的因素更加全面，但是对于维度下具体的评价指标，本书认为每个模型具体的评价指标并非全面，还有进一步完善的空间。最后，对比的模型都注重对模型本身的描述，却很少有如何在实际中应用模型、用什么样的评价方法进行成熟度的评估等，即对实施的方法与支持很少讨论，有的文献中甚至没有提及。此外，在对比的模型中很难找到明确的成熟度提升策略与建议，但这也不应该奇怪，毕竟给出明确的电子商务成熟度提升策略并非易事。

第7章　传统企业电子商务成熟度模型详解

根据前文中设计的企业电子商务成熟度模型构建方法，本章从以下几个方面阐述传统企业电子商务成熟度模型（TE-EMM）。

7.1　定义范围

本书以企业电子商务成熟度为研究对象，拟构建的 TE-EMM 涉及的对象是企业内实施的电子商务活动，企业的主体主要针对实施电子商务的传统企业。对于第一个参数，所要构建的 TE-EMM 的研究重心（广度）是针对传统企业的特定研究问题。对于第二个参数，电子商务的运作不只是组织内的活动，还涉及供应链上的组织，TE-EMM 所要的分析层面（深度）涉及组织间的决策。关于 TE-EMM 的新奇性，在电子商务领域中，并没有一个标准的成熟度模型。因此，TE-EMM 的新奇性可以被认为是"速度的"，即 TE-EMM 所涉及的成熟度模型的概念在不同领域中应用，各种新的成熟度模型正在被构建，但是成熟度模型的设计和标准并没有广泛被认可。关于目标读者（用户），TE-EMM 主要面向组织中的管理者，评估后的结果反馈给管理者以帮助企业管理者提升电子商务能力。鉴于本书的性质以及 TE-EMM

并不是针对某组织的特定研究项目，因此，TE-EMM 的传播是开放的。TE-EMM "定义范围" 阶段的决策参数结果见表 7-1。

表 7-1　　　　TE-EMM "定义范围" 阶段的决策参数结果

阶段	决策参数	特征			
定义范围	重心/广度	一般的问题		特定的问题	
	分析的层面/深度	群体决策	组织层面	组织间层面	全球和社会
	新奇性	新兴的	迅速的	颠覆性的	成熟的
	目标读者	面向管理的	面向技术的	两者	
	传播方式	开放的		专用的	

7.2　决定模型构建策略

在此阶段就是要对成熟度概念在所要构建的电子商务成熟度模型中应用有一个初步的把握，并明确模型的构成类型。

通过第 2 章对现有电子商务成熟度模型的对比，目前电子商务成熟度模型的构成有三种类型：①CMM 样式；②成熟度自查方格；③Likert 量表式问卷。其中 CMM 样式的成熟度模型主要以著名的 CMM 为基础，这种评估开发软件能力的成熟度模型并不能正确地处理商业上的问题，例如，Song & Zhu（2011）就指出业务流程成熟度模型不适合在 CMM 基础上构建。因此，本书所要构建的 TE-EMM 并不是 CMM 样式的成熟度模型，而是一个成熟度自查方格形式的成熟度模型。

在成熟度模型相关概念中，已经提及成熟度模型有三种类型：阶段型成熟度模型、连续型成熟度模型以及上下文型成熟度模型。尽管上下文型成熟度模型可能更适合实际中成熟度的评估，但在本书中，考虑到上下文型成熟度模型的复杂性、成熟度模型构建工作的艰巨性以及本书创作时间的紧迫性，最终决定将 TE-EMM 构建为一个连续型成熟度模型。

电子商务是复杂的系统，其运作表现不仅和电子商务的业务流程有关，还受到员工素质、知识技能等电子商务运作中所涉及的各种对象（如政策、法律、企业的战略）的深刻影响，因此 TE-EMM 对成熟度的定义是过程、对象和人三者的组合。Mettler（2011）的"设计模型"阶段的参数在此阶段的决策结果见表 7-2。

表 7-2　**TE-EMM"决定模型构建策略"阶段的决策参数结果**

阶段	决策参数	特征			
设计模型	成熟度定义	过程为重点	对象为重点	人为重点	三者的组合
	目标函数	一维的		多维的	
	设计过程	理论为驱动	实践为基础	二者的组合	
	设计成果	形式的文字说明	形式和功能的文字说明	实例（评估工具）	
	实施方法	自我评估	第三方辅助评估	认证的专业机构	
	受访者	管理人员	员工	业务伙伴	三者的组合

7.3　构建成熟度模型

通过阅读与学习大量相关文献，根据 TE-EMM 设计方法以及电子商务的特点，反复不断地对 TE-EMM 的层级、维度和依赖性进行设计与定义，完成了 TE-EMM 的构建。以下分四个部分描述：

7.3.1　框架

本书所构建的 TE-EMM 是一个连续型成熟度模型，TE-EMM 的框架结构由成熟度层级和维度（相同属性重点域的集合）构成。

尽管 TE-EMM 不是以过程成熟度为中心的 CMM 样式的成熟度模型，但是 TE-EMM 仍然借鉴 CMM 的特点以及 CMM 样式成熟度模型对层级的命名方法，命名不但简洁而且也易于模型使用者理解层级的主要特点。TE-EMM 的五个层级分别为：①初始级：电子商务未计划；②可重复级：电子商务意识；③已定义级：电子商务管理；④已管理级：电子商务集成；⑤优化级：电子商务延伸。

表 7-3　　　　　　　　TE-EMM 的框架结构

		1. 初始级：电子商务未计划	2. 可重复级：电子商务意识	3. 已定义级：电子商务管理	4. 已管理级：电子商务集成	5. 优化级：电子商务延伸
管理与组织	愿景与战略	（依赖性）	（依赖性）	（依赖性）	（依赖性）	（依赖性）
	领导与战略承诺	…	…	…	…	…
	治理与组织协同	…	…	…	…	…
基础建设	IT战略与愿景	…	…	…	…	…
	IT架构与基础设施	…	…	…	…	…
	业务与IT匹配	…	…	…	…	…
人与文化	员工能力	…	…	…	…	…
	员工交流	…	…	…	…	…
	企业文化	…	…	…	…	…
业务流程	流程管理	…	…	…	…	…
	绩效评估	…	…	…	…	…
	成本管理	…	…	…	…	…

　　TE-EMM 的成熟度维度是具有相同属性重点域的集合，重点域是为区分成熟度层级而对电子商务中涉及的关键过程、对象等所识别的关键标准。因此，基于管理学的视角和借鉴已有模型的研究成果，TE-EMM 将每个成熟度层级分为四个维度：①管理与组织（M&O）；②基础建设（I&I）；③人与文化（P&C）；④业务流程（Process）。其中，"业务流程"维度是对成熟度过程的定义，"管理与组织"和"基础建设"维度是对象成熟度，"人与文化"维度是关于人的成熟度。

　　根据电子商务的特点、运作结构以及已构建好的成熟度维度的属性，在每一个维度下又有三个子维度，即 TE-EMM 的重点域。将

TE-EMM 的层级、维度、重点域归纳在一张表中，就可以清晰地看出 TE-EMM 的框架结构（见表 7-3）。

7.3.2 层级

从 TE-EMM 框架中已知，TE-EMM 中定义了如图 7-1 所示的五个成熟度层级。

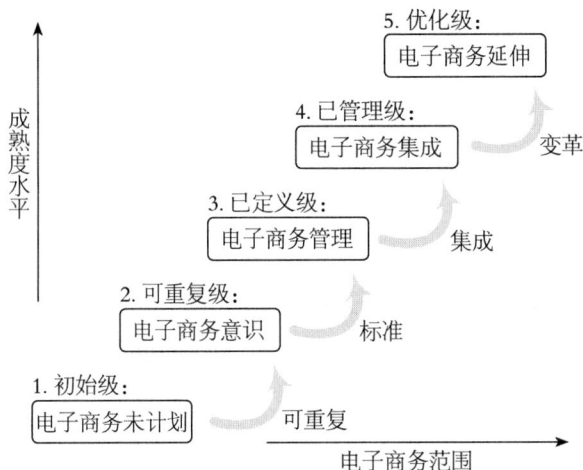

图 7-1 TE-EMM 的成熟度层级

从图 7-1 可以看出，随着成熟度层级的提升，成熟度水平越高。从"初始级：电子商务未计划"到"优化级：电子商务延伸"，组织中电子商务所能胜任的电子商务能力与范围越来越大。

（1）Level 1：初始级

在这个层级，电子商务未上升到企业的战略层面，电子商务没有详尽的战略、计划以及规范化的运作步骤，电子商务的运作是通过个别人的努力来维持的。

"初始级"中，企业还无法完成在线交易，企业与顾客的接触与互动仍然是有限的传统通讯方式，如 E-mail、电话等。"初始级"的另一个主要特点是这个层级的电子商务没有内部之间与/或外部流程的集成，这个层级中电子商务的主要目的是为企业吸引新的用户与顾客。

这个层级不应该被认为是真正的电子商务水平，但是，"初始级"是电子商务成熟度层级中必不可少的，因为它为企业的电子商务成熟之路确定了初始的起点，是设计其他更高级的成熟度层级的基础。

（2）Level 2：可重复级

在"可重复级"，企业中的管理层已经意识到在企业中开展电子商务的意义，但是企业的电子商务仍然没有上升到企业的长期战略层，只是对电子商务进行短期的计划。电子商务项目是根据先前实践的经验在企业中进行开展，对电子商务的活动、功能、流程进行了一些简单、有限的定义，但是由于处于此层级的企业重点面向的是短期的电子商务活动，导致这些电子商务活动很难为企业长期电子商务定义与规划提供经验。

与"初始级"不同，处于"可重复级"的企业能够通过电子商务解决方案实现产品与服务的在线交易，包括企业对企业的电子商务（B2B）、企业对消费者的电子商务（B2C）的在线交易能力。在"可重复级"中，企业的电子商务网站上可能使用了 Web 2.0 或更先进的技术，使用户可以对产品、服务进行评价和推荐，实现用户与用户之间的互动。此外，组织主要通过 E-mail、电话、线上或线下的调查问卷等方式为企业的生产和营销决策收集数据，但是此层级的电子商务不会对用户在线的行为进行数据收集与分析。这个层级中电子商务的主要目的不仅是吸引新的用户与顾客，而且还致力于维持用户，提高企业业务的运作效率。

这个层级中电子商务的主要特征是企业通过初步实施前台与后台办公系统，具有了电子商务的简单功能，企业对电子商务交易的成本、计划安排、功能等可以进行简单的跟踪与管理，这些管理可以根据经验实现电子商务业务与流程的有限重复开展。

（3）Level 3：已定义级

在"已定义级"，电子商务已经成为企业的部门战略，由专门的部门对电子商务进行管理与控制。由于经过先前层级中积累的经验，企业更好地理解了电子商务运作中的技术与管理，企业部门能够对电子商务的渠道管理进行准确的定义，通过明确的定义与控制电子商务中的渠道管理，企业已经获得了实现电子商务功能的基础，使企业从上一层级中的电子商务业务与流程的有限重复转变为电子商务业务与流程的标准化运作。此外，企业通过制定详细的电子商务战略与规划以保障电子商务按照已定义的渠道管理顺利地开展。

在这个层级中，企业内部的前台办公系统与后台办公系统已经较前一层级有了明显的完善，并且企业内部的前台办公系统与后台办公系统之间已经有了初步的集成，能够使企业采购、营销等业务活动的效率得到更大的提高。在"已定义级"中，企业获得了更强大的数据搜集与分析能力，企业不再仅依靠利用线上或线下调查问卷的方式获取信息与数据，更可以利用分析型 CRM 对顾客在线行为进行数据挖掘与分析，使企业可以依靠强大的数据分析能力为企业采购、生产、营销与创新等提供决策支持。这个层级中企业电子商务的主要目的仍然是降低成本和提高效率。

这个层级的主要特征是企业电子商务建设与业务流程的标准化。

（4）Level 4：已管理级

在"已管理级"，电子商务已经成为企业战略层重要的内容，企业的电子商务已经成为企业的一项可预测资产。企业在企业内部的不同部门制定电子商务的目标，企业按照行业的标准定量和定性地定义电子商务的业务和流程，这就使处在已管理级的企业能够准确控制与预测业务和流程的进度。

处在"已管理级"的企业内部的各种信息系统之间已经实现了更高水平的集成，前台办公系统与后台办公系统能够很好地实现信息的共享与管理，使企业内部各部门能够更紧密地结合在一起。同样，通过企业内部信息的交换、分析以帮助企业优化电子商务业务与流程，为企业采购、生产、营销与创新等提供更好的决策支持。此外，企业与企业外部供应链上的合作伙伴也初步有了信息系统的集成，但是企业内部与外部之间的集成水平不高。这个层级中企业电子商务的主要目的是提高效率和提升企业竞争力。

处于"已管理级"的企业的电子商务的特征是企业不同部门之间以及其与外部的定量与定性的集成管理。

（5）Level 5：优化级

"优化级"是 TE-EMM 成熟度层级中最高的层级，具有最高的电子商务成熟度与电子商务能力。在"优化级"，企业专注于持续提高企业的电子商务能力，电子商务成为企业战略重要的组成部分，企业为电子商务制定长期的规划以实现企业的长期战略目标。

在电子商务能力最成熟的这个层级中，电子商务活动已经存在于企业的整个价值链中，企业电子商务的开展专注于为企业内外部的整个价值链增加更多的价值。这个层级是"电子商务+ERP+CRM+SCM+BI+EAI"的集成。企业通过 ERP+CRM+SCM，使企业电子商务能更高效、更迅速地响应合作伙伴以及顾客的需求，并通过与 BI 系统的集成使企业能更高效地分析与利用企业所集成的信息系统中的信息，将数据转化为对决策有价值的信息，为企业文化和企业创新带来持续提升与变革的动力。可见，这个层级中企业电子商务的主要目的是持续提高企业的核心竞争力并为企业创造更多价值，特征是持续变革与创新。

此外，在"优化级"，企业能够准确控制业务和流程的进度，而且还能对电子商务的绩效与成本管理进行更为准确的定量评估、预测与控制，实现企业价值的持续增长。

7.3.3　维度

TE-EMM 的四个维度（见图 7-2）以及其下属的重点域是 TE-EMM 中已经识别的影响企业电子商务成功运作的影响因素，是 TE-EMM 评价成熟度水平的关键因素，每一维度的成熟度水平都影响企业总的电子商务成熟度水平，对成熟度的评价起着至关重要的作用。

对 TE-EMM 中的四个成熟度维度进行详细阐述如下：

（1）管理与组织

"管理与组织"维度（M&O）度量的是企业涉及管理方面的水平。TE-EMM 中"管理与组织"维度是对企业在维持电子商务正常运作管理中建立健全管理机构、合理配备人员、制定各项规章制度等工作的总称。"管理与组织"关注的是组织管理中对电子商务运作所做出的决策，

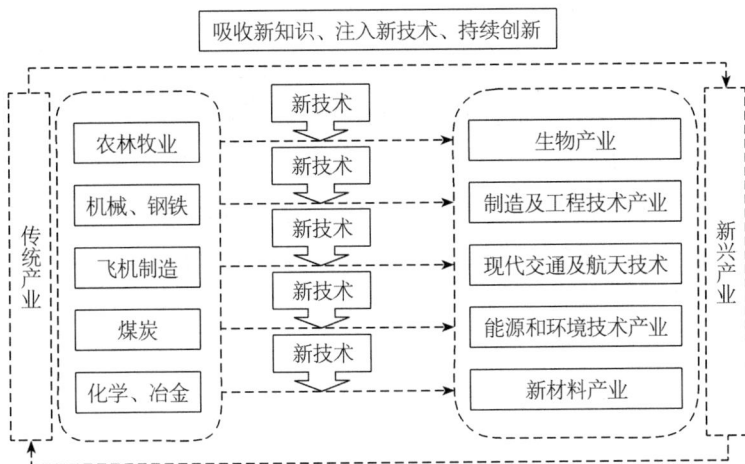

图 7-2　TE-EMM 的维度

因此，这个维度在评估时所要面对的对象是企业战略层的高层管理者。

TE-EMM 在"管理与组织"维度下识别了以下三个重点域：

①愿景与战略

TE-EMM 中"愿景与战略"重点域是对企业中关于电子商务的发展目标和发展战略的识别，即识别企业电子商务的愿景和战略是如何规划的。TE-EMM 从以下 4 个子重点域评估"愿景与战略"：

A.电子商务是否为企业战略的组成部分（M&O-1-1）；

B.企业是否为电子商务制定长期的规划以实现企业的长期战略目标（M&O-1-2）；

C.企业的电子商务战略是否与企业战略转向始终一致（M&O-1-3）；

D.企业电子商务战略的制定是否注重于成为扩展企业（M&O-1-4）。

②领导与战略承诺

TE-EMM 中"领导与战略承诺"重点域是企业中领导对企业发展电子商务的认识以及对其电子商务承诺的识别。TE-EMM 从以下 2 个子重点域评估"领导与战略承诺"：

A.企业管理者对电子商务价值的识别程度（M&O-2-1）；

B.推动企业开展电子商务举措的驱动力（M&O-2-2）。

③治理与组织协同

TE-EMM 中"治理与组织协同"重点域是企业对电子商务的治理以及其运作的协同方式的识别。TE-EMM 从以下 2 个子重点域评估"治理与组织协同":

A. 企业电子商务举措的治理与组织方式（M&O-3-1）；

B. 企业电子商务治理与组织的举措对象（M&O-3-2）。

（2）基础建设

"基础建设"维度（I&I）指的是企业运作电子商务所需要架设的IT 基础设施。TE-EMM 在"基础建设"维度下识别了以下 3 个重点域：

①IT 战略与愿景

TE-EMM 中"IT 战略与愿景"重点域是对企业 IT 战略规划对电子商务规划的识别，即识别企业电子商务是不是企业 IT 战略的组成部分。TE-EMM 从以下 2 个子重点域评估"IT 战略与愿景"：

A. 企业是否建立了与电子商务战略协同一致的 IT 战略与愿景（I&I-1-1）；

B. 企业建立 IT 战略与愿景的性质和目的（I&I-1-2）。

②IT 架构与基础设施

TE-EMM 中"IT 架构与基础设施"重点域是对企业中电子商务运作所应用的 IT 架构和基础设施的识别。TE-EMM 从以下 5 个子重点域评估"IT 架构与基础设施"：

A. 企业 IT 管理程序的制定情况（I&I-2-1）；

B. 企业 IT 基础设施建设的情况（I&I-2-2）；

C. 企业对 Web 2.0 技术、数据挖掘、数据仓库等商务智能的使用情况（I&I-2-3）；

D. 企业 ERP、CRM 信息系统的使用情况（I&I-2-4）；

E. 企业内部与外部之间的信息系统实现的企业应用集成的情况（I&I-2-5）。

③业务与 IT 匹配

TE-EMM 中"业务与 IT 匹配"重点域是对企业中电子商务的战

略、业务流程等是否与企业当前所实施的 IT 互相匹配的识别。TE-EMM 从以下 6 个子重点域评估"业务与 IT 匹配":

A. 企业对业务与 IT 匹配的理解情况（I&I-3-1）；

B. 根据电子商务业务制定的 IT 指标（I&I-3-2）；

C. 根据 IT 制定的业务指标（I&I-3-3）；

D. 企业对电子商务应变的态度和能力（I&I-3-4）；

E. 企业对业务与 IT 匹配的评估的建设情况（I&I-3-5）；

F. 企业对持续改进业务与 IT 匹配的建设情况（I&I-3-6）。

（3）人与文化

电子商务的成功取决于企业员工的能力、内部交流和领导的方式。"人与文化"维度（P&C）度量企业中的员工以及企业电子商务文化的成熟度水平。

TE-EMM 在"人与文化"维度下识别了以下 3 个重点域：

①员工能力

TE-EMM 中"员工能力"重点域是对已设定的 5 个电子商务成熟度层级中员工在每一成熟度层级中应具备的素质能力和技术水平的识别，即识别企业电子商务的开展是不是涉及企业员工的技术水平和能力的发展。TE-EMM 从以下 2 个子重点域评估"员工能力"：

A. 企业电子商务的员工配置情况（P&C-1-1）；

B. 企业要求的员工对商务、IT 以及电子商务知识和技能的情况（P&C-1-2）。

②员工交流

TE-EMM 中"员工交流"重点域是对企业中电子商务运作中员工对工作中的技术技能、方法、经验等知识的交流的识别，即识别电子商务举措中企业员工之间是不是经常互相交流自己的工作方法、经验与心得。TE-EMM 从以下 2 个子重点域评估"员工交流"：

A. 企业员工之间沟通和交流的形式（P&C-2-1）；

B. 企业员工间知识分享的特点（P&C-2-2）。

③企业文化

TE-EMM 中"企业文化"重点域是对企业电子商务举措中对企业

文化支持电子商务的识别。TE-EMM 从以下 5 个子重点域评估"企业文化":

A. 企业文化对电子商务的认同情况(P&C-3-1);

B. 企业对于电子商务创新的态度(P&C-3-2);

C. 企业组织教育、交叉培训的情况(P&C-3-3);

D. 企业对其开展的电子商务在企业中的价值定位(P&C-3-4);

E. 在企业文化的影响下电子商务管理者形成的管理风格(P&C-3-5)。

(4)业务流程

企业电子商务的业务流程是由商流、物流和信息流三个相互关联的子系统共同构成的。TE-EMM 在"业务流程"维度下识别了以下 3 个重点域:

①流程管理

TE-EMM 中"流程管理"重点域是对企业中已有的业务流程进行的识别,即识别企业电子商务的业务流程是不是很好地与企业目前的业务标准一致。TE-EMM 从以下 2 个子重点域评估"流程管理":

A. 企业的电子商务业务流程定义情况(Process-1-1);

B. 企业的电子商务业务流程集成情况(Process-1-2)。

②绩效评估

TE-EMM 中"绩效评估"重点域是对企业电子商务运作中绩效评估方法的识别。TE-EMM 从以下 3 个子重点域识别"绩效评估"的能力成熟度:

A. 电子商务绩效评估的渠道目标(Process-2-1);

B. 电子商务绩效评估的规划和报告(Process-2-2);

C. 电子商务绩效评估的评估重点(Process-2-3)。

③成本管理

TE-EMM 中"成本管理"重点域是对企业电子商务举措中成本管理方式的识别。TE-EMM 从以下 2 个子重点域评估"成本管理":

A. 企业电子商务的成本是如何进行度量和控制的(Process-3-1);

B. 企业在电子商务成本管理中是否利用投资组合分析(Process-3-2)。

7.3.4　依赖性

依赖性是指 TE-EMM 所识别的成熟度维度与其对应的成熟度层级之间的关系，这种关系具体描述与定义了 TE-EMM 在每一层级下不同成熟度维度所具有的特征、能力等，是 TE-EMM 的重要内容。构建好的传统企业电子商务成熟度模型（TE-EMM）基准表见附录 7。

对 TE-EMM 中的成熟度维度与其对应的成熟度层级之间的依赖性详细阐述如下：

（1）管理与组织

Level 1：初始级。在"管理与组织"维度中电子商务并没有被规划到企业的"愿景与战略"中，此时的电子商务并不是企业战略中的一部分。

在"领导与战略承诺"方面，处于"初始级"的电子商务是个别看到电子商务将能给企业带来价值的管理者推动的，这个层级的电子商务的运作是通过个别人的努力来维持的，成本、效率以及为企业吸引更多潜在顾客是管理者决定推动电子商务举措的驱动力。

在"治理与组织协同"方面，企业并没有形成明显的电子商务治理模型，这个层级的电子商务管理与组织协同水平很低，管理者对电子商务管理只是重点面向电子商务已可以实现的部分功能，如网站建设方面的管理。

Level 2：可重复级。在"愿景与战略"方面，虽然电子商务仍然不是企业长期战略的一部分，但是高层领导与管理者已经开始关注与制定企业短期的电子商务发展目标和战略。

在"领导与战略承诺"方面，管理者虽然认识到电子商务的潜力与价值，但是管理者仍然没能为电子商务制定明确的管理战略，管理者推动电子商务举措的驱动力仍是成本、效率、吸引与维持顾客。

在"治理与组织协同"方面，根据先前的电子商务实践，企业的电子商务管理已经发展为对以电子商务为中心的群体进行管理，这个层级的电子商务已经有许多在线的电子商务举措（如产品与服务的在线交易等），但是电子商务的管理，尤其是与企业其他部门的组织协同水平很低，管理者对电子商务管理仍是以电子商务已实现的功能为主。

Level 3：已定义级。在"愿景与战略"方面，企业已经定义了企业的电子商务战略，电子商务成为企业的部门战略。

在"领导与战略承诺"方面，根据先前的电子商务实践，高层领导与管理者对企业开展电子商务的价值已经明确，推动电子商务举措的驱动力是降低成本与提高效率，并且推动电子商务功能之间以及业务之间的协调，注重于简化电子商务的业务流程。

在"治理与组织协同"方面，企业电子商务的组织方式成为明显的层级制的组织结构，负责电子商务的管理部门制订了电子商务运作的战术计划与管理制度，对电子商务进行以电子商务的功能为中心的管理。

Level 4：已管理级。在"愿景与战略"方面，企业为电子商务制定了跨部门的电子商务战略，电子商务的目标成为不同部门共同努力的目标。

在"领导与战略承诺"方面，企业高层领导与管理者对电子商务带给企业的利益、价值很明确，并且电子商务举措在企业中推进的驱动力是提高企业作业效率和企业的竞争力。

在"治理与组织协同"方面，企业管理者根据电子商务预算来支持电子商务战略的规划，以电子商务的能力为中心并注重提高电子商务专门知识与技术的管理水平。

Level 5：优化级。在"愿景与战略"方面，企业专注于持续提高企业的电子商务能力，电子商务成为企业战略重要的组成部分，企业为电子商务制定长期的规划以实现企业的长期战略目标，电子商务战略的制定更注重于成为扩展企业并且使电子商务战略与企业战略转向一致。

在"领导与战略承诺"方面，不同渠道之间的交易与对企业财务的贡献能够被很好地识别，这个层级电子商务的驱动力是为企业预测市场，创造新的机会，持续提高企业的核心竞争力以及为企业创造更多价值。

在"治理与组织协同"方面，企业电子商务的管理与组织协同水平很高，企业面向分散的电子商务功能，以卓越的成本中心作为战略制定和企业创新的出发点，通过在线渠道与合作伙伴共同创造产品与服务。

（2）基础建设

Level 1：初始级。在"IT 战略与愿景"方面，企业建立 IT 基础设施并没有明显的电子商务战略与愿景，只是根据企业中实施项目的需要建立的，对电子商务也只是实验的目的，IT 战略计划是特定和临时的。

在"IT 架构与基础设施"方面，企业此阶段拥有的可能是企业遗留的系统。在这一成熟度层级中，在企业内部虽然建立了 IT 管理程序，但是也只是特定和临时的；企业还没有自己的产品网页或使用的是静态的网页，静态的页面中并没有使用 Web.20 等更高级的技术，无法完成在线购买等与顾客进行在线交互的功能；企业中没有使用 CRM 系统，或 CRM 系统可能仅仅是作为企业销售代表的一种简单的联系管理的应用程序来使用；企业中没有使用 ERP 系统，或 ERP 的功能仅仅是覆盖在孤立的遗留系统之中；企业内部与企业之间没有正式的企业应用集成。

在"业务与 IT 匹配"方面，企业缺乏对 IT 和业务协同的理解，包括由电子商务出发的对 IT 的理解和由 IT 出发的对电子商务的理解；企业关于 IT 的指标是 IT 技术上的，与企业的业务没有联系；企业关于业务的指标也是特定和临时的，与企业的 IT 没有联系；在此阶段企业抵制改变，不具备业务与 IT 匹配的应变能力；同时，在企业内部没有建立起业务与 IT 匹配的评估体系，因此也没有持续改进业务与 IT 匹配的措施。

Level 2：可重复级。在"IT 战略与愿景"方面，企业 IT 基础设施开始具有关于电子商务的战略与愿景，IT 战略与愿景是建立在电子商务功能与技术基础上的基本计划。

在"IT 架构与基础设施"方面，企业此阶段对企业遗留的系统进行改进或是通过自己建立或购买，已经拥有与"初始级"相比较为完善的系统。在这一成熟度层级中，在企业内部建立了已经定义了的较为标准的 IT 管理程序；企业已经拥有了自己的产品网页，网页中也已经开始初步使用动态的 Web 2.0 等更高级的技术，能够基本实现在线购买等与顾客进行在线交互的功能；企业在前台与后台的电子商务活动中使用了操作型 CRM 系统、ERP 系统以及库存管理系统等；在企业内部与企业之间仍然没有正式的企业应用集成。

在"业务与 IT 匹配"方面，企业通过在"初始级"中的实践，认识到业务与 IT 匹配的重要性，对业务和 IT 协同开始有了有限的理解；此阶段，企业关于 IT 的指标是注重成本效益，关于业务的指标是注重企业的电子商务的功能；在此层级，企业电子商务业务与 IT 匹配的应变能力依赖于企业内部的职能型组织；同时，企业建立了一些典型问题的业务与 IT 匹配的评估体系，有了少量的持续改进业务与 IT 匹配的措施。

Level 3：已定义级。在"IT 战略与愿景"方面，企业建立了与企业电子商务战略协同一致的 IT 战略与愿景，IT 战略的目标是使在企业内部开展电子商务的各种信息系统更加科学和合理化。

在"IT 架构与基础设施"方面，企业制定了详细的 IT 管理程序的标准；企业拥有了更完善的前台与后台办公系统，CRM 等企业前台办公系统与 ERP 等后台办公系统有了初步的、有限的集成；此外，商务智能系统也在企业中使用并由分析型 CRM 为其提供支持；Web 2.0、数据挖掘等更高级技术的使用，使企业拥有了更完善的网站和更强大的数据搜集与分析能力，企业不再仅依靠利用线上或线下调查问卷的方式获取信息与数据，更可以利用分析型 CRM 对顾客在线行为进行数据挖掘与分析。

在"业务与 IT 匹配"方面，此阶段，在高级和中层管理中建立了良好的基于 IT 对电子商务的理解，而基于电子商务对 IT 的理解也开始形成电子商务的意识；IT 已经嵌入到电子商务活动中，在企业内部有计划、有管理地使用先进的信息系统来辅助业务决策；关于 IT 的指标是注重成本效益，关于业务的指标是注重企业的电子商务功能；在此层级，企业认识到业务与 IT 匹配应变能力的重要性，认识到了应变的需要；在企业内部开始形成正式的业务与 IT 匹配评估体系，并开始形成持续改进业务与 IT 匹配的措施。

Level 4：已管理级。在"IT 战略与愿景"方面，企业建立了与企业电子商务战略协同一致的 IT 战略与愿景，IT 战略的目标是实现企业内部各种信息系统之间更高的集成化水平。

在"IT 架构与基础设施"方面，企业制定了详细的 IT 管理程序的标准，并严格遵守；企业拥有了更可靠的信息系统，在企业内部，ERP、CRM、SCM 以及开展电子商务的其他各种信息系统已经完全实现跨组织部门的集成，并且企业与企业外部供应链上的合作伙伴也初步有了信息系统的集成，但是企业内部与外部之间集成的水平不高；商务智能系统在这个阶段也有了很大改善，通过数据挖掘、数据仓库等技术实现了利用商务智能系统为企业提供战略决策的功能；CRM 在这个阶段也升级为协作型 CRM；在企业内部使用的 Web 2.0 等工具开始逐渐与供应链节点上的合作伙伴分享。

在"业务与 IT 匹配"方面，基于 IT 对电子商务的理解已经由上往下贯穿整个组织，而基于电子商务对 IT 的理解也已经获得潜在的电子商务意识；关于 IT 的指标是注重成本效益，关于业务的指标是以顾客为基础；在此阶段，企业业务与 IT 匹配的应变能力强，并持续改进；在企业内部建立了正式执行的业务与 IT 匹配评估体系，并形成了经常性持续改进业务与 IT 匹配的措施。

Level 5：优化级。在"IT 战略与愿景"方面，企业建立了与企业电子商务战略协同一致的 IT 战略与愿景，IT 战略的目标是实现企业内部同企业外部各种信息系统之间更高的集成化水平。

在"IT 架构与基础设施"方面，企业制定了持续改进的 IT 管理程序；企业拥有了更可靠的信息系统，ERP、CRM、SCM 以及开展电子商务的其他各种信息系统已经完全实现企业内部的集成，在企业与企业外部供应链上的合作伙伴也实现了成熟、可靠的信息系统集成。

在"业务与 IT 匹配"方面，实现了商务与 IT 的协同。基于 IT 对电子商务的理解和基于电子商务对 IT 的理解都已经渗透在企业活动之中；企业 IT 的指标和业务指标已经延伸到企业外部的合作伙伴；在此阶段，企业业务与 IT 匹配的应变能力很强，并持续改进；在企业内部建立了按照常规执行的业务与 IT 匹配评估体系，并形成了按常规执行的持续改进业务与 IT 匹配的措施。

（3）人与文化

Level 1：初始级。在"员工能力"方面，由于此阶段电子商务的运作是未计划的，企业没有明显的电子商务资源，因此，在员工配置上，企业没有 IT 经理，IT 人员可能只由技术人员和程序员组成；企业在此阶段没有对员工关于商务、IT 以及电子商务知识和技能提出针对性的要求，IT 人员所需要的只是其个人不同的业务应用上纯技术的技能。

在"员工交流"方面，在初始级，员工之间信息与知识的交流和沟通很弱，员工之间进行沟通和交流的动因是基于个人兴趣的，是一种自由形式的团体；员工之间的经验、知识等共享的特点是针对特定的问题的特定共享。

在"企业文化"方面，在此阶段，企业电子商务的运作是未计划的、实验性质的，企业还没有对开展的电子商务进行其价值定位；电子商务并未在企业中深入人心，企业中同时存在着电子商务支持者与怀疑者，因此，企业对于电子商务创新所持的是不支持的态度；企业在此层级没有组织教育以及交叉培训；电子商务管理者在企业文化的影响下呈现的是命令和控制型的管理风格。

Level 2：可重复级。在"员工能力"方面，随着电子商务业务的发展需要，企业在员工配置上有了很大的改善，企业已经拥有了 IT 经理，但 IT 经理的责任局限于信息系统/信息技术中有电子商务的环节；部分 IT 员工需要企业 IT 项目管理的技能，并且企业给予他们专门的培训。

在"员工交流"方面，员工之间信息与知识的交流和沟通得到增强，促使员工之间进行沟通和交流的动因是基于个人兴趣或业务需要的非正式交流；员工之间的经验、知识等共享的特点是半结构化的，即员工之间的知识分享不具有标准的形式和内容，不具有程序性和规范性。

在"企业文化"方面，企业文化对电子商务的态度仍是对立、互不信任的，企业员工存在一种"我做我的工作，你做你的工作"的工作态度，因而也影响到企业的创新精神，使得企业对于电子商务创新只是依靠个别的电子商务职能部门；企业在此层级需要对员工进行培训，以使员工拥有使用信息系统的技能；在此阶段，企业对其价值定位是保证企业商品或服务的交易；电子商务管理者根据先前的管理经验，在企业文化的影响下呈现的是基于共识的管理风格。

Level 3：已定义级。在"员工能力"方面，企业在中级管理层中为整个电子商务战略配置了更高水平的 IT 经理；随着 IT 技能的发展，IT 员工的技术能力有很大提高，同时随着技术的发展，企业项目管理的水平也得到发展，电子商务员工对业务以及 IT 的能力、潜力和优点都被要求有更好的理解。

在"员工交流"方面，员工之间进行沟通和交流发展成为企业内部正式的交流，并且周期性地在不同部门进行员工交流；员工之间的经验、知识等共享成长为围绕业务关键流程的结构化模式，即企业在员工知识共享上具有标准的形式和内容，实现了程序性和规范性。

在"企业文化"方面，在此阶段，随着电子商务成为企业的部门战略，高层管理者在整个企业中鼓励发展电子商务，企业文化对电子商务的态度已经不是之前那样对立和互不信任，而是逐渐得到企业员工的认可；企业对于电子商务创新的态度转变为风险容忍，即在可容忍风险内进行电子商务创新举措；企业在此层级对员工的教育、交叉培训依赖于企业实际情况中的职能部门，还无法在整个企业职能部门中进行；企业在"已定义级"对电子商务在企业内的价值有了更高级的定位——新兴的、有价值的服务提供商；电子商务管理者在企业文化的影响下呈现的是基于结果的管理风格。

Level 4：已管理级。在"员工能力"方面，随着电子商务水平的提高，企业内部不同组织部门以及与企业外部供应链上合作伙伴的合作要求企业有更正式的结构形式，企业高级管理层在"已管理级"可能配置了电子商务经理或者首席信息官（CIO）负责企业的电子商务管理；电子商务员工不仅需要知道电子商务的知识，同时还需要掌握企业其他相关业务、IT 方面的知识和技能。

在"员工交流"方面，员工之间进行沟通和交流发展成为开放式的交流，并致力于得到一致的结果；在此阶段，所有电子商务的员工都需要将在电子商务运作过程中获得的知识和经验进行书面上的总结并与其他员工相互之间进行分享，为经验不足的员工提供帮助，因此，企业员工知识共享的特点是完全地实现企业内部制度化的知识共享。

在"企业文化"方面，在此阶段，企业的管理者和员工都认识到电子商务的价值，企业文化已经完全接受了电子商务；企业对于电子商务创新的态度成长为鼓励企业、合作伙伴、IT 经理进行创新举措；企业在此层级对员工的教育、交叉培训已经有能力在企业内部的不同职能部门中进行；企业在"已管理级"对电子商务在企业内的价值有了更高级的定位——有价值的服务提供商；电子商务管理者在企业文化的影响下呈现的是基于效益/价值的管理风格。

Level 5：优化级。在"员工能力"方面，达到最高级能力成熟度的电子商务的人员配置呈现新的特点，企业运作电子商务的核心员工将被保留，其他电子商务人员将在有合作伙伴关系的大企业之间共享和外包，电子商务首席执行官仍然是企业董事会的成员；电子商务员工需要更精通地掌握企业业务、电子商务、IT 方面的知识和技能。

在"员工交流"方面，员工之间进行沟通和交流发展成为企业内部员工之间以及与外部其他企业员工之间的以用户、合作、创新为目的信息交换；在此阶段，知识共享不仅在企业内部的员工之间，还在企业外部的员工和顾客之间共享，因此，企业员工知识共享的特点是企业外部的知识共享。

在"企业文化"方面，在此阶段，企业文化已经完全接受了电子商务，并在企业中形成一种鼓励电子商务运作、创新的企业文化；企业鼓励电子商务创新，并将电子商务创新作为一种标准和规范在企业内部和供应链上的合作伙伴之间开展；企业在此层级对员工的教育、交叉培训已经有能力在企业的不同职能部门中和供应链上的合作伙伴之间进行；企业在"已管理级"对电子商务在企业内的价值有了更高级的定位——有价值的伙伴关系；电子商务管理者在企业文化的影响下呈现的是基于关系观的管理风格。

（4）业务流程

Level 1：初始级。在"流程管理"方面，此层级的电子商务举措才刚刚开始，电子商务是未计划的，电子商务业务流程是在新渠道管理下的一种实验，企业内还没有对电子商务的流程进行定义，电子商务与企业业务流程没有集成。

在"绩效评估"方面，企业对电子商务项目和渠道管理几乎没有深入的见解和举措，对电子商务的渠道管理还没有制定渠道目标以供绩效评估，企业在此阶段没有电子商务绩效规划和报告，电子商务绩效评估很有限。

在"成本管理"方面，企业对成本、成本的动因以及收入等只有有限的认识，企业根据企业预算控制电子商务的成本。

Level 2：可重复级。在"流程管理"方面，企业经过电子商务实践，对电子商务业务等有了更深刻的认识，为了实现电子商务在线举措的特定任务，企业开始对电子商务的流程做出有限的定义，但是电子商务与企业业务流程并没有集成。

在"绩效评估"方面，企业在"可重复级"开始有了定期的绩效评估与绩效报告；电子商务绩效评估的是对已专门制定目标的渠道管理，因此，电子商务绩效评估只是针对有专门的目标的渠道管理的有限规划。

在"成本管理"方面，随着企业对成本、成本的动因以及收入等认识的提升，在此层级企业已能够根据企业部门的预算控制电子商务的成本。

Level 3：已定义级。在"流程管理"方面，在此层级，企业定义了电子商务的核心业务流程，并注重简化业务流程；为了达到业务流程间的协调，"已定义级"电子商务与企业业务流程有了初步的集成。

在"绩效评估"方面，在"已定义级"企业根据企业关键绩效指标（KPI）对电子商务的每个部门的绩效评估进行规划和报告；电子商务绩效评估的是由部门设定的专门渠道管理的年度目标；绩效评估在此层级评估的重点是绩效提高的举措。

在"成本管理"方面，在此层级企业能够根据企业部门的成本动因控制电子商务的成本。

Level 4：已管理级。在"流程管理"方面，在此层级，企业定义了电子商务的核心业务流程，并且电子商务集成于企业业务流程之中。

在"绩效评估"方面，在"已管理级"企业根据企业关键绩效指标中的每个部门和每个业务流程进行了绩效评估的规划和报告；电子商务绩效评估的是由部门设定的多个渠道管理的目标；企业依据持续的绩效评估和绩效报告对电子商务成本进行控制；绩效评估在此层级的评估重点是关注顾客的举措。

在"成本管理"方面，企业能够根据企业业务流程的成本动因和企业内部的服务等级协议（SLA）控制电子商务的成本，并且在此层级电子商务成本管理中运用了投资组合分析的方法来控制电子商务成本。

Level 5：优化级。在"流程管理"方面，在此层级，企业定义了电子商务的核心业务流程，并且将电子商务集成于企业外部的业务流程之中。

在"绩效评估"方面，在"优化级"，企业随着电子商务的发展成为扩展企业，电子商务的绩效评估也延伸到企业外部，到了最高等级的电子商务成熟度，以价值链为基础的绩效评估与报告成为绩效评估的特征；同时电子商务绩效评估也成长为结合外部（市场）因素的规划和控制、滚动预测。

在"成本管理"方面，企业根据企业外部的服务等级协议控制电子商务的成本。

7.4 电子商务成熟度提升策略

为企业提供明确的提升策略并不是轻而易举的事情，根据已构建好的 TE-EMM，本书尝试性地对成熟度模型的每一层级的每个维度提出电子商务成熟度的阻碍因素与关键成功因素。

7.4.1 Level 1：初始级

在"初始级"，企业电子商务战略才刚刚起步，要使电子商务成熟度从"初始级"提升为"可重复级"，对企业尤为紧迫的是从管理战略、IT 基础建设、人力资源等方面加强企业内电子商务的资源建设和企业文化对电子商务的认同感。

对于"管理与组织"维度，在此层级，阻碍成熟度成长的因素是高层管理者未识别电子商务价值，对电子商务运作不重视。为了提升"管理与组织"维度的成熟度，高层管理者需要认识到企业中电子商务的重要性，意识到电子商务给企业带来怎样的好处和价值，并且要充分认识到运作电子商务会遇到的挑战，加大对电子商务的重视和投资，制定电子商务短期战略，并逐渐将电子商务作为一种战略纳入企业的中长期战略中，同时建立电子商务执行战略以监控电子商务战略的进展。

对于"基础建设"维度，在此层级，阻碍企业尤其中小企业发展电子商务的因素是对电子商务的投资不足。为了提升"基础建设"维度的成熟度，在"IT 愿景与战略"方面，高层管理者需要建立电子商务 IT 战略与愿景，制定与当前电子商务业务与功能紧密相关的 IT 建设规划和 IT 管理程序，并严格执行。在"IT 架构与基础设施"方面，企业需要加大对信息系统的重视和投入力度，根据企业自身情况大胆使用 CRM、ERP 等系统，尤其对于 CRM 系统，企业需要认识到以顾客为导向的重要性；企业需要在电子商务网站等其他信息系统中使用 Web2.0 工具，以实现系统与员工、顾客交互的功能。在"业务与 IT 匹配"方面，企业需要在管理上和技术上加大对业务与 IT 匹配的认识，建立业务与 IT 匹配规划，根据 IT 建设的成本制定 IT 指标，根据电子商务业务所需要实现的功能制定业务指标；针对实践中经常发生的典型问题建立业务与 IT 的评估，利用评估结果制定持续改进业务与 IT 匹配的措施。

对于"人与文化"维度，在此层级，阻碍电子商务成熟度提高的关键因素是企业文化对电子商务的怀疑以及电子商务人才资源的匮乏。提升"人与文化"维度的成熟度，对提高电子商务成熟度的其他维度至关重要，在"员工能力"和"企业文化"方面，企业管理者尤其是高层管理者应该在企业管理中传递出发展电子商务的决心与乐观态度，为企业电子商务发展聘任专业的 IT 经理，并鼓励与电子商务相关的个别部门大胆进行电子商务创新举措；企业中应该针对电子商务进行有计划的培训、教育，提升员工的电子商务技能和素质。在"员工交流"方面，在企业中鼓励员工以个人兴趣或业务需要为基础的非正式交流与沟通，逐渐形成员工知识分享的风气。

对于"业务流程"维度，在此层级，阻碍电子商务成熟度提高的关键因素是企业电子商务实践缺乏经验，没有定义企业实践活动中的电子商务业务流程。提升"业务流程"维度的成熟度，对提高电子商务成熟度的其他维度至关重要，在"流程管理"方面，企业需要积累电子商务运作的经验，电子商务的管理者应该建立专门专家小组研究企业实践中的电子商务流程，为企业现阶段个别的电子商务渠道管理、功能与业务定义企业标准的电子商务业务流程。在"绩效评估"方面，企业建立专门的电子商务绩效评估小组，对在"流程管理"中为已有的渠道管理制定了的目标制定绩效评估规划，进行定期的绩效评估并形成绩效评估报告，企业的各部门针对结果做出持续性的改进措施。在"成本管理"方面，建立专门的成本管理专家小组，识别电子商务的成本动因，根据企业部门的运作成本度量电子商务的成本。

7.4.2　Level　2：可重复级

在"可重复级"，电子商务的功能得到了提高，获得了大量的电子商务业务，要使企业电子商务成熟度从"可重复级"提升为"已定义级"，对企业在此层级尤为关键的是定义标准的企业业务流程、IT 管理流程和人力资源管理制度。

对于"管理与组织"维度，在此层级，阻碍成熟度成长的因素是企业长期战略中未规划电子商务的发展战略。为了提升"管理与组织"维度的成熟度，在"愿景和战略"方面，高层管理者仍需要认识到电子商务在提高效率与降低成本方面对企业长期战略的重要性，将电子商务作为一种战略纳入企业的中长期战略中，制定电子商务的长期发展目标和战略。在"领导与战略承诺"方面，管理者需要更深入地明确电子商务价值并鼓励电子商务举措。在"治理与组织协同"方面，以利润为中心管理电子商务，并将电子商务纳入企业的年度业务流程规划之中。

对于"基础建设"维度，在此层级，阻碍企业发展电子商务的因素是企业内部的信息系统的建设不科学、不合理。为了提升"基础建设"维度的成熟度，在"IT 愿景与战略"方面，高层管理者以使企业中使用的信息系统更加科学为目标，建立与企业电子商务战略协同一致的IT 战略与愿景。在"IT 架构与基础设施"方面，根据企业实际情况，对现有的 IT 管理程序进一步加以细化和完善；同时完善 ERP、CRM

的功能，并对前台办公系统与后台办公系统之间进行初步的、有限的应用集成；尝试利用 Web 2.0、数据挖掘、分析型 CRM 等商务智能技术获取与分析信息。在"业务与 IT 匹配"方面，加强高级、中级管理层对业务与 IT 匹配、应变能力的认识，针对电子商务实践建立业务与 IT 的评估体系，利用评估结果制定持续改进业务与 IT 匹配的措施。

对于"人与文化"维度，在此层级，阻碍电子商务成熟度提高的关键因素是企业文化对电子商务的怀疑以及高水平电子商务管理人才的缺乏。提升"人与文化"维度的成熟度，在"员工能力"方面，企业管理者需要为电子商务配置更高水平的电子商务管理人才，并需要员工掌握更多的电子商务和 IT 方面的知识。在"员工交流"方面，企业应该为建立正式的交流与沟通提供制度支持，以实现不同部门的员工能够进行知识共享。在"企业文化"方面，企业管理者继续宣传电子商务在企业的价值，并应该在可接受与容忍范围内鼓励企业电子商务部门进行创新，并根据企业部门的情况实现有限的部门间的交叉培训与教育，提升电子商务员工处理各种业务流程的能力。

对于"业务流程"维度，在此层级，阻碍电子商务成熟度提高的关键因素是未完全定义电子商务业务流程。在"流程管理"方面，企业需要继续积累电子商务运作的经验，通过业务流程专业小组研究企业实践中的电子商务流程，为企业现阶段专门的电子商务渠道管理、功能与业务定义企业标准的电子商务业务流程，并尝试电子商务与企业业务流程的集成。在"绩效评估"方面，企业的电子商务绩效评估小组根据企业关键绩效指标（KPI），针对已有的渠道管理制定目标，对电子商务的每个部门制定绩效评估规划，进行定期的绩效评估并形成绩效评估报告。在"成本管理"方面，成本管理专家小组根据企业部门的成本动因控制电子商务的成本。

7.4.3　Level　3：已定义级

在"已定义级"，企业信息系统间的不协调已严重制约电子商务的效率和成长。要使企业电子商务成熟度从"已定义级"提升为"已管理级"，在此层级，企业尤为紧迫的是进行企业内部信息系统的集成与商务智能在企业中的应用。

对于"管理与组织"维度，在此层级，阻碍成熟度提高的因素是未建立跨部门的电子商务战略，电子商务战略难以得到其他部门的支持。为了提升"管理与组织"维度的成熟度，在"愿景和战略"方面，高层管理者需要建立跨部门的电子商务战略，使电子商务的目标也成为其他部门的目标，进而电子商务举措得到其他部门的支持。在"领导与战略承诺"方面，管理者需要更深入地明确电子商务价值并鼓励电子商务举措以提高企业业务效率与企业竞争力。在"治理与组织协同"方面，以电子商务能力为中心，加强电子商务专门知识与技术方面的管理，并根据电子商务预算来支持电子商务的战略规划。

对于"基础建设"维度，在此层级，阻碍企业发展电子商务的因素是企业内部的信息系统之间未实现完善的集成。为了提升"基础建设"维度的成熟度，在"IT 愿景与战略"方面，高层管理者要以企业中使用的信息系统之间更高的集成水平为目标，建立完善的电子商务的 IT 战略与愿景。在"IT 架构与基础设施"方面，企业需要完善 IT 管理程序，以使其更加详细与完善，并严格执行；进一步完善 ERP、CRM 的功能，并争取使企业内部信息系统能够实现完全的集成；进一步使用 Web 2.0、数据挖掘、分析型 CRM 系统等商务智能技术获取与分析信息，并使商务智能技术用于企业决策。在"业务与 IT 匹配"方面，进一步加强高、中管理层对业务与 IT 匹配中遇到问题的应变能力，建立以顾客为导向的业务指标，针对电子商务实践建立正式的业务与 IT 的评估体系，利用评估结果制定经常性的持续改进业务与 IT 匹配的措施。

对于"人与文化"维度，在此层级，阻碍电子商务成熟度提高的关键因素是企业电子商务高级管理人才的缺乏以及管理者的管理风格。提升"人与文化"维度的成熟度，在"员工能力"方面，企业管理者需要为电子商务配置更高管理水平的 CIO，并需要员工掌握更全面的电子商务、IT 以及企业其他业务方面的知识。在"员工交流"方面，企业需要将知识共享制度化。在"企业文化"方面，企业需要在企业内部的不同职能部门之间进行交叉培训与教育，进一步提升电子商务员工处理各种业务流程的能力，同时管理者的管理风格需要转变为基于效益/价值的管理方式。

对于"业务流程"维度，在此层级，业务流程已经定义了电子商务核心的业务流程，但是阻碍电子商务成熟度提高的关键因素是电子商务与企业业务的集成程度太低。提升"业务流程"维度的成熟度，在"流程管理"方面，企业需要将定义的电子商务核心业务流程与企业内部业务流程进行集成。在"绩效评估"方面，企业的电子商务绩效评估小组根据企业关键绩效指标，针对多个渠道管理制定目标，对电子商务的每个部门和每个业务流程制定绩效评估规划，进行定期的绩效评估并形成绩效评估报告。在"成本管理"方面，采用投资组合分析，成本管理专家小组根据企业业务流程的成本动因和企业内部的服务等级协议控制电子商务的成本。

7.4.4　Level　4：已管理级

在"已管理级"，企业内部电子商务系统已经获得了高水平的能力，然而还难以为扩展的企业战略提供完美的支持。要使企业电子商务成熟度从"已管理级"提升为最高成熟度的"优化级"，在此层级，企业需要加强企业内部与企业外部供应链合作伙伴之间的企业应用集成，并通过知识管理使企业电子商务实现持续的优化。

对于"管理与组织"维度，在此层级，阻碍成熟度提高的因素是电子商务战略没有与企业战略始终保持一致。为了提升"管理与组织"维度的成熟度，在"愿景和战略"方面，高层管理者需要为电子商务制定长期的发展战略，并保持电子商务战略与企业战略的一致性，注重电子商务为供应链上的其他节点企业提供有价值的服务。在"领导与战略承诺"方面，管理者需要将预测市场、创造新的机会、提高企业的核心竞争力和创造企业价值作为电子商务举措的驱动力。在"治理与组织协同"方面，以卓越的成本管理作为战略和企业创新的出发点，与供应链上的合作伙伴合作，共同创造产品与服务。

对于"基础建设"维度，在此层级，阻碍企业尤其中小企业发展电子商务的因素是企业内部与企业外部的信息系统之间未实现完善的集成。为了提升"基础建设"维度的成熟度，在"IT 愿景与战略"方面，高层管理者要以实现企业内部与企业外部之间的信息系统更高的集成水平为目标，建立完善的电子商务的 IT 战略与愿景。在"IT 架构与基础设施"方面，企业持续改进 IT 管理程序，以使其更加详细与完善，并严格执行；进一步完善 ERP、CRM 等信息系统，并争取使企业内部与企业外部之间信息系统能够实现完全的集成；进一步使用 Web 2.0、数据挖掘、分析型 CRM 系统等商务智能技术获取与分析信息，并将商务智能技术用于企业决策。在"业务与 IT 匹配"方面，高、中级管理层需要将对业务与 IT 匹配的理解渗透到企业电子商务的活动之中，企业 IT 指标和业务指标都需要针对供应链上的合作伙伴，基于电子商务实践建立按照常规执行的业务与 IT 的评估体系，利用评估结果制定按照常规执行的持续改进业务与 IT 匹配的措施。

对于"人与文化"维度，在此层级，阻碍电子商务成熟度提高的关键因素是企业内部制度化的知识分享和企业对电子商务的价值定位。提升"人与文化"维度的成熟度，在"员工能力"方面，企业需要用供应链、共享、外包的思想管理企业的人力资源，保留核心的电子商务人员，其他电子商务人员用外包的方法实现与合作伙伴的共享。在"员工交流"方面，企业需要鼓励与外部企业之间的知识分享，实现与供应链上的企业之间的知识共享。在"企业文化"方面，企业更需要鼓励创新，并同供应链合作伙伴一起将创新形成一种标准；实现企业内部与企业之间的教育与交叉培训，将有价值的合作伙伴关系视为电子商务的价值定位。

对于"业务流程"维度，在此层级，阻碍电子商务成熟度提高的关键因素是电子商务仅仅是与企业内部业务的集成。提升"业务流程"维度的成熟度，在"流程管理"方面，企业需要将定义的电子商务核心业务流程与企业内部业务以及与企业的外部业务流程进行集成。在"绩效评估"方面，企业需要结合企业外部的因素，以价值链为基础进行绩效评估。在"成本管理"方面，采用投资组合分析，企业需要根据企业外部的服务等级协议控制电子商务的成本。

7.4.5　Level　5：优化级

企业电子商务在"优化级"已达到了 TE-EMM 中最高的电子商务成熟度等级，在此层级无成熟度提升策略。

第8章 传统企业电子商务成熟度
模型实施方法

8.1 成熟度模型实施设计

8.1.1 评估工具

　　本书所构建的 TE-EMM 供企业内部使用,以自评企业的电子商务成熟度,使企业能够清楚地识别出电子商务现阶段所处的成熟度层级,并为企业获得更高的成熟度层级提供决策支持。现代企业是一个开放的复杂巨系统,很难准确地用数字定量、客观地确定企业电子商务在管理组织、基础设施建设、员工素质、企业文化等方面所达到的水平,只能根据企业目前情况的描述,在评估模型上定位企业的成熟度水平,这也是目前成熟度模型普遍的应用与实施方法(Vincent Hoffs,2011;Nikolay Petrachkov,2012 等)。因此,结合企业实际运作的电子商务,参考已有文献中模型的实施方法,TE-EMM 通过采用问卷的形式以获得企业电子商务现阶段在"管理与组织"、"基础建设"、"人与文化"以及"业务流程"维度的发展情况,根据 TE-EMM 评估问卷的结果,进而确定企业电子商务的成熟度水平。

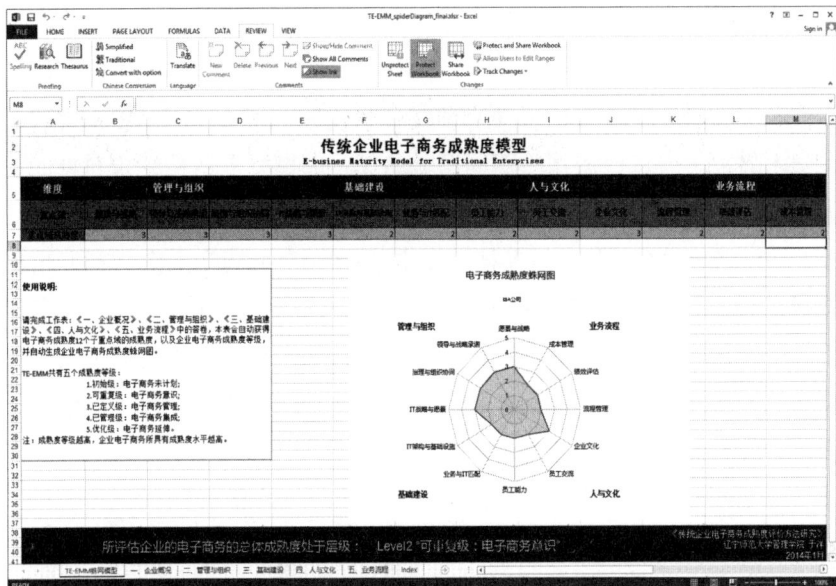

图 8-1　TE-EMM 的 Excel 评估工具截图

本书设计了基于 Excel 电子表格的电子商务成熟度评估工具（如图 8-1 所示），将评估问卷电子表格化，评估主体只需要在 Excel 中完成评估问卷立即就可以自动得到企业电子商务的 TE-EMM 成熟度维度和各重点域的成熟度，并且能根据各重点域的成熟度生成直观的蛛网图，使评估主体很容易地识别出电子商务的短板所在。

8.1.2　评估方法

TE-EMM 评估问卷根据 TE-EMM 的内容设计，评估问卷分为问卷和答卷，各包含 5 个部分（"企业概况"、"管理与组织"、"基础建设"、"人与文化"、"业务流程"）、41 个问题。问卷中每个问题都有一个不同的问题代码，除了第一部分（企业概况）外的其他四个部分的每一个问题都对应 TE-EMM 的子重点域，问卷中的每一问题都设计有若干选项以供评估时选择。每个成熟度层级都有相应的答案，对除了第一部分（企业概况）外的其他四个部分的每一题目的选择都对应该子重点域的成熟度水平。

对于电子商务层级的确定，TE-EMM 在实施中采用木桶原理

（Cannikin Law）进行成熟度水平确定。木桶原理又称短板理论。木桶短板管理理论是由美国著名管理学家、现代层级组织学的奠基人 Laurence J.Peter 提出的，木桶原理在现实生活尤其是企业中广泛存在，在学术界被学者广泛应用于不同领域的成熟度模型以获得评价对象的能力水平（吴隽、王兰义、李一军，2009；Nikolay Petrachkov，2012 等）。在 TE-EMM 中，如果把企业电子商务的成熟度比作木桶，木桶的板则分别代表"管理与组织"、"基础建设"、"人与文化"、"业务流程"以及每一维度下的重点域和子重点域，则木桶能盛水的高度（电子商务成熟度水平）受到最短的板（最低成熟度水平的电子商务成熟度维度）的限制。

根据木桶原理，在实施 TE-EMM 对电子商务的评估中，企业电子商务每一重点域的成熟度水平应该受到该重点域下成熟度水平最低的子重点域限制，每一电子商务成熟度维度的成熟度层级受到维度下最低重点域的成熟度水平限制，由此企业电子商务成熟度的层级就是成熟度水平最低的维度所处的成熟度水平。

8.1.3 实施流程

实施流程应该包括三个部分：实施评估前、实施评估中、实施评估后。

在实施评估前，由于问卷涉及管理、业务流程、企业文化等不同部门与领域，企业在实施 TE-EMM 评估前首先应该专门建立由管理层和业务层的若干专家和员工组成的电子商务成熟度评估小组，小组成员应该先针对问卷内容充分调查和掌握企业电子商务目前的发展战略、基础设施、各业务部门运作的详细情况。

在实施评估中，小组成员应相互讨论并实事求是地根据电子商务在企业中的实际发展情况，在每道题中选择与企业当前电子商务发展情况最接近的选项，由此完成问卷，根据已完成的问卷，依据上文中设计的评估方法，识别每个维度下的重点域的成熟度层级、每个维度的成熟度层级，并确定企业电子商务现阶段的成熟度水平。

在实施评估后，由最低成熟度水平的维度、每维度下的最低成熟度水平的重点域确定目前电子商务成熟度提高的约束点，结合企业实际情况以及 7.4 节中的电子商务成熟度提升策略为电子商务制定实际的提升策略。

最后，企业应该在电子商务运作过程中定期地进行电子商务成熟度评估，以根据评估结果制定电子商务战略，实现电子商务成熟度的持续提升。

如图 8-2 所示，将 TE-EMM 实施流程概括为以下四点：

（1）企业建立专门的电子商务成熟度评估小组；

（2）小组成员商讨并实事求是地完成 TE-EMM 评估问卷；

（3）根据评估问卷的结果，依据评估方法，获得电子商务目前的成熟度层级；

（4）识别电子商务成熟度提升的阻碍因素，结合企业实际与提升成熟度策略，制定企业电子商务发展策略。

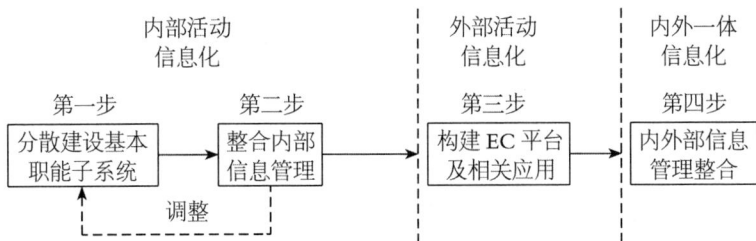

图 8-2 TE-EMM 的实施流程

8.2 成熟度模型评估问卷

评估问卷包含企业概况、管理与组织、基础建设、人与义化、业务流程 5 个部分共 41 道题目。完整的 TE-EMM 评估问卷和评估答卷见附录 8。以下对评估问卷中每一部分题目的摘要以及部分题目的题干、选项以及成熟度的层级加以说明。

8.2.1 企业概况

企业概况部分是对评估企业总体情况的收集，涉及企业的类型、所处的行业以及提供产品或服务的类型等信息，企业概况中的信息不会影响企业电子商务的成熟度评估的结果。企业概况部分共设计了 4 个问题（详见附录 8）。

8.2.2 管理与组织

TE-EMM 在"管理与组织"维度中识别了 3 个重点域、8 个子重点域，根据这些子重点域设计了 8 个问题（详见附录 8"管理与组织"部分）。其中，Q_M&O-1-1 是指在企业战略之中是否有对电子商务的规划；Q_M&O-1-3 指随着企业战略的改变，企业是否能时时根据企业战略的改变而及时调整电子商务战略；Q_M&O-1-4 中扩展企业是指供应链上具有价值互补关系的企业在保持自身独立性的同时建立较为稳固的合作伙伴关系，以实现资源共享、风险或成本共担、优势互补等特定战略为目标，取得供应链整体利益最大化，以实现"双赢"乃至"多赢"。

8.2.3 基础建设

TE-EMM 在"基础建设"维度中设计了 13 个问题（详见附录 8"基础建设"部分）。其中，Q_I&I-2-1 中 IT 管理程序是企业为发展电子商务制订的详细的 IT 基础设施的管理计划和标准，成熟度高的 IT 管理程序应该是制度化的 IT 管理标准。Q_I&I-2-2 是对企业目前使用的如 ERP 系统、CRM 系统、SCM 系统等 IT 系统发展情况的识别，选项中"目前拥有了更完善的前台与后台办公系统"强调企业所拥有的信息系统的种类对于现阶段的业务来说比较完善，而"目前拥有了更可靠的信息系统"强调企业的信息系统配置更科学，运作更安全与可靠。Q_I&I-2-3 中若企业使用了分析型 CRM 系统、数据挖掘、数据仓库等方法则可以认定企业中使用了商务智能。对于 Q_I&I-2-4，前文已对操作型 CRM 系统、协作型 CRM 系统以及分析型 CRM 系统作了区分，并且分析型 CRM 具备 eCRM 的能力并包括协作型 CRM 系统的数据。对于 Q_I&I-3-2，选项中"建立在 IT 技术上的 IT 指标"，指的是建立的 IT 指标完全是基于 IT 自身发展技术上的需要，并没有考虑业务的需要；"延伸到企业外部合作伙伴的 IT 指标"指的是企业根据业务的需要不仅注重企业内部 IT 的发展，还关注供应链上合作伙伴的 IT 建立情况，以使合作伙伴间具有符合业务需求的协同匹配的 IT 建设。对于 Q_I&I-3-3，选项中"业务指标是特定和临时的"指的是在企业 IT 建设不完善、能力很薄弱的时候，企业只能根据当前特定的 IT 情况制定特定的和临时的业务标准。对于 Q_I&I-3-4，"电子商务业务与 IT 匹配的应变态度和能力"是指企业针对业务与 IT 不匹配情况，愿意改变以使业务与 IT 达到匹配的程度并具备快速响应改变的能力，若企业只是认识到个别重要的职能型部门需要具备业务与 IT 匹配的应变能力，则可认定为"业务与 IT 匹配的应变态度和能力依赖于企业的职能型组织"；若企业认识到企业内各部门具有业务与 IT 匹配的应变能力的重要性，但还不具备较强的应变能力，则可认定为"认识到业务与 IT 匹配应变能力的需要"；企业高度关注企业内部的职能型部门具备业务与 IT 匹配的应变能力并且尤其强调重点职能部门的业务与 IT 匹配的应变能力。

8.2.4 人与文化

TE-EMM 在"人与文化"维度中识别了 3 个重点域、9 个子重点域，根据这些子重点域设计了 9 个问题（详见附录 8"人与文化"部分）。其中，Q_P&C-2-2 中，选项"针对特定的问题的特定共享"可以认为是企业内部员工间正式交流尚未形成，此时员工间的交流是因部门间的合作、分工需要，对特定问题的特定结构和内容的知识共享；若企业中员工之间知识分享不仅仅针对特定的问题，并且共享的知识没有标准的形式和内容，则可认定是"半结构化的知识共享"；若企业中员工之间知识分享不仅仅针对特定的问题，并且共享的知识具有标准的形式，实现了共享的标准性，则可认定员工间的知识共享是"结构化的知识共享"；"企业内部制度化的知识共享"是指企业建立了知识分享的程序与标准，要求员工定期将在电子商务运作过程中获得的知识和经验进行书面总结并与其他员工分享；"企业外部的知识共享"是指企业不仅在内部制定制度化的知识共享，还要求员工与供应链上的其他企业员工和顾客之间共享企业中的知识。Q_P&C-3-1 中，选项"企业中存在着'我做我的工作，你做你的工作'的态度"指在企业中存在着对电子商务不信任的态度，企业员工并不会抵制电子商务的运作，只是存在一种"我做我的工作，你做你的工作"的工作态度。

8.2.5 业务流程

TE-EMM 在"业务流程"维度中识别了 3 个重点域、7 个子重点域，根据这些子重点域设计了 7 个问题（详见附录 8"业务流程"部分）。其中，Q_Process-1-1 中，电子商务的流程定义指的是企业对供应链系统内的电子商务业务涉及的信息流、资金流、物流的工作和业务流程的标准化定义，比如，企业制定了配送和物流管理的标准程序。Q_Process-1-2 中，电子商务与企业业务流程的集成是指将企业的电子商务系统与企业内部以及与企业外部的其他系统进行集成，以实现信息流、资金流与物流的有机结合，例如，企业中使用电子商务系统进行电子采购，企业将电子商务系统分析和处理得到的信息用于产品的个性化生产等，都可以认为电子商务与企业业务流程有了集成；若企业将电子商务系统集成于供应链上伙伴之间的业务，例如，企业将电子商务系统与供应链上供应商管理库存系统集成在一起，则可以认定电子商务集成于企业外部的业务流程之中。Q_Process-2-1 中，渠道是指电子商务所涉及的渠道管理，包括分销渠道管理、市场营销管理、配送和物流管理、采购以及客户关系管理，Q_Process-2-1 是识别电子商务绩效评估是针对一个还是多个渠道管理目标的评估。

第9章 TE-EMM案例应用与有效性验证

9.1 案例企业简介

某知名服装企业（以下简称 A 公司）专注于生产和营销各类中高档服装产品。A 公司属于股份制公司，始建于 1979 年 9 月，经过 30 多年的不断发展与创新，现已成为享誉全球的西装工艺及缝制专家，为全球客户提供包括产品开发、面辅料采购、订单管理、品质检验、物流运输在内的一站式服务。

A 公司现有资产 14.1 亿元人民币，员工 6 292 人，年服装生产能力1 000 万件套，拥有进出口权，年西服出口量 600 万件（套），全国排名第一。A 公司是中国最大的 1 000 家工业企业之一，世界服装行业 500强，中国服装行业双百强，中国乡镇企业出口创汇大户，国家重点支持的中国名牌出口基地，国家级重合同、守信用单位，是东北地区最大的服装企业，是辽宁省政府重点扶持的纺织服装龙头企业。

A 公司旗下拥有高级男装品牌 T、高级职业装品牌 K 和网上直销品牌 Y。T 品牌被定位为三个品牌中的核心和领军者，也是公司高端形象的代表；K 品牌采用 B2B 的商业模式，专门为银行、政府、企业等机构提供团体定制服务的品牌；2010 年度荣获大连市最佳"新锐时尚品牌"的 Y，采用网上直销模式，是 A 公司针对年轻消费者全新推出的网上直销品牌，被冀望为 A 公司的未来发展找到一条新的道路，是公司进军电子商务的主力军。

9.2 A 公司电子商务成熟度评估

A 公司是一家大型的服装制造业企业，2009 年 A 公司创建了品牌 Y，开始进军电子商务。因此，下文针对 A 公司的电子商务品牌 Y 实施本书构建的 TE-EMM 进行成熟度评估，以得到 A 公司的电子商务成熟度。

9.2.1 企业概况

通过 9.1 节中对 A 公司的简介，可知 A 公司属于股份制企业；公司专注于生产和营销各类中高档服装，企业属于制造业范畴；公司现有员工超过 6 000 人，营业收入超过 80 000 万元，根据《中小企业划型标准规定》中的从业人员 1 000 人以下或营业收入 40 000 万元以下的为中小微型企业，可判定 A 公司属于大型企业。此外，A 公司生产的服饰主要有西装、夹克、衬衫、领带等。

根据 A 公司的实际情境，得到 TE-EMM 调查问卷中"企业概况"部分的摘要，如表 9-1 所示。

表 9-1　　　　　　　　A 公司"企业概况"摘要

问题代码	情境	选项
Q_EGI-1	A 公司属于股份制企业	☑ 股份制企业
Q_EGI-2	A 公司专注于生产和营销各类中高档服装	☑ 制造业
Q_EGI-3	A 公司现有员工 6 292 人	☑ 大型企业
Q_EGI-4	西装、夹克、衬衫、领带等	西装、夹克、衬衫、领带等

9.2.2 管理与组织

根据 A 公司的实际情境，得到 TE-EMM 调查问卷中"管理与组织"部分的摘要，如表 9-2 所示。

表 9-2　　　　　　　　A 公司"管理与组织"摘要

问题代码	情境	选项
Q_M&O-1-1	电子商务品牌 Y 是 A 公司战略中的组成部分	☑ 是
Q_M&O-1-2	公司专门为 Y 品牌建立了 Y 品牌部门，Y 品牌部门下建立了电子商务部门，并为 Y 品牌的发展制定了目标和战略，以降低营销和运营成本	☑ 电子商务成为企业部门战略，并为电子商务制定电子商务发展目标和战略
Q_M&O-1-3	电子商务战略无法与企业战略的转向保持一致	☑ 否
Q_M&O-1-4	公司的电子商务战略没有关注成为扩展企业	☑ 否
Q_M&O-2-1	管理者认识到电子商务能够引领公司找到一条新的发展道路，认识到电子商务能给企业的其他部门带来价值	☑ 明确地认识出开展电子商务的价值
Q M&O-2-2	为 Y 品牌的发展制定了目标和战略，以降低营销和运营成本	☑ 降低成本，提高效率，吸引与维持顾客
Q_M&O-3-1	专门建立了层级制组织结构的 Y 品牌部门	☑ 电子商务的组织管理方式成为明显的层级制的组织结构
Q_M&O-3-2	公司对 Y 品牌的管理主要局限于线上电子商务已经实现的电子商务功能	☑ 以电子商务的功能为中心实施管理

9.2.3 基础建设

根据 A 公司的实际情境，得到 TE-EMM 调查问卷中"基础建设"部分的摘要，如表 9-3 所示。

表 9-3　　　　　　A 公司"基础建设"摘要

问题代码	情境	选项
Q_I&I-1-1	A 公司基于电子商务战略制定了 IT 发展战略	☑ 建立了与企业电子商务战略协同一致的 IT 战略与愿景
Q_I&I-1-2	提升企业内部信息系统之间的科学性和合理性	☑ 目标是使企业内部开展电子商务的各种信息系统更加科学和合理化
Q_I&I-2-1	制订了详细的 IT 管理计划与程序	☑ 制定了详细的 IT 管理程序的标准
Q_I&I-2-2	企业内部有了一套较为完善的 ERP、CRM、SCM 等系统	☑ 目前拥有了更完善的前台与后台办公系统
Q_I&I-2-3	商品搜索、下单结算、物流、退货和顾客评价等都能在网站上完成，缺乏对商务智能系统的使用	☑ 初步地使用了动态的 Web 2.0 技术，却未使用商务智能系统
Q_I&I-2-4	企业内部使用了 ERP 和操作型 CRM 系统	☑ 在前台使用了操作型 CRM 系统，在后台的电子商务活动中使用了 ERP 系统
Q_I&I-2-5	企业内部的 ERP 系统、CRM 系统以及 SCM 系统之间实现了初步的集成	☑ 企业内部的信息系统之间有了初步的、有限的企业应用集成
Q_I&I-3-1	管理层尤其是高级管理层已经对电子商务有很好的理解，根据企业目前的 IT 建设情况，也认识到企业电子商务的现状	☑ 中高级管理层建立了良好的基于 IT 对电子商务的理解；基于电子商务对 IT 的理解也开始形成电子商务的意识

问题代码	情境	选项
Q_I&I-3-2	A公司现阶段注重降低运营成本和实现电子商务的功能	☑ 注重成本效益的IT指标
Q_I&I-3-3	A公司现阶段注重降低运营成本和实现电子商务的功能	☑ 注重电子商务功能的业务指标
Q_I&I-3-4	认识到业务和IT匹配对于电子商务良好运作的重要性，尤其是对企业内出现新业务与IT不匹配时应变的重要性	☑ 认识到业务与IT匹配应变能力的需要
Q_I&I-3-5	企业内建立了一些针对典型问题的业务与IT匹配的评估体系，并有少量的持续改进业务与IT匹配的措施	☑ 建立了一些针对典型问题的业务与IT匹配的评估体系
Q_I&I-3-6	企业内建立了一些针对典型问题的业务与IT匹配的评估，并有少量的持续改进业务与IT匹配的措施	☑ 少量的持续改进业务与IT匹配的措施

9.2.4　人与文化

根据A公司的实际情境，得到TE-EMM调查问卷中"人与文化"部分的摘要，如表9-4所示。

表9-4　　　　　　　　A公司"人与文化"摘要

问题代码	情境	选项
Q_P&C-1-1	公司聘任了CIO，负责企业的信息化与电子商务战略	☑ 配置了电子商务经理或者CIO负责企业的电子商务管理
Q_P&C-1-2	对重要的电子商务员工要求不仅具备熟练的计算机能力，还应该熟悉电子商务的业务，对电子商务有良好的理解	☑ IT员工需要企业IT项目管理的技能

问题代码	情境	选项
Q_P&C-2-1	通过"在线交流"平台和内部刊物，员工主要基于个人兴趣或业务需要进行交流	☑ 基于个人兴趣或业务需要的非正式交流
Q_P&C-2-2	企业并没有建立一系列制度要求员工将自己工作中获得的经验分享给同事，员工的分享是基于个人兴趣或业务需要的非正式交流	☑ 半结构化的知识共享
Q_P&C-3-1	通过编写企业文化培训教材、发行内部刊物以及进行全面的企业文化培训，电子商务在企业已经深入人心	☑ 企业文化已经完全接受了电子商务
Q_P&C-3-2	大胆地鼓励电子商务创新	☑ 鼓励企业、合作伙伴、IT经理进行创新举措
Q_P&C-3-3	聘请国内电子商务方面的专家、学习先进电子商务企业案例以及电子商务员工进入企业其他相关特定部门进行交叉培训	☑ 教育、交叉培训依赖于企业实际情况中的职能部门
Q_P&C-3-4	Y品牌电子商务的定位是无边界的、有价值的西服提供商	☑ 新兴的、有价值的服务提供商的电子商务价值定位
Q_P&C-3-5	创建了公司特色的"亲情管理"，做到以人为本、关爱员工	☑ 基于关系观的管理风格

9.2.5 业务与流程

根据 A 公司的实际情境，得到 TE-EMM 调查问卷中"业务流程"部分的摘要，如表 9-5 所示。

表 9-5   **A 公司"业务流程"摘要**

问题代码	情境	选项
Q_Process-1-1	对 Y 品牌涉及的信息流、资金流、物流的电子商务流程进行有限的定义	☑ 有限的电子商务流程定义
Q_Process-1-2	电子商务并未在 A 公司的另外两个品牌——T 品牌和 K 品牌的运作中得到集成和利用,现阶段电子商务仅局限于 Y 品牌	☑ 电子商务与企业业务流程有了初步的集成
Q_Process-2-1	对 Y 品牌的渠道目标的绩效评估只是针对特定的渠道管理的评估	☑ 绩效评估的是特定渠道管理的有限目标
Q_Process-2-2	受限于有限的电子商务流程定义,还无法使用 KPI 对电子商务进行绩效评估规划	☑ 电子商务绩效评估只是针对有专门目标的渠道管理的有限规划
Q_Process-2-3	评估的重点是电子商务业务绩效提升的举措	☑ 评估的重点是绩效提升的举措
Q_Process-3-1	根据电子商务部门的预算控制电子商务的成本	☑ 根据企业部门的预算控制电子商务的成本
Q_Process-3-2	在电子商务成本管理中没有使用投资组合分析的方法	☑ 否

9.3   A 公司电子商务成熟度等级与提升策略

上文中完成了 A 公司电子商务评估问卷的作答,以下是通过答卷获得 A 公司电子商务成熟度的过程,并在评估出的成熟度等级的基础上,为 A 公司发展电子商务、提升电子商务成熟度提出一些建议(A 公司完整的"企业电子商务成熟度评估答卷"见附录 9)。

9.3.1　成熟度等级

因篇幅所限，仅以"管理与组织"维度方面的评估为例。将 A 公司的评估答卷中此部分的作答结果进一步简化，如表 9-6 所示。从表 9-6 中可以看出，"管理与组织"维度下的第一个重点域"愿景与战略"的成熟度由 M&O-1-1、M&O-1-2、M&O-1-3、M&O-1-4 子重点域的成熟度决定，从表中可以清楚地识别出 A 公司 M&O-1-1、M&O-1-2、M&O-1-3、M&O-1-4 子重点域的成熟度层级分别为第 5 级、第 3 级、第 4 级、第 4 级，根据已定义好的 TE-EMM 评估方法，第一个重点域的成熟度受其下成熟度最低的 M&O-1-2 的制约，限制为第 3 级"已定义级"。同时，识别出 A 公司在"管理与组织"维度下，第二个重点域"领导与战略承诺"的成熟度层级为第 3 级"已定义级"；第三个重点域"治理与组织协同"的成熟度层级处于第 3 级"已定义级"。

表 9-6　　　　　　A 公司"管理与组织"简化的摘要

维度		问题代码	Level 1: 初始级	Level 2: 可重复级	Level 3: 已定义级	Level 4: 已管理级	Level 5: 优化级
管理与组织	1	Q_M&O-1-1	☐	☑	☑	☑	☑
		Q_M&O-1-2	☐	☐	☑	☐	☐
		Q_M&O-1-3	☑	☑	☑	☑	☐
		Q_M&O-1-4	☑	☑	☑	☑	☐
	2	Q_M&O-2-1	☐	☐	☑	☑	☐
		Q_M&O-2-2	☑	☑	☑	☐	☐
	3	Q_M&O-3-1	☐	☐	☑	☐	☐
		Q_M&O-3-2	☐	☐	☑	☐	☐

"管理与组织"维度的成熟度由其下三个重点域成熟度决定，三个重点域的成熟度同为第 3 级，也决定了 A 公司电子商务"管理与组织"的成熟度处于"Level 3：已定义级"。

同样，将 A 公司的评估答卷中此部分的作答结果进一步简化（见附录 10），得到 A 公司总体的电子商务成熟度处在"可重复级"，各维度以及其重点域具体的成熟度见表 9-7。

表 9-7　　　　　　A 公司电子商务各维度的成熟度

维度	重点域	重点域成熟度	维度成熟度	电子商务成熟度
	愿景与战略	Level 3		
管理与组织	领导与战略承诺	Level 3	Level 3	
	治理与组织协同	Level 3		
	IT战略与愿景	Level 3		
基础建设	IT架构与基础设施	Level 2	Level 2	
	业务与IT匹配	Level 2		Level 2. 可重复级：电子商务意识
	员工能力	Level 2		
人与文化	员工交流	Level 2	Level 2	
	企业文化	Level 3		
	流程管理	Level 2		
业务流程	绩效评估	Level 2	Level 2	
	成本管理	Level 2		

（维度列左侧竖排：电子商务成熟度评估）

9.3.2　成熟度提升建议

通过对 A 公司实施 TE-EMM 评估，得到 A 公司现阶段的电了商务水平处于"可重复级：电子商务意识"阶段，可见 A 公司现阶段的电子商务还很不成熟，需要进一步提升企业电子商务成熟度。

从表 9-7 中无法直观地看出 A 公司电子商务目前发展的短板，而蛛网图（见图 9-1）则可以很直观地呈现 A 公司的电子商务成熟度水平。从 A 公司电子商务成熟度蛛网图可以看出，A 公司的电子商务在 TE-EMM 中的 4 个维度发展不平衡，在"基础建设"和"业务流程"

方面都明显地跟不上企业"管理与组织"的要求；在"基础建设"方面，此维度成熟度不高的原因是企业内并没有使用分析型 CRM，没有使用商务智能系统对电子商务活动中获得的数据进行分析，导致企业电子商务的业务与 IT 匹配水平低。在业务流程方面，流程管理、绩效评估、成本管理都明显处于"可重复级"，此维度的成熟度水平不高的原因主要是企业对电子商务业务流程定义不完善，导致企业在绩效评估和成本管理方面的操作水平不高。此外，在"人与文化"维度方面，虽然电子商务在企业获得认可，但是员工的能力和员工之间对电子商务知识的交流却是"人与文化"成熟度的短板。

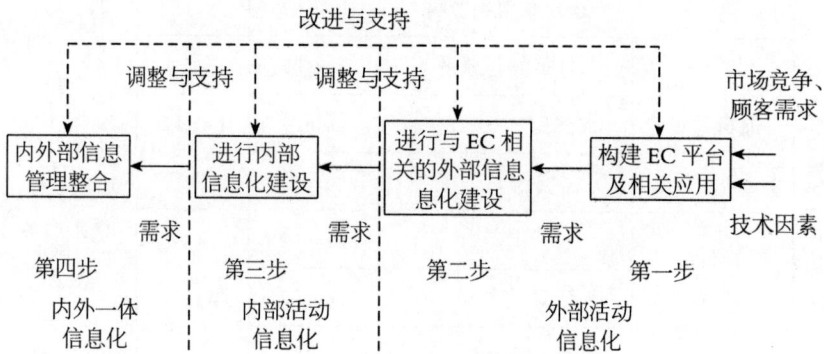

图 9-1　A 公司电子商务成熟度蛛网图

根据对 A 公司电子商务成熟度的评估结果的分析，A 公司电子商务要提升至"已定义级"甚至更高的电子商务成熟度，可以从以下方面着手：

在"管理与组织"维度方面，A 公司首先需要在企业内不同部门中为电子商务的成长制定跨部门的战略，以使电子商务成为各部门的努力目标；其次需要识别电子商务对不同渠道的价值与贡献，把关注点由实现电子商务功能转向提高企业电子商务能力。

在"基础建设"维度方面，虽然 A 公司内部有了比较完善的前台与后台办公系统，但是对系统的使用效率不高，表现为企业需要对各信息系统获得的信息进行加工和处理，以为管理决策提供支持，因此，在此阶段，A 公司应该在操作型 CRM 系统基础上升级为分析型 CRM，大量使用 Web 2.0 技术进一步实现与顾客和用户的信息交互，通过数据仓库、数据挖掘分析获得信息。此外，企业还需要在此基础上提升业务与 IT 匹配的能力，形成正式的业务与 IT 匹配的评估体系，并持续改进业务与 IT 匹配的措施。

在"人与文化"维度方面，A 公司需要在组织内部将员工沟通与员工学习制度化，制定标准的知识分享的结构和内容，定期采用不同的形式实现员工之间知识的交流和分享。

在"业务流程"维度方面，A 公司最迫切的需要是根据企业实际的业务运作定义不同渠道标准的业务流程，在此基础上才可以明确企业的关键绩效指标和成本动因，有效地对不同渠道制定的目标进行评估和成本管理。

9.4 TE-EMM 有效性验证

根据 Mettler（2011）所设计的"评价设计"阶段的参数，确定本书对所构建的 TE-EMM 评价时的参数。如表 9-8 所示，本书对 TE-EMM 的评价是在"事后"（TE-EMM 设计完成之后）通过"人工的办法"（试验的形式）对 TE-EMM 的设计过程和设计成果进行评价。

表 9-8　　Mettler（2011）"评价设计"阶段的决策参数结果

阶段	决策参数	特征		
评价设计	评价的主题	设计过程	设计成果	二者的组合
	时间框架	事前（Ex-ante）	事后（Ex-post）	二者的组合
	评价的方法	自然的方法		人工的方法

科学的有效性验证应该是由学术界和实践电子商务的专家对模型的合理性、科学性进行严谨的研究，同时还需要在实际的企业中进行实施应用，用实践检验 TE-EMM 的有效性。

通过实施 TE-EMM 应用于 A 公司的电子商务成熟度评估，TE-EMM 获得了许多有价值的反馈：

（1）总体上，TE-EMM 符合企业实际的电子商务发展情况。对于

A公司的评估结果，基本正确地反映了A公司电子商务的发展现状。

（2）TE-EMM的4个维度"管理与组织"、"基础建设"、"人与文化"以及"业务流程"的设计比较科学，涵盖了企业电子商务运作中的管理、基础设施、人与企业文化、业务流程方面，不足之处在于重点域下的子重点域的定义不完善，尤其是"业务流程"维度中"绩效管理"和"成本管理"的子重点域的划分不够细致，不能真实全面地反映企业在绩效评估与成本管理方面的情况。

（3）TE-EMM的子重点域在各个成熟度层级的依赖性上的阐述，还有不清晰的地方，尤其对于"管理与组织"维度下的"领导与战略承诺"和"治理与组织协同"重点域的依赖性阐述还不够明确。

（4）随着IT技术与电子商务的发展，新技术、新工具层出不穷，TE-EMM并没有涉及云计算、移动商务等电子商务所涉及的前沿技术，也没有考虑全球化进程对电子商务的影响。

从上述四点可以看出TE-EMM的构建基本完成，但远未完美，需要进一步改进以实现更高的合理性和科学性，为企业评估电子商务成熟度提供价值。将本书第2.3节中设计的成熟度模型对比框架应用于本书所构建的TE-EMM模型，见附录11。

第10章 总结与展望

10.1 研究总结

本书对传统企业电子商务成熟度评估方法进行研究，通过尝试构建企业电子商务成熟度模型，以实现企业电子商务成熟度的评估，为企业电子商务的发展提供决策支持。本书主要的创新之处有以下几点：

（1）根据企业实际发展电子商务的现状提出研究问题，构建了电子商务成熟度模型，而国内学术界对电子商务成熟度模型以及电子商务成熟度评价的研究还很匮乏。

（2）根据 TE EMM 所定义的成熟度维度和重点域，能够使企业明确现阶段电子商务发展中的阻碍因素以及成熟度提升的关键因素，并尝试性地提出了企业在各个 TE-EMM 成熟度层级中的电子商务成熟度提升策略。

电子商务成熟度模型中的每一个维度和重点域都可以成为一个研究领域（如业务与 IT 匹配成熟度模型），构建电子商务成熟度模型是一个复杂的系统工程。构建一个科学、合理的电子商务成熟度模型不仅需要很深刻、完整的电子商务知识，还需要丰富的电子商务实践经验。限于作者水平和能力，本书的研究有以下不足：

（1）在对现有成熟度模型的对比评述中，对比评述的深度可能不够。

（2）构建的 TE-EMM 中维度、重点域，尤其是子重点域的定义可能不够合理与完善。

（3）对 TE-EMM 的层级、维度、依赖性的阐述可能不够深入详细。

（4）采用成熟度自查方格形式的成熟度评估方法，虽然有利于企业简便地进行自我评估，但是需要对问卷进行更严谨的设计。

（5）对 TE-EMM 的评价，只限于一例的实证研究，缺少国内权威专家的评价反馈，此外，没有在功能和形式上对 TE-EMM 进行可变性验证。

10.2 研究展望

构建电子商务成熟度模型是一个复杂的系统工程。本书对企业电子商务成熟度的研究，以及对所构建的企业电子商务成熟度模型还有一些不足之处，需要进一步研究与完善，具体包括四个方面：

（1）TE-EMM 需要定义和设置更复杂的参数，以适应经济全球化和电子商务现代化发展的新特点。

（2）在功能和结构形式上对 TE-EMM 进行可变性验证，不同行业电子商务的特点不同，需要针对特定行业构建特定的电子商务成熟度模型或设定特定的条件。

（3）在评估工具与评价方法上需要进行更切合企业电子商务实际情况的复杂而严谨的设计。

（4）对 TE-EMM 的有效性验证，需要大量的实证和国内电子商务领域的专家的研究反馈。

参考文献

［1］ Rao S S, Metts G, Monge C A M.Electronic commerce development in small and medium sized enterprises: a stage model and its implications ［J］.Business Process Management Journal，2003，9(1):11-32.

［2］黄京华，黄河，赵纯均.企业电子商务就绪评估指标体系及其应用研究［J］.清华大学学报(哲学社会科学版)，2004（3）:63-69，92.

［3］陈畴镛，胡保亮.企业电子商务成熟度的组合评价［J］.商业研究，2004（12）:173-176.

［4］崔永华.传统企业电子商务化的建设与管理［J］.机械制造与自动化，2005（1）:48-52.

［5］黄京华，赵纯均.企业电子商务模式建立方法初探［J］.清华大学学报(哲学社会科学版)，2006（1）:112-118.

［6］ Chung-Yang Chen，Yu-Jen Chen，Pei-Jung Yu.Establishing an e-business CMM with the concepts of capability，maturity and institutionalization ［J］.International Journal of Electronic Business Management，2006，4(3): 205-213.

［7］ Jones P，et al.The proposal of a comparative framework to evaluate e-business stages of growth models ［J］.International Journal of

Information Technology and Management，2006，5(4):249-266.

［8］朱镇，赵晶，谷文辉，等.传统企业电子商务战略感知评估研究［J］.中国地质大学学报(社会科学版)，2007（1）:47-51.

［9］Beynon P，Davies.E-business maturity and regional development［J］.Journal of Business Science and Applied Management，2007，2(1):9-20.

［10］Mehta N，Oswald S，Mehta A.Infosys technologies: improving organizational knowlegde flows［J］.Journal of Information Technology，2007，13(1):456-464.

［11］朱镇，赵晶.管理者如何识别企业电子商务能力——基于中国传统行业的实证研究［J］.研究与发展管理，2009（5）：20-28.

［12］钱海婷.电子商务测度模型及绩效评估方法探讨［J］.管理现代化，2009（5）:39-41.

［13］Becker J，Knackstedt R，Pöppelbuß J.Developing maturity models for IT management—a procedure model and its application［J］.Business & Information Systems Engineering，2009，51(3):213-222.

［14］Gottschalk P.Maturity levels for interoperability in digital government［J］.Government Information Quaterly，2009，26(1):75-81.

［15］吴隽，王兰义，李一军.第三方物流企业能力成熟度模型研究［J］.中国软科学，2009（11）:139-146.

［16］迟准，梁静国，孙烨.企业电子商务系统运营评估［J］.科技管理研究，2009（12）:250-252.

［17］俞雷.模式转型:传统企业的困惑与出路［J］.销售与市场(管理版)，2010（1）：62-64.

［18］Mettler T.Thinking in terms of design decisions when developing maturity models［J］.International Journal of Strategic Decision Science，2010，1(4):76-87.

［19］van Steenbergen M，Bos R，Brinkkemper S，van de Weerd I，et al.The design of focus area maturity models［J］.Lecture Notes in Computer Science，2010（6105）:317-332.

［20］Mettler T，Rohner P，Winter R.Towards a classification of

maturity models in information systems［M］.// D'Atri A，De Marco M，Braccini A M，et al.Management of the interconnected world. Heidelberg: Physica-Verlag HD，2010:333-340.

［21］朱镇，赵晶，刘谆.电子商务战略感知与能力优势识别关系的实证研究［J］.管理评论，2010（3）:54-62.

［22］张利，康耀武，秦烨，等.内蒙古地区传统企业应用电子商务模式研究［J］.北方经济，2010（4）:65-66.

［23］杨超，赵昆.B2C电子商务发展策略与服务模式研究［J］.经济与管理，2010（8）:89-92.

［24］刘佳.传统企业线上生存［J］.互联网周刊，2010（9）:30-31.

［25］张海侠，沈阿强.以李宁为例看传统企业如何开展电子商务［J］.互联网天地，2010（9）:61-63.

［26］于娜.传统企业电子商务营销的六个误区［J］.市场观察，2010（10）:40-41.

［27］谭晓林，谢伟，李培馨.电子商务模式的分类、应用及其创新［J］.技术经济，2010（10）:6-11.

［28］仲伟俊，吴金南，梅姝娥.电子商务应用能力——理论构建与实证检验［J］.管理科学学报，2010（12）:61-75.

［29］仲伟俊，吴金南，梅姝娥.电子商务应用能力:概念、理论构成与实证检验［J］.系统管理学报，2011（1）:47-55.

［30］刘璞，蔡娜，王云峰.企业电子商务能力测量模型研究——基于动态能力的视角［J］.信息系统学报，2011（1）:35-47.

［31］Mettler T.Maturity assessment models: a design science research approach［J］.International Journal of Society Systems Science，2011，3 (1-2):81-98.

［32］吴金南，杨亚达.电子商务应用能力与企业绩效关系的实证研究［J］.财政研究，2011（5）:76-80.

［33］梁方方，江金波.旅游企业电子商务成熟度测量指标体系研究［J］.江苏商论，2011（9）:50-52.

［34］佚名.2011年度专题：大数据技术与产品回顾［EB/OL］.

（2011- 12- 28）［2014- 07- 22］. http://www.searchdatabase.com.cn/microsites/2011ending/index.html.

［35］王忠元.传统企业电子商务跨越式发展策略探讨［J］.商业时代，2011（23）:45-46.

［36］裴一蕾，薛万欣，杨春雨，等.中小型农业企业电子商务成熟度研究［J］.安徽农业科学，2012（8）:271-274.

［37］王旗.传统企业"触电"难题［J］.企业管理，2012（12）:4-6.

［38］倪红耀.南通地区家纺企业电子商务成熟度研究——基于AHP模糊综合评价算法［J］.南通纺织职业技术学院学报(综合版)，2012，12(2):76-79.

［39］黄健青，水淼，柴文义.电子商务发展就绪度水平模型及实证研究［J］.统计与决策，2012（18）:100-103.

［40］姜蓉.传统企业"电商化"势不可当［N］.中国经营报，2013-01-14.

［41］娄池.中国企业需要怎么来面对大数据时代的来临?［EB/OL］.（2013- 03- 08）［2014- 10- 27］. http://www.thebigdata.cn/YeJieDongTai/8488.html.

［42］梁健航.电子商务:传统企业向左还是向右［J］.新营销，2013（5）:16-17.

［43］李洪磊，于洋，侯玥.中国传统企业电子商务发展模式研究［J］.中国管理信息化，2013（5）:76-77.

［44］王桐.基于能力成熟度的传统服装行业电子商务模式选择研究［D］.辽宁师范大学，2013（6）：33-35.

［45］李秋迪，左美云，周军杰.基于复杂适应系统理论的电子商务企业IT能力研究［J］.管理学报，2013（9）:1352-1361.

［46］Elmaallam M，Kriouile A.Toward a maturity model development process for information systems(MMDePSI)［J］.International Journal of Computer Science Issues，2013，10(3):118-125.

［47］于丽雯.传统企业如何"触网转型"?［N］.无锡日报，

2013-11-10.

[48] 佚名. 传统企业加速向电商突围 [J]. 互联网周刊, 2013 (12):36-39.

[49] 王向星, 叶梦仙. 我国传统企业发展电子商务的优劣势分析 [J]. 中国管理信息化, 2013 (17):83-84.

[50] 金茜. 传统企业的互联网化进程 [J]. 互联网周刊, 2013 (17):54-56.

[51] 桑叶, 杨坚争, 汪尧明. 我国电子商务政策执行效果评估 [J]. 金融经济, 2013 (18):148-150.

[52] 白龙. 传统企业的"互联网思维"[J]. 现代工业经济和信息化, 2014 (1):62-63.

[53] 曹洪. 纵论我国传统企业电子商务发展战略的若干问题 [J]. 互联网周刊, 2014 (11):18-27.

[54] 黄磊. 企业如何拥抱互联网——以 Nike 为例探析传统企业互联网转型之路 [J]. 新闻世界, 2014 (12):120-122.

[55] 张慧. 我国传统企业开展电子商务的必要性研究 [J]. 企业改革与管理, 2014 (24):248.

[56] 胡明. 传统企业开展电子商务的误区分析 [J]. 电子商务, 2015 (1):51-52.

[57] 宋清辉. 大数据正改变我们的未来 [EB/OL]. (2015-02-27) [2015-03-10]. http://finance.ifeng.com/a/20150227/13516782_0.shtml.

[58] 罗娟. 传统企业如何面对电子商务的挑战 [J]. 中国高新技术企业, 2015 (10):4-5.

附录1 Mettler（2011）的构建成熟度评价模型的决策参数

阶段	决策参数	特征			
定义范围	重心/广度	一般的问题		特定的问题	
	分析的层面/深度	群体决策	组织层面	组织间层面	全球和社会
	新奇性	新兴的	迅速的	颠覆性的	成熟的
	目标读者	面向管理的	面向技术的	两者	
	传播方式	开放的		专用的	
设计模型	成熟度定义	过程为重点	对象为重点	人为重点	三者的组合
	目标函数	一维的		多维的	
	设计过程	理论为驱动	实践为基础	二者的组合	
	设计成果	形式的文字说明	形式和功能的文字说明	实例（评估工具）	
	实施方法	自我评估	第三方辅助评估	认证的专业机构	
	受访者	管理人员	员工	业务伙伴	三者的组合
评价设计	评价的主题	设计过程	设计成果	二者的组合	
	时间框架	事前（Ex-ante）	事后（Ex-post）	二者的组合	
	评价的方法	自然的方法		人工的方法	

附录2　现有的成熟度模型设计方法对比表

共同的设计过程	de Bruin等（2005）	Becker等（2009）	Maier等（2009）	van Steenbergen 等（2010）	Mettler（2011）	Elmaallam & Kriouile（2013）
1.识别需要或新机会		• 定义问题 • 对比现有模型	• 计划		• 识别需要以及问题涉及的领域	• 列出需求
2.界定范围	• 界定	• 确定构建模型策略		• 识别和界定功能域	• 定义模型实施及应用的范围	
3.模型设计	• 设计 • 填充-构成	• 成熟度模型的反复构建	• 开发	• 确定重点域 • 确定成熟度水平的能力 • 确定能力之间的相关性 • 确定成熟度矩阵的能力	• 识别可操作性的措施 • 实施部署和评估方法	• 选择结构 • 填充内容
4.评估设计	• 填充-测量 • 检验	• 转移和评估的概念		• 制定评估工具 • 定义改进措施		• 定义评估方法 • 检验模型
5.模型实施	• 实施 • 维护	• 实施数据转移 • 评估	• 评估 • 维护	• 实施成熟度模型 • 反复改进成熟度矩阵 • 沟通结果	• 应用模型 • 评估模型的结构和部署方法 • 设计合成与不断学习	• 准备成熟度评估 • 精心地改进行动方案 • 交流改进的行动方案 • 产生应用评述 • 定义改进模型

附录3 电子商务成熟度模型对比表1——成熟度模型一般属性维度

属性因子＼文献模型	Judy Mckay 等, 2000	Michael J. Earl, 2000	S.Subba Rao 等, 2003	Caroline Chan 等, 2004	Chung-Yang Chen, 2006	Paul Beynon 等, 2007	赛门铁克公司, 2009	Vincent Hoffs, 2011	Nikolay Petrachkov, 2012
名称	电子商务成长阶段模型	电子商务的演变	一种电子商务发展的阶段模型	B2B电子商务成长阶段模型	一种电子商务能力成熟度模型	电子商务采用阶梯模型	赛门铁克电子商务成熟度模型	电子商务成熟度模型	一种情境观的电子商务成熟度模型
名称缩写	SOG-e	—	—	—	EB-CMM	—	—	eBMM	SMME
主要出处	Judy Mckay 等, 2000	Michael J. Earl, 2000	S.Subba Rao 等, 2003	Caroline Chan 等, 2004	Chung-Yang Chen, 2006	Paul Beynon 等, 2007	赛门铁克公司, 2009	Vincent Hoffs, 2011	Nikolay Petrachkov, 2012
视角	技术	企业	技术	企业	技术	企业	企业	企业	企业
范围	E-business	E-business	E-business	E-commerce	E-business	E-commerce	E-business	E-business	E-business
来源	学术	学术	学术	学术	学术	学术	私营组织	学术	学术
目标读者	管理人员 技术人员	管理人员	管理人员 技术人员	管理人员	管理人员 技术人员	管理人员 技术人员	管理人员	管理人员	管理人员 技术人员
出版年份	2000	2000	2003	2004	2006	2007	2009	2011	2012
演化	线性	线性	线性	线性	线性	线性	线性	线性	线性
重点	未界定	未界定	中小企业	未界定	未界定	中小企业	未界定	未界定	未界定
层级	6	6	4	4	6	6	5	4	6

附录4 电子商务成熟度模型对比表2——成熟度模型设计与成熟度模型应用维度

属性因子 / 文献模型	成熟度模型设计										成熟度模型应用							
	成熟度的概念			构成			可靠性		可变性		实施的方法			实施的支持			实用的策略	
	流程成熟度	对象成熟度	人的能力	成熟度自查方格	Likert量表式问卷	CMM样式	验证	有效	形式	功能	自我评估	第三方辅助评估	认证的机构评估	无支持材料	文字说明书/手册	软件评估工具	含蓄的建议	明确的建议
Judy Mckay 等，2000		■	■	■				■			■			■			■	
Michael J. Earl 等，2000		■	■	■										■				
S.Subba Rao 等，2003	■	■	■	■			■	■						■			■	
Caroline Chan 等，2004	■	■	■	■			■	■						■				
Chung-Yang Chen 等，2006	■	■				■	■				■				■		■	
Paul Beynon 等，2007	■			■													■	
赛门铁克公司，2009						■						■			■			
Vincent Hoffs，2011	■		■	■	■		■				■				■		■	
Nikolay Petrachkov，2012	■	■									■			■	■		■	
Σ	6	6	5	6	1	2	4	3	0	0	4	1	0	5	4	0	6	0

附录5 各对比模型中的成熟度层级对比图

模型	Level 1	Level 2	Level 3	Level 4	Level 5	Level 6 层级
Petrachkov 2012	没有交易完成	传统的电子商务	交际的电子商务	内部集成	电子商务	优化级的电子商务
Hoffs 2011	新人	生手	高级	专家		
赛门铁克公司 2009	初始级	可重复级	已定义级	已管理级	优化级	
Paul 2007	使用电子邮件和网页	有一个基本网站	在线手册	网上商店	综合系统	高级的电子商务
Chen et al. 2006	初始级	内部	已集成级	已定义级	定量管理级	优化级
Chan & Swatman 2004	初始的电子商务	集中的电子商务	内部寻找利益	全球的电子商务		
Rao et al. 2003	存在	门户网站	交易整合	企业整合		
Earl 2000	外部沟通	内部沟通	E-commerce	E-business	电子企业	改造
Mckay et al. 2000	不存在	静态式	互动式	互联网电商	内部整合	外部整合

附录6 电子商务成熟度模型层级评价维度对比表

文献模型 评价维度	Judy Mckay 等, 2000	M.chael J. Earl, 2000	S.Subba Rao 等, 2003	Caroline Chan 等, 2004	Chung-Yang Chen 等, 2006	Paul Beynon 等, 2007	赛门铁克公司, 2009	Vincent Hoffs, 2011	Nikolay Petrachkov, 2012
IT基础建设	Systems			E-commerce Technologies Used			IT & Infrastructure	Technological Aspects	IT & Infrastructure
流程							Processes		Processes
员工	Staff/ Skills			Personnel Involved			People and Culture	Education	People
工作环境	Strategy	Strategy		Strategy			Management and Organization	Strategy	Work Environment
理念		Metaphor							
思维定式		Mindset						Awareness	
效果		Result						Performance Gain	
成功的关键因素		Critical Success Factor						Competitive Advantages	
关注				Focus					
结构	Structure			Structure					
类型	Style								
上级目标	Superordinate Goals								
合作								Cooperation	

附表 7　传统企业电子商务成熟度模型（TE-EMM）基准表

维度 \ 层级		Level 1: 初始级 (电子商务未计划)	Level 2: 可重复级 (电子商务意识)	Level 3: 已定义级 (电子商务管理)	Level 4: 已管理级 (电子商务集成)	Level 5: 优化级 (电子商务延伸)
管理与组织（M&O）	愿景与战略 (1)	电子商务并不是企业战略的一部分	(1)电子商务不是企业长期战略的一部分 (2)管理者开始关注于制定企业短期的电子商务发展目标和战略	(1)电子商务成为企业的部门战略 (2)管理者制定了企业电子商务发展目标和战略	(1) 制定了跨部门的电子商务战略，电子商务成为不同部门共同努力的目标 (2) 管理者制定了企业电子商务发展目标和战略	(1) 电子商务成为企业成略重要的组成部分 (2) 企业为电子商务制定了长期规划以实现企业的长期战略目标 (3) 与企业战略转向始终一致 (4) 战略制定的重点关注电子商务成为扩展企业
	领导与战略承诺 (2)	(1) 电子商务的运作是通过个别人的努力来维持的 (2) 降低成本、提高效率、吸引与维持顾客是电子商务举措的驱动力	(1) 认识到电子商务的潜力与价值 (2) 降低成本、提高效率、吸引与维持顾客是电子商务举措的驱动力	(1) 对企业开展电子商务的价值已经明确 (2) 降低成本、提高效率、吸引与维持顾客是电子商务举措的驱动力	(1) 对电子商务带给企业的利益、价值很明确 (2) 电子商务举措在企业中推进的驱动力是提高企业作业效率和企业的竞争力	(1) 不同渠道之间的交易与企业财务的贡献能够被很好地识别 (2) 预测市场、创造新的机会、提高企业的核心竞争力和创造价值是电子商务举措的驱动力

续表

维度	层级	Level 1: 初始级（电子商务未计划）	Level 2: 可重复级（电子商务意识）	Level 3: 已定义级（电子商务管理）	Level 4: 已管理级（电子商务集成）	Level 5: 优化级（电子商务延伸）
管理与组织（M&O）	治理与组织协同（3）	(1) 没有形成明显的电子商务治理模型 (2) 电子商务管理只是重点以面向电子商务可以实现的部分功能为主	(1) 有许多在线的电子商务举措 (2) 对电子商务已有重点对电子商务已实现的功能为主	(1) 电子商务方式成为明显的组织的层级制的组织结构 (2) 电子商务管理是以电子商务的功能为中心的管理	(1) 管理者根据电子商务预算来支持电子商务战略的规划 (2) 以电子商务的能力为中心，注重提升电子商务专门知识与技术的管理	(1) 通过在线渠道与合作伙伴共同创造产品与服务 (2) 面向分散的电子商务中心，以卓越的成本作为战略创新的出发点
基础建设（I&I）	IT战略与愿景（1）	(1) 没有明显的电子商务战略愿景 (2) 实验性的	(1) 开始有电子商务战略与愿景 (2) 建立在电子商务技术基础上基本的计划	(1) 建立了与企业一致的电子商务战略与愿景 (2) 目标是使企业内部各种信息系统更加科学和谐	(1) 建立了与企业电子商务协同一致的IT战略愿景 (2) 目标是实现企业内部各种信息系统之间更高的集成化水平	(1) 建立了与企业电子商务战略协同一致的IT战略愿景 (2) 目标是实现企业内部各种信息系统之间更高的集成化水平
	IT架构与基础设施（2）	(1) 特定和临时的IT管理程序 (2) 遗留的企业信息系统 (3) 系统之间是孤立的	(1) 建立了已经定义的较为标准的IT管理程序 (2) 遗留是通过自己建立或采购 (3) 初步使用Web 2.0技术，却未使用商务智能系统 (4) 在前台后台中使用操作型CRM系统等信息系统 (5) 系统之间是孤立的	(1) 制定了详细的IT管理程序的标准 (2) 拥有了更完善的前台后台办公系统 (3) 大量使用Web 2.0技术，初步使用商务智能系统 (4) 在前台后台活动中使用了ERP系统等信息系统 (5) 企业之间有了初步的企业应用集成	(1) 制定了详细的并严格遵守的IT管理程序标准 (2) 拥有了更完善的前台后台办公系统 (3) 大量使用Web 2.0技术，以及数据挖掘、数据仓库等商务智能系统支持决策 (4) 在前台后台活动中使用了协作型CRM系统、ERP系统等信息系统 (5) 企业内部的信息系统应用集成，并与企业外部供应链上的合作伙伴也有了初步的企业信息系统应用集成	(1) 制定了持续改进的IT管理程序 (2) 拥有了更可靠的信息系统 (3) 使用Web 2.0技术，以及数据挖掘、数据仓库等商务智能系统支持决策 (4) 在前台后台活动中使用了ERP系统、协作型CRM系统等信息系统 (5) 企业内部信息以及企业之间外部的信息系统应用集成，实现了企业应用集成

续表

维度	层级	Level 1: 初始级（电子商务未计划）	Level 2: 可重复级（电子商务意识）	Level 3: 已定义级（电子商务管理）	Level 4: 已管理级（电子商务集成）	Level 5: 优化级（电子商务延伸）
基础建设（I&I）	业务与IT匹配（3）	(1) 缺乏对IT和商务匹配的理解 (2) IT指标是IT技术上的，业务指标也是针对企业电子商务所需的 (3) 业务功能 (4) 抵制改变，不具备业务与IT匹配的应变能力 (5) 没有建立业务与IT匹配的评估和持续改进业务与IT匹配的措施	(1) 对IT和商务匹配开始有了有限的理解 (2) IT指标注重成本效益 (3) 业务指标注重企业电子商务的功能 (4) 变能力依赖于企业的典型组织 (5) 建立的一些针对典型问题的业务与IT匹配的评估和持续改进业务与IT匹配的措施	(1) 中高级管理层建立了良好的基于IT对电子商务的理解；基于电子商务对IT的理解也开始形成 (2) IT指标注重成本效益 (3) 业务指标注重企业电子商务的功能 (4) 认识到变能力业务与IT的需要 (5) 开始形成变能力正式的持续改进的措施 (6) 开始形成业务与IT匹配	(1) 基于IT对电子商务由上任下贯穿整个组织；基于电子商务对IT的理解也已经获得普遍认识 (2) IT指标注重成本效益 (3) 业务指标认识顾客为基础 (4) 能力增强，并开始执行的应变能力 (5) 形成经常性的评估执行体系 (6) 进业务与IT匹配的持续改进业务与IT匹配的措施	(1) 基于IT对电子商务的理解和基于电子商务对IT的理解已经渗透到企业活动之中 (2) IT指标延伸到企业外部的合作伙伴；IT指标延伸到的合作伙伴 (4) 业务与IT匹配的应变能力 (5) 建立了IT按照常规执行的评估体系 (6) 建立业务与IT匹配持续改进业务与IT匹配的措施
人与文化（P&C）	员工能力（1）	(1) 没有明显的电子商务资源，没有IT经理；IT人员可能只由技术人员和程序员组成 (2) IT人员由针对性的要求，IT人员所需要的只是个人不同需要应用上的纯技术技能	(1) 配置有了IT经理；企业拥有有限于IT信息系统的技术中有电子商务所需要的环节 (2) IT员工具备管理的技能	(1) 在中级管理层中为电子商务成战略配置更高水平的IT经理 (2) 以及IT的能力，及对优点都被要求有更好的理解	(1) 配置了CIO或者电子商务经理管理电子商务 (2) 需要员工掌握电子商务知识，正需要其他企业电子商务员工掌握业务、IT方面相关知识和技能	(1) 员工是电子商务的核心员工将被保留，其他合作伙伴关系人员将在有合作伙伴的大企业之间共和外包 (2) 电子商务员工需要更精通企业业务、电子商务，IT方面的知识和技能
	员工交流（2）	(1) 基于个人兴趣，是一种自由形式的团体 (2) 针对特定问题的特定共享	(1) 基于个人兴趣或业务需要的非正式交流 (2) 半结构化的知识共享	(1) 周期性地在不同部门进行员工之间的正式交流 (2) 结构化的知识共享	(1) 企业内部成开放式的员工沟通和交流，并力争得到一致的结果 (2) 企业内部制度化的知识共享	(1) 沟通和交流发展成为与企业内部员工之间以及与外部其他企业合作，创新项目的信息交换 (2) 企业外部的知识共享

维度	层级	Level 1：初始级（电子商务未计划）	Level 2：可重复级（电子商务意识）	Level 3：已定义级（电子商务管理）	Level 4：已管理级（电子商务集成）	Level 5：优化级（电子商务延伸）
人与文化（P&C）	企业文化（3）	(1) 存在电子商务支持者与怀疑者对新持不支持的态度 (2) 对电子商务创新以及交叉职能部门依靠着个别的电子商务职能部门 (3) 没有教育以及培训 (4) 缺少对电子商务进行定位 (5) 命令和控制型的管理风格	(1) "我做我的工作，你做你的"的态度 (2) 创新职能部门的交叉 (3) 有了少量的教育以及交叉培训 (4) 保证企业商品服务价值定位 (5) 基于对共识的管理风格	展电子商务，鼓励发展电子商务工作 (1) 高层管理者认可电子商务，逐渐得到企业的 (2) 可容忍风险内进行电子商务教育以及新的交叉培训 (3) 赖于企业实际情况中的职能部门 (4) 新兴提供电子商务的有价值的 (5) 基于结果的管理风格	(1) 企业文化已经完全接受电子商务，鼓励企业合作伙伴，创新 (2) IT经理进行创新 (3) 经过培训已经有能力不同职能部门中进行 (4) 有价值的服务提供商电子商务价值定位 (5) 基于效益/价值的管理风格	(1) 企业文化已经完全接受电子商务，并在企业中形成一种等的企业文化，创新等 (2) 电子商务创新成为企业合作伙伴内部和供应链上的标准和规范 (3) 教育、交叉培训已经有能力在企业的不同职能部门中和供应链上的合作伙伴之间进行 (4) 有价值电子商务关系的管理定位 (5) 基于关系观的管理风格
业务流程（Process）	流程管理（1）	(1) 没有对电子商务流程进行定义 (2) 电子商务与企业业务流程没有集成	(1) 有限的电子商务定义 (2) 电子商务与企业业务流程没有集成	(1) 初步定义核心电子商务流程 (2) 电子商务有了初步的集成	(1) 定义了核心电子商务流程 (2) 电子商务集成于企业业务流程之中	(1) 定义了企业核心电子商务流程 (2) 电子商务集成于企业业务流程之中外部的业务流程之中
	绩效评估（2）	没有供给电子商务绩效评估的渠道，电子商务绩效评估只是针对有专门的有限管理	(1) 针对已制定目标的渠道管理进行定期的成效评估报告 (2) 电子商务绩效评估只是针对有专门的有限管理	(1) 绩效评估的是由内部门设定的年度目标 (2) 企业根据每个部门进行电子商务评估 (3) 评估的重点是提高绩效的举措	(1) 绩效评估的是由部门设定的多个渠道目标 (2) 根据企业关键绩效指标（KPI）对每个部门进行报告 (3) 评估的重点是关注顾客的举措	(1) 绩效评估的是由部门设定的多个渠道目标 (2) 以价值链为基础的绩效与报告 (3) 对外部（市场）的规划和控制，滚动因素预测
	成本管理（3）	根据企业预算控制电子商务的成本	根据企业部门的预算控制电子商务的成本	根据企业部门控制电子商务的成本	(1) 成本动因和企业业务流程的服务等级协议（SLA）控制电子商务的成本 (2) 运用了投资组合分析	(1) 根据企业外部的服务等级协议（SLA）控制电子商务的成本 (2) 运用了投资组合分析

附录8 企业电子商务成熟度评估问卷

为了提高评估的科学性与准确性，请贵公司在实施本评估之前，根据企业电子商务的实际情况，组建一支由企业内部管理层和业务层的若干专家和员工组成的电子商务成熟度评估小组，小组成员应该先针对此问卷中的内容进行充分调查和掌握企业电子商务目前的发展战略、基础设施、各业务部门运作的详细情况。

本问卷包括五个部分，评估小组协商讨论以下问题，并完成"企业电子商务成熟度评估答卷"（另附）。

一、企业概况

问题代码	问题	选项
Q_EGI-1	贵企业属于下列哪种企业类型？	□ 国有企业 □ 集体所有制企业 □ 私营企业 □ 股份制企业 □ 其他
Q_EGI-2	贵企业属于下列哪个行业？	□ 农、林、牧、渔业 □ 采矿业 □ 制造业 □ 建筑业 □ 交通运输、仓储和邮政业 □ 信息传输、计算机服务和软件业 □ 批发和零售业 □ 住宿和餐饮业 □ 金融业 □ 教育 □ 其他 _____
Q_EGI-3	根据工信部等四部门在2011年7月联合发布的《中小企业划型标准规定》，贵企业在所在的行业中属于哪种企业规模？	□ 大型企业 □ 中型企业 □ 小型企业 □ 微型企业
Q_EGI-4	贵企业提供何种产品和服务？	_____

二、管理与组织

问题代码	问题	选项
Q_M&O-1-1	电子商务是不是企业战略的组成部分？	□ 否 □ 是
Q_M&O-1-2	贵企业当前制定了怎样的电子商务战略？	□ 未制定任何电子商务战略 □ 开始关注电子商务并基于电子商务功能制定短期的电子商务战略 □ 电子商务成为企业部门战略，并为电子商务制定了电子商务发展目标和战略 □ 制定了跨部门的电子商务战略，其他不同部门共同努力实现电子商务战略中的目标 □ 为电子商务制定了长期的战略目标以实现企业的长期战略目标
Q_M&O-1-3	电子商务战略是否能与企业战略的转向始终一致？	□ 否 □ 是
Q_M&O-1-4	贵企业所制定的电子商务战略是否关注企业成为扩展企业？	□ 否 □ 是
Q_M&O-2-1	以下哪个选项最符合贵企业高层管理者目前对电子商务的价值认识？	□ 未认识到电子商务的潜力与价值，企业中的电子商务是通过个别管理者的努力维持的 □ 认识到电子商务的潜力与价值 □ 明确地认识出开展电子商务的价值 □ 能够清晰地识别电子商务在不同渠道之间的交易和财务上的贡献

续表

问题代码	问题	选项
Q_M&O-2-2	推动贵企业当前开展电子商务举措的驱动力是什么?	☐ 降低成本,提高效率,吸引与维持顾客 ☐ 增强业务能力,提高企业竞争力 ☐ 预测市场,创造新的机会,提高企业的核心竞争力和创造企业价值
Q_M&O-3-1	以下哪种电子商务治理举措最符合贵企业当前电子商务的情况?	☐ 企业内尚未形成明显的电子商务治理模型 ☐ 有许多在线的电子商务举措 ☐ 电子商务的组织管理方式成为明显的层级制的组织结构 ☐ 管理者根据电子商务预算来支持电子商务战略的规划 ☐ 企业通过在线渠道与合作伙伴共同创造产品与服务
Q_M&O-3-2	贵企业现阶段电子商务治理与组织的举措对象是什么?	☐ 重点面向电子商务已可以实现的部分功能 ☐ 以电子商务的功能为中心实施管理 ☐ 以电子商务的能力为中心并注重提升电子商务专门知识与技术的管理 ☐ 面向分散的电子商务功能,以卓越的成本中心作为战略和企业创新的出发点

三、基础建设

问题代码	问题	选项
Q_I&I-1-1	贵企业是否建立了与电子商务战略匹配一致的 IT 战略与愿景？	□ 没有明显的 IT 战略与愿景 □ 开始有关于电子商务的 IT 战略与愿景 □ 建立了与企业电子商务战略协同一致的 IT 战略与愿景
Q_I&I-1-2	贵企业建立 IT 战略与愿景的性质和目的是什么？	□ 实验性质的 □ 建立在电子商务功能与技术基础上的基本计划 □ 目标是使企业内部开展电子商务的各种信息系统更加科学和合理化 □ 目标是实现企业内部各种信息系统之间更高的集成化水平 □ 目标是实现企业内部同企业外部各种信息系统之间更高的集成化水平
Q_I&I-2-1	以下哪个选项最符合贵企业现阶段制定的 IT 管理程序？	□ 特定和临时的 IT 管理程序 □ 已经定义的较为标准的 IT 管理程序 □ 制定了详细的 IT 管理程序的标准 □ 制定了详细的 IT 管理程序的标准，并能严格遵守 □ 制定了持续改进的 IT 管理程序
Q_I&I-2-2	以下哪个选项最符合贵企业现阶段 IT 基础设施的建设情况？	□ 目前拥有的是遗留的企业信息系统 □ 目前拥有的是在遗留的企业信息系统上进一步改进的系统，或是通过企业自己建立或外部购买的新系统 □ 目前拥有了更完善的前台与后台办公系统 □ 目前拥有了更可靠的信息系统

续表

问题代码	问题	选项
Q_I&I-2-3	以下哪个选项最符合目前电子商务运作过程中 Web 2.0 以及商务智能系统的使用情况？	☐ 没有使用任何 Web 2.0 技术以及商务智能系统 ☐ 初步使用了动态的 Web 2.0 技术，却未使用商务智能系统 ☐ 大量地使用 Web 2.0 技术，并初步地使用了商务智能系统 ☐ 大量使用了 Web 2.0 技术以及商务智能系统支持决策
Q_I&I-2-4	以下哪个选项最符合目前电子商务运作过程中 CRM 系统、ERP 系统的使用情况？	☐ 企业没有使用 CRM 或仅仅使用了操作型 CRM 系统，没有使用 ERP 或 ERP 的功能仅仅覆盖在孤立的遗留系统之中 ☐ 在前台使用了操作型 CRM 系统，在后台的电子商务活动中使用了 ERP 系统 ☐ 在前台开始初步使用分析型 CRM 系统，在后台的电子商务活动中使用了 ERP 系统 ☐ 在前台使用了协作型 CRM 系统，在后台的电子商务活动中使用了 ERP 系统
Q_I&I-2-5	以下哪个选项最符合目前贵企业电子商务运作过程中企业应用集成的实施情况？	☐ 没有实施企业应用集成 ☐ 企业内部的信息系统之间有了初步的、有限的企业应用集成 ☐ 企业内部的信息系统之间完全实现了企业应用集成，并与企业外部供应链上的合作伙伴也有了初步的信息系统的企业应用集成 ☐ 企业内部以及与企业外部的信息系统之间完全实现了企业应用集成

续表

问题代码	问题	选项
Q_I&I-3-1	以下哪个选项最符合目前贵企业对 IT 和商务匹配的理解情况？	□ 缺乏对 IT 和商务匹配的理解 □ 对 IT 和商务匹配开始有有限的理解 □ 中高级管理层建立了良好的基于 IT 对电子商务的理解；基于电子商务对 IT 的理解也开始形成电子商务意识 □ 基于 IT 对电子商务的理解已经由上往下贯穿整个组织；基于电子商务对 IT 的理解也已经获得潜在的电子商务意识 □ 基于 IT 对电子商务的理解和基于电子商务对 IT 的理解已经渗透到企业活动之中
Q_I&I-3-2	以下哪个选项最符合目前贵企业根据电子商务业务制定的 IT 指标？	□ 建立在 IT 技术上的 IT 指标 □ 注重成本效益的 IT 指标 □ 延伸到企业外部合作伙伴的 IT 指标
Q_I&I-3-3	以下哪个选项最符合目前贵企业根据 IT 制定的电子商务业务指标？	□ 业务指标是特定和临时的 □ 注重电子商务功能的业务指标 □ 以顾客为基础的业务指标 □ 延伸到企业外部合作伙伴的业务指标
Q_I&I-3-4	以下哪个选项最符合目前贵企业电子商务业务与 IT 匹配的应变态度和能力？	□ 抵制改变，不具备业务与 IT 匹配的应变能力 □ 业务与 IT 匹配的应变态度和能力依赖于企业的职能型组织 □ 认识到业务与 IT 匹配的应变能力的需要 □ 高度关注业务与 IT 匹配的应变能力

问题代码	问题	选项
Q_I&I-3-5	以下哪个选项最符合目前贵企业对业务与IT匹配的评估的建设情况？	☐ 没有建立业务与IT匹配的评估体系 ☐ 建立了一些针对典型问题的业务与IT匹配的评估体系 ☐ 开始形成正式的业务与IT匹配的评估体系 ☐ 开始建立正式执行的业务与IT匹配的评估体系 ☐ 建立了按照常规执行的业务与IT匹配的评估体系
Q_I&I-3-6	以下哪个选项最符合目前贵企业对持续改进业务与IT匹配的建设情况？	☐ 没有持续改进业务与IT匹配的措施 ☐ 少量的持续改进业务与IT匹配的措施 ☐ 开始形成持续改进业务与IT匹配的措施 ☐ 形成经常性的持续改进业务与IT匹配的措施 ☐ 建立了按常规执行的持续改进业务与IT匹配的措施

四、人与文化

问题代码	问题	选项
Q_P&C-1-1	以下哪个选项最符合目前贵企业电子商务员工的配置情况？	☐ 没有明显的电子商务资源，没有IT经理，IT人员可能只由技术人员和程序员组成 ☐ 企业拥有了IT经理，责任局限于信息系统/信息技术中有电子商务的环节 ☐ 在中级管理层中为整个电子商务战略配置了更高水平的IT经理 ☐ 配置了电子商务经理或者CIO负责企业的电子商务管理 ☐ 电子商务的核心员工将被保留，其他电子商务人员将在有合作伙伴关系的大企业之间共享和外包

续表

问题代码	问题	选项
Q_P&C-1-2	以下哪个选项最符合目前贵企业要求的员工对商务、IT以及电子商务知识和技能的情况？	□ 没有针对性的要求，IT人员所需要的只是个人不同的业务应用上的纯技术技能 □ IT员工需要企业IT项目管理的技能 □ 电子商务员工对业务以及IT的能力、潜力和优点都被要求有更好的理解 □ 电子商务员工不仅需要知道电子商务的知识，还需要掌握企业其他相关业务、IT方面的知识和技能 □ 电子商务员工需要更精通企业业务、电子商务、IT方面的知识和技能
Q_P&C-2-1	以下哪个选项最符合目前贵企业员工之间沟通和交流的形式？	□ 基于个人兴趣，是一种自由形式的团体 □ 基于个人兴趣或业务需要的非正式交流 □ 周期性地在不同部门进行员工间的正式交流 □ 企业内部开放式的员工沟通和交流，并致力于得到一致的结果 □ 沟通和交流发展成为企业内部员工之间以及与外部其他企业员工之间以顾客、合作、创新为目的信息交换

问题代码	问题	选项
Q_P&C-2-2	以下哪个选项最符合目前贵企业员工间知识分享特点?	☐ 针对特定问题的特定共享 ☐ 半结构化的知识共享 ☐ 结构化的知识共享 ☐ 企业内部制度化的知识共享 ☐ 企业外部的知识共享
Q_P&C-3-1	以下哪个选项最符合电子商务在贵企业的情况?	☐ 企业中存在电子商务支持者与怀疑者 ☐ 企业中存在着"我做我的工作,你做你的工作"的态度 ☐ 高层管理者鼓励发展电子商务,电子商务逐渐得到企业员工的认可 ☐ 企业文化已经完全接受了电子商务 ☐ 企业文化已经完全接受了电子商务,并在企业中形成一种鼓励电子商务运作、创新等的企业文化
Q_P&C-3-2	以下哪个选项最符合目前贵企业对电子商务创新的态度?	☐ 企业内对电子商务创新持不支持的态度 ☐ 创新依靠个别的电子商务职能部门 ☐ 可容忍风险内进行电子商务创新举措 ☐ 鼓励企业、合作伙伴、IT经理进行创新举措 ☐ 电子商务创新成为企业内部和供应链上的合作伙伴的标准和规范
Q_P&C-3-3	以下哪个选项最符合目前贵企业组织教育、交叉培训的情况?	☐ 企业内没有组织教育以及交叉培训 ☐ 有少量的教育以及交叉培训 ☐ 教育、交叉培训依赖于企业实际情况中的职能部门 ☐ 教育、交叉培训已经有能力在企业内部的不同职能部门中进行 ☐ 教育、交叉培训已经有能力在企业的不同职能部门中和供应链上的合作伙伴之间进行

问题代码	问题	选项
Q_P&C-3-4	以下哪个选项最符合目前贵企业对所开展的电子商务在企业中的价值定位?	☐ 没有对电子商务进行价值定位 ☐ 保证企业商品或服务交易的电子商务价值定位 ☐ 新兴的、有价值的服务提供商的电子商务价值定位 ☐ 有价值的服务提供商的电子商务价值定位 ☐ 有价值的伙伴关系的电子商务价值定位
Q_P&C-3-5	以下哪个选项最符合在目前的企业文化影响下电子商务管理者形成的管理风格?	☐ 命令和控制型的管理风格 ☐ 基于共识的管理风格 ☐ 基于结果的管理风格 ☐ 基于效益/价值的管理风格 ☐ 基于关系观的管理风格

五、业务流程

问题代码	问题	选项
Q_Process-1-1	以下哪个选项最符合目前贵企业对电子商务流程定义的情况?	☐ 没有对电子商务的流程进行定义 ☐ 有限的电子商务流程定义 ☐ 定义了电子商务的核心业务流程
Q_Process-1-2	以下哪个选项最符合目前贵企业对电子商务流程集成的情况?	☐ 电子商务与企业业务流程没有集成 ☐ 电子商务与企业业务流程有了初步的集成 ☐ 电子商务集成于企业业务流程之中 ☐ 电子商务集成于企业外部的业务流程之中
Q_Process-2-1	以下哪个选项最符合目前贵企业电子商务绩效评估的渠道目标的情况?	☐ 没有制定供绩效评估的渠道目标,电子商务绩效评估很有限 ☐ 绩效评估的是特定渠道管理的有限目标 ☐ 绩效评估的是由部门设定的特定渠道管理的年度目标 ☐ 绩效评估的是多个渠道管理的目标

续表

问题代码	问题	选项
Q_Process-2-2	以下哪个选项最符合目前贵企业电子商务绩效评估的规划和报告的情况？	□ 没有制定电子商务绩效评估的规划 □ 电子商务绩效评估只是针对有专门的目标的渠道管理的有限规划 □ 企业根据企业关键绩效指标（KPI）对电子商务的每个部门的绩效评估进行规划和报告 □ 以价值链为基础的绩效评估与报告
Q_Process-2-3	以下哪个选项最符合目前贵企业电子商务绩效评估的评估重点？	□ 未识别评估重点 □ 评估的重点是绩效提高的举措 □ 评估的重点是关注顾客的举措 □ 结合外部（市场）因素的规划和控制、滚动预测
Q_Process-3-1	以下哪个选项最符合目前贵企业电子商务成本的度量和控制方面的情况？	□ 根据企业预算控制电子商务的成本 □ 根据企业部门的预算控制电子商务的成本 □ 根据企业部门的成本动因控制电子商务的成本 □ 根据企业业务流程的成本动因和企业内部的服务等级协议（SLA）控制电子商务的成本 □ 根据企业外部的服务等级协议（SLA）控制电子商务的成本
Q_Process-3-2	贵企业在电子商务成本管理中是否利用投资组合分析的方法？	□ 否 □ 是

TE-EMM 问卷部分结束，请认真完成答卷！

企业电子商务成熟度评估答卷

本评估答卷包括两部分：

第一部分是企业概况，对应"企业电子商务成熟度评估问卷"的第一部分，此部分的结果不对企业电子商务成熟度评估的结果产生影响；第二部分是企业电子商务成熟度模型成熟度自查方格（TE-EMM 成熟度自查方格），对应"企业电子商务成熟度评估问卷"的第二、三、四、五部分，第二部分的结果直接影响贵企业的电子商务成熟度，请评估小组针对本企业的实际情况，实事求是地作答。

第一部分　企业概况

问题代码	问题	选项
Q_EGI-1	贵企业属于下列哪种企业类型？	☐ 国有企业　　　　　☐ 集体所有制企业 ☐ 私营企业　　　　　☐ 股份制企业 ☐ 其他 ＿＿＿＿＿＿＿
Q_EGI-2	贵企业属于下列哪个行业？	☐ 农、林、牧、渔业　　☐ 采矿业 ☐ 制造业　　　　　　☐ 建筑业 ☐ 交通运输、仓储和邮政业 ☐ 信息传输、计算机服务和软件业 ☐ 批发和零售业　　　☐ 住宿和餐饮业 ☐ 金融业　　　　　　☐ 教育 ☐ 其他 ＿＿＿＿＿＿＿
Q_EGI-3	根据工信部等四部门在 2011 年 7 月联合发布的《中小企业划型标准规定》，贵企业在所在的行业属于哪种规模？	☐ 大型企业　　　　　☐ 中型企业 ☐ 小型企业　　　　　☐ 微型企业
Q_EGI-4	贵企业提供何种产品和服务？	＿＿＿＿＿＿＿＿＿＿＿＿＿＿＿＿＿＿

第二部分　TE—EMM 成熟度自查方格

维度	问题代码	Level 1: 初始级	Level 2: 可重复级	Level 3: 已定义级	Level 4: 已管理级	Level 5: 优化级
管理与组织	Q_M&O-1-1	☐ 否	☐ 是	☐ 是	☐ 是	☐ 是
	Q_M&O-1-2	☐ 未制定任何电子商务战略	☐ 开始关注电子商务并基于电子商务功能制定短期的电子商务战略	☐ 电子商务成为企业部门战略，并为电子商务制定电子商务发展目标和战略	☐ 跨部门的电子商务战略，其他不同部门共同努力实现电子商务战略中的目标	☐ 为电子商务制定了长期的战略目标以实现企业的长期战略目标
	Q_M&O-1-3	☐ 否	☐ 否	☐ 否	☐ 否	☐ 是
	Q_M&O-1-4	☐ 否	☐ 否	☐ 否	☐ 否	☐ 是
	Q_M&O-2-1	☐ 未认识到电子商务的潜力与价值，电子商务是通过个别管理者的努力维持的	☐ 认识到电子商务的潜力与价值	☐ 明确地认识出展电子商务的价值	☐ 明确地认识出开展电子商务的价值	☐ 能够清晰地识别电子商务在不同渠道之间的交易和财务上的贡献
	Q_M&O-2-2	☐ 降低成本，提高效率，吸引与维持顾客	☐ 降低成本，提高效率，吸引与维持顾客	☐ 降低成本，提高效率，吸引与维持顾客	☐ 增强业务能力，提高企业竞争力	☐ 预测市场，创造新的机会，提高企业的核心竞争力和创造企业价值
	Q_M&O-3-1	☐ 尚未形成明显的电子商务治理模型	☐ 有许多在线的电子商务举措	☐ 电子商务的组织管理方式成为明显的层级制的组织结构	☐ 管理者根据电子商务预算来支持电子商务战略的规划	☐ 通过在线渠道与合作伙伴共同创造产品与服务

维度	问题代码	Level 1: 初始级	Level 2: 可重复级	Level 3: 已定义级	Level 4: 已管理级	Level 5: 优化级
管理与组织	Q_M&O-3-2	□ 重点面向电子商务部分已实现的功能	□ 重点面向电子商务已可以实现的部分功能	□ 以电子商务的功能为中心实施管理	□ 以电子商务的能力为中心并注重提升电子商务专门知识与技术的管理	□ 面向分散的电子商务功能，以卓越的战略成本中心作为创新的出发点
基础建设	Q_I&I-1-1	□ 没有明显的IT战略与愿景	□ 开始有关于电子商务的IT战略与愿景	□ 建立了与企业电子商务战略协同一致的IT战略与愿景	□ 建立了与企业电子商务战略协同一致的IT战略与愿景	□ 建立了与企业电子商务战略协同一致的IT战略与愿景
	Q_I&I-1-2	□ 实验性质的	□ 建立在电子商务技术基础上的基本计划	□ 目标是使企业内部开展电子商务的各种信息系统更加科学和合理化	□ 目标是实现企业内部各种信息系统之间更高的集成化水平	□ 目标是实现企业外部各种信息系统之间更高的集成化水平
	Q_I&I-2-1	□ 特定和临时的IT管理程序	□ 已经定义了较为标准的IT管理程序	□ 制定了详细的IT管理程序的标准	□ 制定了详细的IT管理程序的标准，并能严格遵守	□ 制定了持续改进的IT管理程序
	Q_I&I-2-2	□ 拥有的是遗留的企业信息系统	□ 在遗留的企业信息系统上进一步改进系统，或是通过企业自己建立或外部购买更新系统	□ 拥有了更完善的前台与后台办公系统	□ 拥有了更完善的前台与后台办公系统	□ 目前拥有了更可靠的信息系统

续表

维度	问题代码	Level 1: 初始级	Level 2: 可重复级	Level 3: 已定义级	Level 4: 已管理级	Level 5: 优化级
基础建设	Q_I&I-2-3	□ 没有使用 Web 2.0 技术以及商务智能系统	□ 初步地使用了 Web 2.0 技术，却未使用商务智能系统	□ 大量地使用了 Web 2.0 技术，初步使用了商务智能系统	□ 大量地使用了 Web 2.0 技术，商务智能系统支持决策	□ 大量地使用了 Web 2.0 技术，商务智能系统支持决策
	Q_I&I-2-4	□ 没有使用CRM或仅仅使用了操作型CRM系统，没有使用ERP或ERP的功能仅仅覆盖在孤立的遗留系统之中	□ 在前台使用了操作型CRM系统，在后台的电子商务活动中使用了ERP系统	□ 在前台开始初步使用分析型CRM系统，在后台的电子商务活动中使用了ERP系统	□ 在前台使用了协作型CRM系统，在后台的电子商务活动中使用了ERP系统	□ 在前台使用了协作型CRM系统，在后台的电子商务活动中使用了ERP系统
	Q_I&I-2-5	□ 没有实施企业应用集成	□ 没有实施企业应用集成	□ 企业内部的信息系统之间有了初步的、有限的企业应用集成	□ 企业内部的信息系统之间完全应用集成，并与企业外部供应链上的合作伙伴也有了初步的信息系统的企业应用集成	□ 企业内部以及与企业外部的信息系统之间完全实现了企业应用集成

维度	问题代码	Level 1: 初始级	Level 2: 可重复级	Level 3: 已定义级	Level 4: 已管理级	Level 5: 优化级
基础建设	Q_I&I-3-1	□ 缺乏对IT和商务匹配的理解	□ 对IT和商务匹配开始有限的理解	□ 中高级管理层建立了良好的基于IT对电子商务匹配的理解；基于电子商务对IT的理解也开始形成电子商务的意识	□ 基于IT对电子商务的理解已经由上往下贯穿整个组织；基于电子商务对IT的理解也已经获得潜在的电子商务意识	□ 基于IT对电子商务的理解和基于电子商务对IT的理解已经渗透到企业电子活动之中
	Q_I&I-3-2	□ 建立在IT技术上的IT指标	□ 注重成本效益的IT指标	□ 注重成本效益的IT指标	□ 注重成本效益的IT指标	□ 延伸到企业外部合作伙伴的IT指标
	Q_I&I-3-3	□ 业务指标是特定和临时的	□ 注重电子商务功能的业务指标	□ 注重电子商务功能的业务指标	□ 以顾客为基础的业务指标	□ 延伸到企业外部合作伙伴的业务指标
	Q_I&I-3-4	□ 抵制改变，不具备业务与IT匹配的应变能力	□ 业务与IT匹配的应变态度和能力依赖于企业的职能型组织	□ 认识到业务与IT匹配应变能力的需要	□ 高度关注业务与IT匹配的应变能力	□ 高度关注业务与IT匹配的应变能力
	Q_I&I-3-5	□ 没有建立业务与IT匹配的评估体系	□ 建立了一些针对典型问题的业务与IT匹配的评估体系	□ 开始形成正式的业务与IT匹配的评估体系	□ 开始建立正式执行的业务与IT匹配的评估体系	□ 建立了按照常规执行的业务与IT匹配的评估指标
	Q_I&I-3-6	□ 没有持续改进业务与IT匹配的措施	□ 少量的持续改进业务与IT匹配的措施	□ 开始形成持续改进业务与IT匹配的措施	□ 形成经常性的持续改进业务与IT匹配的措施	□ 建立了按常规执行的持续改进业务与IT匹配的措施

续表

维度	问题代码	Level 1: 初始级	Level 2: 可重复级	Level 3: 已定义级	Level 4: 已管理级	Level 5: 优化级
人与文化	Q_P&C-1-1	□ 没有明显的电子商务资源，没有 IT 经理，IT 人员可能只由技术人员和程序员组成	□ 企业拥有了 IT 经理，责任局限于信息系统技术中有电子商务的环节	□ 在中级管理层中为整个电子商务战略配置了更高水平的 IT 经理	□ 配置了电子商务经理或者 CIO 负责企业的电子商务管理	□ 电子商务的核心员工将被保留，其他电子商务人员在有合作伙伴关系的大企业之间共享和外包
	Q_P&C-1-2	□ 没有针对性的要求，IT 人员所需要的只是个人不同的业务应用上的纯技术技能	□ IT 员工需要企业 IT 项目管理的技能	□ 电子商务员工对业务以及 IT 的能力、潜力和优点都被要求有更好的理解	□ 电子商务员工不仅需要知道电子商务的知识，还需掌握企业其他相关业务、IT 方面的知识和技能	□ 电子商务员工需要更精通企业业务、电子商务、IT 方面的知识和技能
	Q_P&C-2-1	□ 基于个人兴趣，是一种自由形式的团体	□ 基于个人兴趣或业务需要的非正式交流	□ 周期性地在不同部门进行员工间的正式交流	□ 企业内部开放式的沟通和交流员工沟通和交流并致力于得到一致的结果	□ 沟通和交流发展成为企业内部员工之间以及与外部其他企业员工之间以顾客、合作、创新为目的的信息交换
	Q_P&C-2-2	□ 针对特定问题的特定共享	□ 半结构化的知识共享	□ 结构化的知识共享	□ 企业内部制度化的知识共享	□ 企业外部的知识共享

维度	问题代码	Level 1: 初始级	Level 2: 可重复级	Level 3: 已定义级	Level 4: 已管理级	Level 5: 优化级
人与文化	Q_P&C-3-1	☐ 企业中存在电子商务支持者与怀疑者	☐ 企业中存在着"我做我的工作,你做你的工作"的态度	☐ 高层管理者鼓励发展电子商务,电子商务逐渐得到企业员工的认可	☐ 企业文化已经完全接受了电子商务	☐ 企业文化已经完全接受了电子商务,并在企业中形成一种鼓励电子商务运作、创新等的企业文化
	Q_P&C-3-2	☐ 企业内对电子商务创新的支持不支持的态度	☐ 创新依靠个别的电子商务职能部门	☐ 可容忍风险内进行电子商务创新举措	☐ 鼓励企业、合作伙伴、IT经理进行创新举措	☐ 电子商务创新成为企业内部和供应链上的合作伙伴的标准规范
	Q_P&C-3-3	☐ 没有组织教育以及交叉培训	☐ 有了少量的教育以及交叉培训	☐ 教育、交叉培训依赖于企业实际情况中的职能部门	☐ 教育、交叉培训已经有能力在企业内部的不同职能部门中进行	☐ 教育、交叉培训在企业不同职能部门中和供应链上的合作伙伴之间进行
	Q_P&C-3-4	☐ 没有对电子商务进行其价值定位	☐ 保证企业商品或服务交易的电子商务的价值定位	☐ 新兴的、有价值的服务提供的电子商务价值定位	☐ 有价值的服务提供的电子商务价值定位	☐ 有价值的伙伴关系的电子商务价值定位
	Q_P&C-3-5	☐ 命令和控制型的管理风格	☐ 基于共识的管理风格	☐ 基于结果的管理风格	☐ 基于效益价值的管理风格	☐ 基于关系观的管理风格

续表

维度	问题代码	Level 1: 初始级	Level 2: 可重复级	Level 3: 已定义级	Level 4: 已管理级	Level 5: 优化级
业务流程	Q_Process-1-1	□ 没有对电子商务的流程进行定义	□ 有限的电子商务流程定义	□ 初步定义了电子商务的核心业务流程	□ 定义了电子商务的核心业务流程	□ 定义了电子商务的核心业务流程
	Q_Process-1-2	□ 电子商务与企业业务流程没有集成	□ 电子商务与企业业务流程没有集成	□ 电子商务与企业业务流程有了初步的集成	□ 电子商务集成于企业业务业务流程之中	□ 电子商务集成于企业外部的业务流程之中
	Q_Process-2-1	□ 没有制定供绩效评估的渠道目标，电子商务绩效评估很有限	□ 绩效评估的是特定渠道管理的有限目标	□ 绩效评估的是由部门设定的特定渠道管理的年度目标	□ 绩效评估的是多个渠道管理的目标	□ 绩效评估的是多个渠道管理的目标
	Q_Process-2-2	□ 没有制定电子商务绩效评估的规划	□ 电子商务绩效评估只是针对有专门目标的渠道规划有限规划	□ 企业根据企业关键绩效指标（KPI）对电子商务的每个部门的绩效评估进行规划和报告	□ 企业根据企业关键绩效指标（KPI）对电子商务的每个部门的绩效评估进行规划和报告	□ 以价值链为基础的绩效评估与报告
	Q_Process-2-3	□ 未识别评估重点	□ 未识别评估重点	□ 评估的重点是绩效提高的举措	□ 评估的重点是关注顾客的举措	□ 结合外部（市场）因素的规划、滚动预测
	Q_Process-3-1	□ 根据企业预算控制电子商务的成本	□ 根据企业部门的预算控制电子商务的成本	□ 根据企业部门的成本动因控制电子商务的成本	□ 根据企业业务流程和企业内部的服务（SLA）等级控制电子商务的成本	□ 根据企业外部的服务等级协议（SLA）控制电子商务的成本
	Q_Process-3-2	□ 否	□ 否	□ 否	□ 是	□ 是

TE-EMM答卷到此结束，谢谢您的参与！

附录9 A公司电子商务成熟度评估答卷

企业电子商务成熟度评估答卷

本评估答卷包括两部分：

第一部分是企业概况，对应"企业电子商务成熟度评估问卷"的第一部分，此部分的结果不对企业电子商务成熟度评估的结果产生影响；第二部分是企业电子商务成熟度模型成熟度自查方格（TE-EMM 成熟度自查方格），对应"企业电子商务成熟度评估问卷"的第二、三、四、五部分，第二部分的结果直接影响贵企业的电子商务成熟度，请评估小组针对本企业的实际情况，实事求是地作答。

第一部分 企业概况

问题代码	问题	选项
Q_EGI-1	贵企业属于下列哪种企业类型？	□ 国有企业　　□ 集体所有制企业 □ 私营企业　　☑ 股份制企业 □ 其他 _____
Q_EGI-2	贵企业属于下列哪个行业？	□ 农、林、牧、渔业　□ 采矿业 ☑ 制造业　　　　　□ 建筑业 □ 交通运输、仓储和邮政业 □ 信息传输、计算机服务和软件业 □ 批发和零售业　　□ 住宿和餐饮业 □ 金融业　　　　　□ 教育 □ 其他 _____
Q_EGI-3	根据工信部等四部门在2011年7月联合发布的《中小企业划型标准规定》，贵企业在所在的行业属于哪种规模？	☑ 大型企业　　□ 中型企业 □ 小型企业　　□ 微型企业
Q_EGI-4	贵企业提供何种产品和服务？	西装、夹克、衬衫、领带等

第二部分　TE-EMM 成熟度自查方格

维度	问题代码	Level 1: 初始级	Level 2: 可重复级	Level 3: 已定义级	Level 4: 已管理级	Level 5: 优化级
管理与组织	Q_M&O-1-1	☐否	☑是	☑是	☑是	☑是
	Q_M&O-1-2	☐未制定任何电子商务战略	☐开始关注电子商务并基于电子商务功能制定短期的电子商务战略	☑电子商务成为企业部门战略，并制定电子商务发展目标和战略	☐跨部门的电子商务战略，其他不同部门共同努力实现电子商务战略中的目标	☐制定了长期的电子商务战略以实现企业的长期战略目标
	Q_M&O-1-3	☐否	☐否	☑否	☑否	☐是
	Q_M&O-1-4	☑否	☑否	☑否	☑否	☐是
	Q_M&O-2-1	☐未认识到电子商务的潜力与价值，电子商务是通过个别管理者的努力维持的	☐认识到电子商务的潜力与价值	☑明确地认识到开展电子商务的价值	☑明确地认识到开展电子商务的价值	☐能够清晰地识别电子商务在不同渠道之间的交易和财务上的贡献
	Q_M&O-2-2	☑降低成本，提高效率，吸引与维持顾客	☑降低成本，提高效率，吸引与维持顾客	☑降低成本，提高效率，吸引与维持顾客	☐增强业务能力，提高企业竞争力	☐预测市场，创造新的机会，提高企业的核心竞争力和创造企业价值
	Q_M&O-3-1	☐尚未形成明显的电子商务治理模型	☐有许多在线的电子商务举措	☑电子商务的组织管理方式成为明显的层级制的组织结构	☐管理者根据电子商务预算来支持电子商务战略的规划	☐通过在线渠道与合作伙伴共同创造产品与服务

续表

维度	问题代码	Level 1: 初始级	Level 2: 可重复级	Level 3: 已定义级	Level 4: 已管理级	Level 5: 优化级
管理与组织	Q_M&O-3-2	□ 重点面向电子商务已可以实现的部分功能	□ 重点面向电子商务已可以实现的部分功能	☑ 以电子商务的功能为中心实施管理	□ 以电子商务中心并注重提升电子商务专门知识与技术的管理	□ 面向分散的电子商务功能，以卓越的成本中心作为战略和企业创新的出发点
基础建设	Q_I&I-1-1	□ 没有明显的 IT 战略与愿景	□ 开始有关于电子商务的 IT 战略与愿景	☑ 建立了企业电子商务战略协同一致的 IT 战略与愿景	☑ 建立了与企业电子商务战略协同一致的 IT 战略与愿景	☑ 建立了与企业电子商务战略协同一致的 IT 战略与愿景
	Q_I&I-1-2	□ 实验性质的	□ 建立在电子商务技术基础上的能与技术基础上的基本计划	☑ 目标是使企业内部开展电子商务的各种信息系统更加科学和合理化	□ 目标是实现企业内部各种信息系统之间更高的集成化水平	□ 目标是实现企业内外部各种信息系统之间更高的集成化水平
	Q_I&I-2-1	□ 特定和临时的 IT 管理程序	□ 已经定义了较为标准的 IT 管理程序	☑ 制定了详细的 IT 管理程序的标准	□ 制定了详细的 IT 管理程序的标准，并能严格遵守	□ 制定了持续改进的 IT 管理程序
	Q_I&I-2-2	□ 拥有的是遗留的企业信息系统	□ 在遗留的企业信息系统上进一步改进系统，或是通过企业自己建立外部购买新系统	☑ 拥有了更完善的前台与后台办公系统	☑ 拥有了更完善的前台与后台办公系统	□ 目前拥有了更可靠的信息系统

续表

维度	问题代码	Level 1: 初始级	Level 2: 可重复级	Level 3: 已定义级	Level 4: 已管理级	Level 5: 优化级
基础建设	Q_I&I-2-3	□ 没有使用 Web 2.0 技术以及商务智能系统	☑ 初步使用了 Web 2.0 技术，却未使用商务智能系统	□ 大量地使用 Web2.0 技术，初步地使用了商务智能系统	□ 大量地使用了 Web2.0 技术，商务智能系统支持决策	□ 大量地使用了 Web2.0 技术、商务智能系统支持决策
	Q_I&I-2-4	□ 没有使用 CRM 或仅仅使用了操作型 CRM 系统，没有使用 ERP 或 ERP 的功能或仅仅覆盖在孤立的遗留系统之中	☑ 在前台使用了操作型 CRM 系统，在后台的电子商务活动中使用了 ERP 系统	□ 在前台开始初步使用分析型 CRM 系统，在后台的电子商务活动中使用了 ERP 系统	□ 在前台使用了协作型 CRM 系统，在后台的电子商务活动中使用了 ERP 系统	□ 在前台使用了协作型 CRM 系统，在后台的电子商务活动中使用了 ERP 系统
	Q_I&I-2-5	□ 没有实施企业应用集成		☑ 企业内部的信息系统之间有了初步的、有限的企业应用集成	□ 企业内部的信息系统之间完全实现了企业应用集成，并与企业外部供应链上的合作伙伴也有了初步的信息系统的企业应用集成	□ 企业内部以及与企业外部的信息系统之间完全实现了企业应用集成

续表

维度	问题代码	Level 1: 初始级	Level 2: 可重复级	Level 3: 已定义级	Level 4: 已管理级	Level 5: 优化级
基础建设	Q_I&I-3-1	□ 缺乏对IT和商务匹配的理解	□ 对IT和商务匹配开始有有限的理解	☑ 中高级管理层建立了良好的基于IT对电子商务的理解；基于电子商务对IT的理解也开始形成电子商务的意识	□ 基于IT对电子商务的理解已经由上往下贯穿整个组织，基于电子商务对IT的理解也已经获得潜在的电子商务意识	□ 基于IT对电子商务的理解和基于电子商务对IT的理解已经渗透到企业活动之中
	Q_I&I-3-2	□ 建立在IT技术上的IT指标	☑ 注重成本效益的IT指标	☑ 注重成本效益的IT指标	☑ 注重成本效益的IT指标	□ 延伸到企业外部合作伙伴的IT指标
	Q_I&I-3-3	□ 业务指标是特定和临时的	☑ 注重电子商务功能的业务指标	☑ 注重电子商务功能的业务指标	□ 以顾客为基础的业务指标	□ 延伸到企业外部的业务指标
	Q_I&I-3-4	□ 抵制改变，不具备业务与IT匹配的应变能力	☑ 业务与IT匹配的应变态度和能力依赖于企业的职能型组织	☑ 认识到业务与IT匹配的应变能力的需要	□ 高度关注业务与IT匹配的应变能力	□ 高度关注业务与IT匹配的应变能力
	Q_I&I-3-5	□ 没有建立业务与IT匹配的评估体系	☑ 建立了一些针对典型问题的业务与IT匹配的评估体系	☑ 开始形成正式的业务与IT匹配评估体系	□ 开始建立正式执行的业务与IT匹配评估体系	□ 建立了按照常规执行的业务与IT匹配评估体系

续表

维度	问题代码	Level 1: 初始级	Level 2: 可重复级	Level 3: 已定义级	Level 4: 已管理级	Level 5: 优化级
基础建设	Q_I&I-3-6	□ 没有持续改进业务与IT匹配的措施	☑ 少量的持续改进业务与IT匹配的措施	□ 开始形成持续改进业务与IT匹配的措施	□ 形成经常性的持续改进业务与IT匹配的措施	□ 建立了按常规执行的持续改进业务与IT匹配的措施
人员与文化	Q_P&C-1-1	□ 没有明显的电子商务资源，没有IT经理，IT人员只由技术人员和程序员组成	□ 企业拥有了IT经理，责任局限于信息系统技术中有电子商务的环节	□ 在中级管理层中为整个电子商务战略配置了更高水平的IT经理	☑ 配置了电子商务经理或者CIO负责企业的电子商务管理	□ 电子商务的核心员工将被保留，其他电子商务人员在有合作伙伴关系的大企业之间共享和外包
	Q_P&C-1-2	□ 没有针对性的要求，IT人员所需的只是个人不同的业务应用上的纯技术技能	☑ IT员工需要企业IT项目管理的技能	□ 电子商务员工对业务以及IT的能力、潜力以及优点都被要求有更好的理解	□ 电子商务员工不仅需要知道电子商务的知识，还需要掌握企业其他相关业务、IT方面的知识和技能	□ 电子商务员工要更精通企业业务、IT电子商务、IT方面的知识和技能
	Q_P&C-2-1	□ 基于个人兴趣，是一种自由形式的团体	☑ 基于个人兴趣或业务需要的非正式交流	□ 周期性地在不同部门进行员工间的正式交流	□ 企业内部开放式的员工沟通和交流，并致力于得到一致的结果	□ 沟通和交流发展成为企业内部员工之间以及与外部其他企业员工之间以顾客、合作、创新为目的的信息交换

续表

维度	问题代码	Level 1: 初始级	Level 2: 可重复级	Level 3: 已定义级	Level 4: 已管理级	Level 5: 优化级
人与文化	Q_P&C-2-2	□ 针对特定问题的特定共享	☑ 半结构化的知识共享	□ 结构化的知识共享	□ 企业内部制度化的知识共享	□ 企业外部的知识共享
	Q_P&C-3-1	□ 企业中存在电子商务支持者与怀疑者	□ 企业中存在着"我做我的工作，你做你的工作"的态度	□ 高层管理者鼓励发展电子商务，电子商务逐渐得到企业员工的认可	☑ 企业文化已经完全接受了电子商务	□ 企业文化已经完全接受了电子商务，并在企业中形成一种鼓励创新、电子商务运作等的企业文化
	Q_P&C-3-2	□ 企业内对电子商务创新持不支持态度	□ 创新依靠个别的电子商务职能部门	□ 可容忍风险内进行电子商务创新举措	☑ 鼓励企业、合作伙伴、IT经理进行创新举措	□ 电子商务创新成为企业内部和供应链上的合作伙伴的标准和规范
	Q_P&C-3-3	□ 没有组织教育以及交叉培训	□ 有了少量的教育以及交叉培训	☑ 教育、交叉培训依赖于企业实际情况中的职能部门	□ 教育、交叉培训已经有能力在企业内部的不同职能部门中进行	□ 教育、交叉培训已经有能力在企业的不同职能部门中和供应链上的合作伙伴之间进行
	Q_P&C-3-4	□ 没有对电子商务进行价值定位	□ 保证企业商品或服务交易的电子商务价值定位	□ 新兴的、有价值的服务提供商的电子商务价值定位	□ 有价值的服务提供商的电子商务价值定位	□ 有价值的伙伴关系的电子商务价值定位
	Q_P&C-3-5	□ 命令和控制型的管理风格	□ 基于共识的管理风格	□ 基于结果的管理风格	□ 基于效益价值的管理风格	☑ 基于关系观的管理风格

续表

维度	问题代码	Level 1: 初始级	Level 2: 可重复级	Level 3: 已定义级	Level 4: 已管理级	Level 5: 优化级
业务流程	Q_Process-1-1	☑ 没有对电子商务的流程进行定义	☐ 有限的电子商务流程定义	☐ 初步定义了电子商务的核心业务流程	☐ 定义了电子商务的核心业务流程	☐ 定义了电子商务的核心业务流程
	Q_Process-1-2	☐ 电子商务与企业业务流程没有集成	☑ 电子商务与企业业务流程没有集成	☐ 电子商务与企业业务流程有了初步的集成	☐ 电子商务与企业业务流程集成于之中	☐ 电子商务集成于企业外部的业务流程之中
	Q_Process-2-1	☐ 没有制定供绩效评估的渠道目标，电子商务绩效评估有限	☑ 绩效评估的是特定渠道的有限目标	☐ 绩效评估的是由部门设定的特定渠道管理的年度目标	☐ 绩效评估的是多个渠道管理的目标	☐ 绩效评估的是多个渠道管理的目标
	Q_Process-2-2	☐ 没有制定电子商务绩效评估的规划	☑ 电子商务绩效评估只是针对有专门的目标的渠道管理的有限规划	☐ 企业根据企业关键绩效指标（KPI）对电子商务的每个部门的绩效评估进行规划和报告	☐ 企业根据企业关键绩效指标（KPI）对电子商务的每个部门的绩效评估进行规划和报告	☐ 以价值链为基础的绩效评估与报告
	Q_Process-2-3	☐ 未识别评估重点	☐ 未识别评估重点	☑ 评估的重点是绩效提高的举措	☐ 评估的重点是关注顾客的举措	☐ 结合外部（市场）因素的规划和控制
	Q_Process-3-1	☐ 根据企业预算控制电子商务的成本	☑ 根据企业部门的预算控制电子商务成本	☐ 根据企业部门成本动因控制电子商务的成本	☐ 根据企业内部的服务等级协议（SLA）控制电子商务的成本	☐ 根据企业外部的服务等级协议（SLA）控制电子商务的成本
	Q_Process-3-2	☑ 否	☑ 否	☑ 否	☐ 是	☐ 是

TE-EMM 答卷到此结束，谢谢您的参与！

附录10 A公司电子商务成熟度评估答卷简化表

维度		问题代码	Level 1: 初始级	Level 2: 可重复级	Level 3: 已定义级	Level 4: 已管理级	Level 5: 优化级
管理与组织	1	Q_M&O-1-1	☐	☑	☑	☑	☑
		Q_M&O-1-2	☐	☐	☑	☐	☐
		Q_M&O-1-3	☑	☑	☑	☑	☐
		Q_M&O-1-4	☑	☑	☑	☑	☐
	2	Q_M&O-2-1	☐	☐	☑	☑	☐
		Q_M&O-2-2	☑	☐	☑	☐	☐
	3	Q_M&O-3-1	☐	☐	☑	☐	☐
		Q_M&O-3-2	☐	☐	☑	☐	☐
基础建设	1	Q_I&I-1-1	☐	☐	☑	☑	☑
		Q_I&I-1-2	☐	☐	☑	☐	☐
	2	Q_I&I-2-1	☐	☐	☑	☐	☐
		Q_I&I-2-2	☐	☐	☑	☑	☐
		Q_I&I-2-3	☐	☑	☐	☐	☐
		Q_I&I-2-4	☐	☑	☐	☐	☐
		Q_I&I-2-5	☐	☐	☑	☐	☐
	3	Q_I&I-3-1	☐	☐	☑	☐	☐
		Q_I&I-3-2	☐	☑	☑	☑	☐
		Q_I&I-3-3	☐	☑	☑	☐	☐

续表

维度		问题代码	Level 1: 初始级	Level 2: 可重复级	Level 3: 已定义级	Level 4: 已管理级	Level 5: 优化级
基础建设		Q_I&I-3-4	☐	☐	☑	☐	☐
		Q_I&I-3-5	☐	☑	☐	☐	☐
		Q_I&I-3-6	☐	☑	☐	☐	☐
人与文化	1	Q_P&C-1-1	☐	☐	☐	☑	☐
		Q_P&C-1-2	☐	☑	☐	☐	☐
	2	Q_P&C-2-1	☐	☑	☐	☐	☐
		Q_P&C-2-2	☐	☑	☐	☐	☐
	3	Q_P&C-3-1	☐	☐	☐	☑	☐
		Q_P&C-3-2	☐	☐	☐	☑	☐
		Q_P&C-3-3	☐	☐	☑	☐	☐
		Q_P&C-3-4	☐	☐	☑	☐	☐
		Q_P&C-3-5	☐	☐	☐	☐	☑
业务流程	1	Q_Process-1-1	☐	☑	☐	☐	☐
		Q_Process-1-2	☐	☐	☑	☐	☐
	2	Q_Process-2-1	☐	☑	☐	☐	☐
		Q_Process-2-2	☐	☑	☐	☐	☐
		Q_Process-2-3	☐	☐	☑	☐	☐
	3	Q_Process-3-1	☐	☑	☐	☐	☐
		Q_Process-3-2	☑	☑	☑	☐	☐

附录11 将 TE-EMM 应用于本书的成熟度模型对比框架表

维度	名称	名称缩写	主要出处	视角	范围	来源	目标读者	出版年份	演化	重点	层级
						属性因子					
成熟度模型一般属性	企业电子商务成熟度模型	TE-EMM	于洋，2014	企业	E-business	学术	管理人员	2014	线性	未界定	5
成熟度模型设计	成熟度的概念			构成			可靠性		可变性		
	流程成熟度	对象成熟度	人的能力	成熟度自查方格	Likert量表式问卷	CMM样式	验证	有效	形式	功能	
成熟度模型应用	实施的方法			实施的支持					实用的策略		
	自我评估	第三方辅助评估	认证的机构评估		无支持材料	文字说明书/手册	软件评估工具		含蓄的建议	明确的建议	

索引

后记

　　"传统企业电子商务能力成熟度评价与培养"是一个艰巨的课题，书稿的顺利完成，不但凝聚了自己的心血，还凝聚了很多师友的支持和鼓励。

　　首先，我要尤其感谢大连市委、市政府对发展网络产业的高度重视，为我们的研究工作提供了强有力的支持。在课题的整个研究过程中，相关委办局领导和主要处室遵循市委领导的指示，在繁忙的行政事务中抽出时间，积极配合各种调研活动，有力地支持了研究工作。大连市社会科学界联合会作为立项单位，为本项目的研究提供了极具前瞻性的指导和人力、物力、财力方面的保障。

　　其次，相关企业对调研活动表现出浓厚的兴趣和积极的参与度，他们对电子商务的渴望与迷惑，对产业升级转型的期盼与焦虑让课题组所有成员备感鞭策。同时，传统企业所体现出来的种种不足与劣势也让课题组成员倍感责任之重大，对我国传统企业发展电子商务的艰巨性有了更加客观和全面的认识。

　　我指导的研究生和本科生在整个课题研究和本书的撰写中承担了重要工作。没有他们的积极参与和认真工作，本书难以付梓。其中，2011级管理科学与工程专业硕士生于洋同学跟随我进行了"大连市网络产业发展对策"课题的研究，并确定将传统企业电子商务成熟度研究作为毕业论文选题。本书很多重要论述和研究成果均是于洋同学在我指导下取得的阶段性成果。信息管理与信息系统专业 2008 级刘嘉龙同学，2009 级的具柳同学、王隽同学，2009 级电子商务专业的赵惠同学在企业走访、调研、数据采集与整理工作中发挥了重要作用。2012 级信息管理与信息系统专业李媛媛、罗茜、刘新竹同学也为本书的撰写、录入、校稿工作花费了大量心血，在此一并表示感谢，也期盼在本项目中的研究经历能对他们今后的成长与进步产生积极的影响。

我的恩师甘仞初教授，不仅学识渊博、治学严谨、见解深刻，而且他乐观与豁达的态度总能激励我不断克服惰性与困难，勇往直前。本课题的研究和本书的写作得到了他的悉心指导和大力支持，学生对恩师给予的指导和关爱铭记于心，永难忘怀。在此，向恩师表达我最衷心的感谢和最真挚的敬意。

最后，我还要把感谢献给我的妻子和女儿，她们的理解、支持与关爱，为我两年多的研究和写作提供了强大的动力。对于一个工科男来说，爬格子是一项艰苦的工作，是她们的鼓励使我坚持了下来，最终得以让本书和大家见面。

李洪磊

2015 年 6 月于辽宁师范大学管理工程开放实验室